ヤマケイ文庫

登山史の森へ

Endo Kota
遠藤甲太

Yamakei Library

I 登山史の落としもの

I　登山史の落としもの

〈落としもの袋〉

ここ幾年か、日がな古い山の雑誌や本を読んでいる。登山史を編むためです。記録的な山行をチェックし、年表を作るのが主な仕事だけれど、ついでにエポックメーキングな出来事や刺激的な論評、エッセイ、オピニオンなど興味を惹かれた記事も拾う。コピーをとり、寸評をそえ、「用具」「技術」「人物」「写真・映画」「名文」「風俗」などとラベルを貼った幾束もの大型封筒に分配し、せっせと貯め込んでいるのです。ちょっぴり百科全書を編む気分、すっかりコレクターになった気分。

ところが、どうも、どの袋にも入れかねるようなシロモノが結構あって困惑する。面白そうで見過ごせないから拾った資料なのに、ジャンルが判然としない。いいかげんなところに突っ込むとそのまま埋もれ、永久に日の目を見ない仕儀《しぎ》となる。

解剖学者養老孟司氏によれば、分類・整理の要諦は「未整理」という収納箱をもうひとつ設けることだそうです。そこで私も、そうした帰属不鮮明な記事専用の袋を新しく作ることにしました。ラベルに「登山史の落としもの」と記して。

野球の歴史だろうとバクチの歴史、経済史文学史音楽史だろうと、およそ歴史はヒトの、人間の心の歴史にほかならない。一九三六年二月二十六日二・二六事件勃発、四一年十二月八日真珠湾奇襲、四五年八月六日広島に原爆投下、同年八月十五日玉音放送……、といったって、事象の時系列・年表の背後には、やっぱり一人ひとりの人間が紡ぐ厖大な日常があったはず。インポテ将軍のコンプレクスが倒立して過剰な攻撃に転じたかもしれないし、少女の一通の恋文がカミカゼ特攻を躊躇させた可能性だってある。年表で見渡す歴史は、これら個々の人びとの生理・心理・精神の集積、結果にすぎません。すべての歴史は、畢竟《ひっきょう》、メンタル・ヒストリーだと言ってもよい。

「登山史の落としもの」は、正統登山史年表にはまず記載されていない資料ばかりをベースとしています。雑然混沌、意味があるやらないのやら、役に立つやら立たぬやら。しかし、これらはそれぞれの、メンタル・ヒストリーのひとかけらではあるでしょう。

放っておくと誰も見向かず、やがてはゴミになってしまう「落としもの」ではあろうけれど、そのうちのいくきれかが、登山史年表の行と行との間、いまだ満たされぬ空白部を、つつましく埋めてくれたなら——と思うのです。

カモシカ山行の由来

加茂鹿之助氏の山歩き

「カモシカ山行」というのは、昔はよく使われた呼び名でした。さすがに『広辞苑』や『世界山岳百科事典』（山と溪谷社）みたいな重たい辞書事典には載っていないが、軽量な『山の用語なんでも事典』（山と溪谷社）にはちゃんと収録されている。〈長い距離を早く、長時間歩く山行のことをいう――ただし、あまり無理をすると足の爪先を痛めたり、関節炎を起こしたりするので〉などと記してある。けれども、その起源を御存知だろうか。辿ってみると、これがあんがい古いのですよ。

まず、「加茂鹿之助」のことから語らねばなるまい。ペンネームがあんまり面白いので、迷わず「落としもの袋」に放り込んでおいた記事です。鹿之助氏は戦前から戦後にかけて息長く『山と溪谷』誌などにガイド記事を寄せている。上信、上越、秩父、三浦半島など、主として中級山岳、低山の案内記を軽快なタッチで書いているが、驚くほど広い範囲の山々に精通していらっしゃる。タダモノではない。して、その正体は？『山と高原の旅』（中村謙著、一九五八年、朋文堂）でようやくみつけました。

かもしか山行とは私が創案したといわれる山行で、夜ねむらないで歩くのがミソである。これは実のところ富士登山などにむかしからよく行われていた登山様式であってとくに私が工夫したわけではないが、これを一般の山行に適用したのは確かに私である。それで私のペンネーム、加茂鹿之助を冠して、加茂鹿之助式夜行日帰り山行、略して「かもしか山行」または「かもしか行」というのだ。

この分厚いガイドブックの初版は一九三七年。以来版を重ねて二十有余というから相当なロングセラー。鹿之助氏は登山案内書のパイオニア中村謙そのひとであった。一八九七（明治三十）年高田市（現上越市）生まれ、東京外国語英語学校（現東京外語大）卒。伊藤忠商店員、中学教師を経て一九二三（大正十二）年から東京府立第一商業学校の教諭になる。明治末から登山を始めて上信越を中心に活躍、たくさんのガイドブックを書き、七九年に亡くなっている。

私が作成中の「日本登山史年表」にも中村の名は散見されます。たとえば一九三五年七月、上信・魚野川（初溯行？）、あるいは三七年八月、鳥甲山北面釜川・エビリュウ沢下降（初踏破？）など、ハードな山行もやっている。しかし彼の本領は、静かな知られざる登山コースを、あまねく世に紹介することにありました。

一九三一年、低山趣味の山岳雑誌『山小屋』が創刊され、紆余曲折はあったものの戦後まで続く。そして『山小屋』の読者クラブが一千人を超えた三三年十一月、山岳雑誌のファンクラブはそのまま「山小屋クラブ」と称して登山団体となる。ずいぶん大きなグループだよね。中村謙はその代表を長く務め、名実ともに市民レヴェルのハイキング界、低山逍遥派のリーダーでした。

岩登りやヒマラヤ、ついつい登山の先端部分にばかり眼がいってしまうけれど、日本の山登り、登山史総体を捉えようとするなら、この手の大衆登山、登山界ピラミッドの底辺に脈々と流れる巨《おお》きな潮を、忘れてはならぬと思う。

なお、中村の言うカモシカは、今日のそれと少しニュアンスが異なるようです。

兎角《とかく》誤解されるんですが、マラソン式に速く歩くといふのではないので、要は、我々は時間も（金も）ないから、二日なり、三日なり要していく処《ところ》を（夜をこめて）一日で歩くといふことです。（中村談『山と溪谷』一九四七年四月号、カッコ内

は遠藤の補筆）

カモシカ山行はよくても土曜日半休の、往時の庶民の、いじらしい知恵であった。前夜に登りだせば、もっとも眺望のよい朝方に天辺に着ける、などとひらきなおってもいるけれど……。

もっと昔のカモシカたち

カモシカ山行のオリジンが中村謙に帰するのは認めてもよいが、じつはもっと、ずっと昔にも、みずからをカモシカ行と呼んだ、少数の日本人を含む外国人グループがありました。私の推量にすぎないが、もしかすると中村謙はこのグループ名にヒントを得て、加茂鹿之助を名乗ったのではあるまいか。なにしろ英語の先生だったし、博識な御仁であったから、外国人らの会報『INAKA』（一九一五―二四年の間に立派な本を一八巻発行）や、『山岳』（日本山岳会）誌に載った彼らの英文の紀行くらい読んでいたかもしれない。

神戸に住まう外国人たちが六甲の山々に親しみ、しきりとハイキングに興ずるようになるのは、一九〇四（明治三十七）年、イギリス人H・E・ドーントが「神戸ゴルフクラブ」に入った頃からだとされている。当時は神戸居留の外国人の間で六甲山上に別荘を建てるのが流行《はや》っていて、ゴルフコースの傍らにあるドーント夫妻の山荘は、仲間たちの根城になっていた。ゴルフの名手ドーントは重度の登山狂でもあったから、ゴルフ場の閉鎖される十一月末から四月にかけては、もっぱら六甲連山を縦横に歩き、ロープを使った岩登りもしていたらしい。

ドーントたちがMGK（The Mountain Goats of Kobe＝神戸カモシカ倶楽部）ないしはAOMG（Ancient Order of Mountain Goats＝いにしえのカモシカ騎士団）を名乗って本腰を入れた活動を始めるのは一九〇七年以降だが、このMGKこそ、神戸の山好きな日本人を刺激し、日本山岳会とは別系統の、もうひとつの潮流を生む母体となったのです。

たとえば、日本山岳会の誕生した五年後、一九一〇（明治四十三）年創立の神戸草鞋会（一三年に神戸徒歩会と改称。その仲間うちからRCC＝ロッククライミング・クラブが生まれる）にもドーントを含めて多くの外国人が参加し（一四年の会員一五五人中五十六人が外国人）、少なからぬ影響を与えました。

日本山岳会の誕生を促したW・ウェストンと同じ意味で、神戸市民の登山を活性化させた神戸カモシカですが、当然ウェストンと交流があった。ドーントは日本山岳会会員だったし、ウェストンの推輓《すいばん》によって、当時はなかなか入れない本家のイギリス山岳会に入っている。

一九一七年十月には、ウェストンの足跡を追って、カモシカ連は鳳凰山の地蔵仏（オベリスク）にも出かけています。ドーント（またの名をBell Goat）、J・G・S・ゴースデン（Flying Goat）、長野武之丞（住吉Goat）の三人は、芦安《あしやす》の案内人清水金次郎らのリードで、ウェストンが初登（一九〇四年七月）した岩塔を別ルートから登攀。この紀行は二〇年十一月刊の『山岳』（第一五年第二号）に英文で載ったが、後年、三谷慶三（神戸徒歩会、RCC）は、ドーントらの拓いたラインを「ゴート・クラック」と名付ける。むろん、神戸のカモシカたちに敬意を表したのです。

ともあれ、神戸のカモシカも加茂鹿之助氏も、登山界の主流よりはいささか低地、市民の住居に近い地域に棲息するカモシカだったようです。

なお、MGKに関しては、大部分『六甲山史』（棚田真輔他著、一九八四年、出版科学総合研究所）に依拠しています。

パンとおソバと山と

プリマのパン

いつの頃からそんな工夫がなされていたかは知りません。しかし昭和の初葉すでに、各学校山岳部は巷のパン屋に特注のパンを焼いてもらい、携帯食、保存食としていた。昨今のごとく、宇宙食もどきの至便なシロモノがあるじゃなし、長期の山行、わけても冬山用の糧秣《りょうまつ》には、みんな知恵を絞っていたのです。学生ではないが、加藤文太郎創案の「揚げ饅頭」なんかもヒットだよね。カロリーは豊富だし、凍らないし。

京都に京大旅行部御用の進々堂があつて、こちらのいうなりの堅パンを作つていたように、神戸商大の前にプリマというロシア人の婆さんのいる小さな薄汚いパン屋兼喫茶室のようなものがあつて、私の現役時代阪神間の学校の山岳部の大部分はここの厄介になつたものであつた。商品として山行に役立つたのは、俗に

プリマのパンといわれた四種の八糎《センチ》角位の堅パン（塩味、干葡萄入、ハム細片入、落花生入）――。（『岳人』一九五四年一月号）

これは大阪薬専出身、前田光雄のエッセイ冒頭部。前田は一九三〇年代に五龍岳東面や不帰《かえらず》Ｉ峰などの岩壁を開拓。戦後も関西登高会（神戸草鞋会・神戸徒歩会の後身）に所属して活躍し、四七年三月から四月にかけては新村正一らとノンデポ、ノンサポートで劔―槍の大縦走を成し遂げ、敗戦の余燼さめやらぬ当時の登山界をアッと言わせた御仁。一九七一年十一月、ヒマラヤのトレッキング中に高山病で没。

戦後このパン屋が復活した話は寡聞にして知らない。私達の思い出の中に残っているだけのものらしい。

右のごとくに擱筆されるが、この一文や早稲田、明大の記録をもとに、「プリマのパン」にまつわるエピソードをひとつ。

一九三五（昭和十）年前後、鹿島槍ヶ岳北壁の積雪期初登攀はエリートクライマーの最大の標的だった。前田たち大阪薬専、同志社、立教、早稲田の猛者連は「われこそが……」と虎視眈々、それぞれに秘策を練っていたのです。でも彼らの競合は、ちっともギスギスしていない。たとえば同志社入江保太の前田に送った別れの言葉は〈カクネであいましょう〉。つまり、「また冬の鹿島槍で仲良くやろうぜ。北壁はオレが先にいただくけどな」という意味。春風駘蕩といった感すらある。

結局、初登の栄誉は浪速高校の中村英石と今西寿雄（後のマナスル初登頂者）がモノにするが（一九三五年三月二十一日）、彼らの攀じたのは端っこの右ルンゼ。三六年一月一日に立教が陥したピークリッジも左の隅っこ。真の課題である北壁中枢部・主稜の登攀に成功したのは、早稲田高等学院小西宗明、村田愿のペアだった。

しかし、これが全国の新聞を賑わせる遭難＝生還のドラマになるのですね。三六年一月二日、宵闇の頂稜に到達するまではめでたいのだけれど、凄まじい風雪が襲来、行路を失いよれよれになってキレット小屋（三二年竣工）に逃げ込んだのは、二晩のビヴァークに耐えた後の一月四日であった。凍傷に冒された手で扉を開けると〈おっ！　そこには赤々と火が燃えているではないか〉（村田の手記。山崎安治著『穂高星夜』〈一九五八年、朋文堂〉より孫引き）。まさしく、地獄に仏でした。

その仏たちは明大合木武夫ら三人、慶大医学部山岳部の二人。それに丸山与兵衛ら信州細野の案内人二人。彼らは唐松岳から縦走してきて、二日の晩から籠城していたのだ。だが、一難去って再びピンチに立たされる。いっこうに熄《や》まぬ暴風雪は実に一週間、早高のペアを加えた一行九名を小屋に釘づけにする。早高はむろん糧食尽きているし、明・慶といえど九人×七日分の食いぶちを余分に背負ってきているわけがない。

ところが前年の秋、大阪薬専が冬の登攀に備えてキレット小屋に荷上げをしていたのです。〈サブ・ルックの中にプリマのパンを五、六十枚と若干の米と一緒に缶に入れて残して置いた〉（前田筆）

飢えた彼らは当然そいつを見つけます。〈小屋にある食糧は味噌、味噌漬少々、梅干若干、パン六十本、大阪薬専の固パン七十九枚、米二升五合〉（村田筆、傍点は遠藤）

プリマのパンの数に両者の記述で食い違いがあるが、これは、切実なる村田の勘定が正しいに決まっている。

一月七日——すつかりまひつた俺達は三月来る大阪薬専の山岳部所有の食糧を余儀なく分けてもらう事にした。（合木武夫筆、明大部報『炉辺』第六輯、一九三六年九月）

食糧が小屋でも欠乏し、まずこのルックを発見したが最初は手をつけなかったものの、腹がへつて仕方がないので一枚くらいいいだろうとかいいながらプリマのパンをみな食つてしまつたそうである。（前田筆）

ところで、瑣末なことに拘泥して恐縮だが、前田によればプリマのパンは〈一糎位の厚みのもので五枚宛《ずつ》包装してあり〉とある。そうすると、五×十六＝八十。デポしてあったパンは七十九枚ではなくて、八十枚ぴったりのはずなのだが。はて、この一枚はどこへ消えたか……？

ともあれ、プリマのパンのおかげで一行九人は生きのびました。

記憶せよ！　一月十一日午前二時。今までの烈風も静まり、小屋の戸口に走った私たちの目前には月光を浴びて聳え立つ白銀の剱の姿があった。（一九三六年二月一日刊『アサヒスポーツ』小西宗明筆。山崎安治著『登山史の発掘』七九年、茗渓堂より孫引き）

佐谷健吉と鹿島の蕎麦

「おそばができたずら……」

と呼ばれて再び炉端に戻ると、僕の好物は大鍋の内でフツフツとゆでられている。それをサッと冷い水でさらして、大きな丼に盛られて「さあ、たくさん食べてとくれなあ」とくるのが毎度の例である。（吉田二郎著『鹿島槍研究』一九五七年、朋文堂）

鹿島というと、どういうわけか、私はあの秀麗な鹿島槍の容姿よりも、鹿島部落の例の蕎麦を連想する。（徳永篤司筆『岳人』一九五六年三月号）

鹿島の狩野家は一九二四（大正十三）年、今西錦司（一九〇二―九二）らが訪れて以来、四分の三世紀にわたって登山者を見守ってきました。手すきの和紙を綴じた宿帳には、一万人以上の名が録されてあるといいます。鹿島槍で名を馳せた吉田二郎や徳永篤司、それに徳永の先輩佐谷健吉らの舌なめずりした鹿島の蕎麦《そば》は、狩野家の初代おばば狩野きく能《の》（一八九一―一九七七）の打った蕎麦に相違あるまい。

佐谷健吉（一九一九―七八）はアメリカのボルティモア生まれ。浪速高校を経て東京帝大法学部卒。鹿島槍荒沢奥壁南稜の積雪期初登攀（四一年三月二十六日）をはじめ、戦前から戦後にかけて、穂高の明神岳や鹿島槍で幾多の記録を打ち樹てた稀代のクライマー。小谷部《おやべ》全助（一九一四―四五、東京商大）を「我が心の師」と仰ぎ、当時流行の極地法に反発して「二十四時間主義」を唱える。すなわち、システマティックな集団登山を廃し、個人の力による速攻、一撃で至難なルートに立ち向かう心意気を謳ったのです。その実践力もさりながら、彼は強烈なアジテーターでもあった。

四八年一月四日夜半、佐谷と徳永は遠見小屋を出発。鹿島槍北壁の扇形残雪ルンゼを攀じて十五時頃天狗尾根に抜ける（厳冬期初登）。ところが、その下降路の選択が少しばかり奇妙でした。ふつうなら、頂上を越えて大冷沢《おおつべた》の北俣本谷を滑り降りるか、天狗のコルからいったんカクネ里へ下り、安全な往路を戻るところだが、彼らは急峻な荒沢北俣を真一文字に降りてしまう。たしかに、鹿島に至る最短路だし、佐谷には既知のコースだが、あえて危険を冒すほどのメリットがあったのだろうか。徳永は次のように記す（前掲『岳人』）。

後になつて考えて、わからないのは、北壁を登つた後、何故こんなルートを採つたかということである。――（大先輩の）佐谷氏が天狗のコルからさつさと荒沢へ下りてしまつたから、私もついて下りたのだと、いつてしまえばそれまでだが、それではどうも釈然としないのである。（カッコ内は遠藤の補筆）

そして、かく結論する。

それで私は、天狗を下り始めてから、（佐谷先輩が）鹿島の蕎麦を食いたくなり、荒沢へ下りたのではないかと解釈している。いずれにしろ、その時、鹿島で食べた蕎麦の味は、人生の具体的な意義を初めて感じさせる程のものであつた。

どうです。狩野のおばばの蕎麦を、あなたも食べてみたくならないか。

愛すべき山の犬たち

私はこんどの樺太犬置きざりには、まさかと思っていただけに、毎日義憤が納まらなかった。／永田（武）を南極につないで置けとか、犬の恩を忘れたかというような世の人々のいかりの声は至極くもっともであると思うのである。――（私が）永田隊長なら、私一人南極に残って犬とともに一年間くらすだろう。（『山と溪谷』一九五八年四月号、カッコ内は遠藤の補筆）

一九五八年二月、第二次南極越冬隊は退却に際し、十五頭のカラフト犬を見捨てた。右の一文は川崎隆章編集長によるコラムだが、私もすっかり共鳴する。こよなき僚友を、あろうことか鎖で繋いだまま放置したのは、どんな事情があろうと赦《ゆる》せない。残ったのが人間でも見捨てていったか？　隊長ばかりを責めても甲斐はないが、村山雅美副隊長のメッセージも冷たすぎる。

今は人なき昭和基地も我々をまちわびてオングル島の氷と化した一五頭の犬達に見守られて健在であるでしょう。（村山著『南極点への道』一九六九年、朝日新聞社）

五九年一月、一年ぶりの昭和基地。生き残ったタロとジロについては語るに及ぶまい。奇跡の犬たちは狂喜して、懐かしい「裏切り者ども」を出迎えてくれたのだ。いかなる成果を挙げたにせよ、この「置き去り」は南極観測事業総体の意味を無にする所業。はからずも人類のエゴティズムが露呈した。少しニュアンスは異なるが、ハンター輩に対する上田哲農の怒りの言を引く（カッコ内は遠藤の補筆）。

（人間は他の動物を殺さねば生きてゆけぬ存在だが）しかし、この矛盾をして人間優先思想の正当性にすりかえようとはしない。君だって、山にすむ動物の眼をみたことがあろう。うるんで、一生懸命なあの一途な眼を——。ぼくはすくなくとも殺生を好むものと山を歩きたくはない。／ぼくの方から縁を切る。／断じて、切る！（『岳人』一九六八年十二月号）

熊に人が殺されれば人は熊を憎むが、山はもともと彼らの領土、たまに熊が反撃したって、それは正当防衛というものだ。昔ながらの職猟の業についてはかなしいばかりだけれど、趣味で銃を手にした山仲間とは、かつて私も絶縁した。上田さんのと同じ怒りで。

上高地の犬たち

軽いイントロ、枕のつもりで引いた一節をきっかけに、思わず力んでしまったが、さて、犬と登山家とは古来縁《えにし》が深いようです。昔日の山案内人はたいてい猟師が生業《なりわい》でしたから、犬は欠くべからざる伴侶。近代登山史上最初の有名犬は、かの上條嘉門次の愛犬「コゾー」でしょう。

影の形に添ふ如く爺の傍を離れたことはなく、日本アルプス開拓時代の縦走にこの小犬がいつも尖端を切つて躍り歩いたものでした。他日、嘉門次の銅像でも神河内に出来ることになつたら、「コゾー」の姿も一緒に鋳《(つく)》つて、爺の裾に纏《(まつ)》はせてやつて下さい。(小島烏水《うすい》著『アルピニストの手記』一九三六年、書物展望社)

W・ウェストンの撮った写真（槍ヶ岳東稜をめざして天上沢の雪渓をトラヴァースする嘉門次、ウェストン夫人、根本清蔵）にもコゾーはいて、急な雪面にちょこなんと正座し、上から三人を見守っています。もっとも、この賢明な黄色い仔犬は、岩場の取付までで「作戦的撤退」をするのだけれど（一九一三年八月のこと。詳しくは本書Ⅱ章「クライマーとしてのW・ウェストン」参照）。

二代目嘉門次とも言うべき上高地の住人内野常次郎は生涯独身。けれども彼には、いつも、慕わしい家族がおりました。すなわちエム、五郎、太郎、次郎……。牛丸工著『上高地の常さん』（一九九六年、信濃毎日新聞社）を基に、彼らの往年の姿を幾切れか。

一九二八年三月、前穂高北尾根に逝った大島亮吉。二カ月後、涸沢の雪に埋もれた彼の遺骸を嗅ぎあてたのも、常次郎の一族でした。

三四年八月、とりわけ利発なエムは、常次郎の代役を務め、高橋修太郎（山靴製作者）をガイドして奥穂高岳に登頂したこともあります。

四九年六月、病の重い常次郎は当時二頭いた犬のうち一頭を烏川の浅川勇夫（一ノ倉沢滝沢下部を拓いた名ガイド）に譲ったが、彼は旧主の面影を慕って逃亡、行方不明。

そして同年十二月、常さんの臨終を看取ったのももう一頭の、最後に残った伴侶でした。

常さんの犬の末裔《すえ》かどうかは判らないが、ゴンベーという犬もおりました。一九五〇年代末、冬の上高地で小屋番をしていた若き日の芳野満彦のパートナー。

ゴンベーは駄犬である。だがゴンベーは大したものである。僕はゴンベーが大好きだ。（芳野著『山靴の音』一九五九年、朋文堂、以下同じ）

五九年三月、芳野はゴンベーと二人、前穂高北尾根を登るのだが、うかつに固定ザイルを引っ張ったために〈ゴンベーははずみで空中に宙返りし、雪の岩壁をコマのように転落して行ってしまった〉。

標高差三〇〇メートルの墜落。おれが殺したのだ！　芳野は悄然と立ちすくむ。ところが、〈一つの黒点がまっしぐらに駈け上ってくる。僕は信じられなかった——僕はボロボロ、みっともないほど涙を流して、「ゴンベー頑張れッ、ゴンベー、頑張れッ」とくりかえした〉。

立山・芦峅寺の犬たち

幾多の名案内人の故郷、芦峅寺《あしくらじ》の犬たちは、主人とひとしくことさら「雪」に強かった。佐伯宗作の犬ヨツは一九二五年三月二十四日、田部正太郎らを先導して薬師岳の積雪期第二登に成功しているが、〈十時五十分ついに頂上にある薬師の堂に着いた。先に来た犬が迎えてくれる〉（田部正太郎筆『山岳』第一九年第三号）。さらに凄い記録を残したのは佐伯福松の犬アカでしょう。

福松の行くところいつも一緒のアカは、一九二三年三月に行われた伊藤孝一らの大冒険行にも参加しています。すなわち「冬の黒部川横断」。立山から黒部川を渡り、針ノ木峠を越える北アルプス北部横断行に。瓜生卓造の著したノンフィクション『雪嶺秘話――伊藤孝一の生涯』（一九八二年、東京新聞出版局）から引きます。凍りついた木橋から数十メートル下の谷底へ、アカが墜落してしまったくだり……。

アカが落ちていく。流星のように落下し、あっという間に対岸の雪に突き刺さった。雪の波濤とともにアカの姿は消えた。福松は荷物をほうり出した。血相を変えて目の下の雪壁を転び落ちていく。アカの姿は見えないが、雪がむくむくと動いている。我武者羅に落下点に突進した福松は身体ごと投げ出して、必死で雪をかく。雪まみれのアカが躍り出てきた。一行から思わず溜息がもれ、歓声があがった。
アカは二四年一月一日に上ノ岳の積雪期第二登を果たした藤木九三《くぞう》や榎谷徹蔵らの隊にも同行。

茶の方が山兎を追い出した。「それ！」というので、年来腕に覚えのある後醍院氏（遠藤註＝大阪朝日新聞社の後醍院正六）は、人夫の担いで来た銃を引ったくるようにして狙いを定めた。／「あかを撃ってやらないように……」私は独りでそう思って、はら〳〵していた。（榎谷徹蔵筆『山岳』第一七年第三号）

そう、立山周辺の積雪期開拓時代（大正中期）、貴重な登山記録のそちこちに、アカたちは元気に走りまわっているのです。

冬の一ノ倉沢を登った犬

一九七〇年頃、上越線土合駅前の食堂に二頭の犬がおりました。名前はたしかクマとシロ。クマはたくましい壮年の犬であったが、シロはまだ少年。相当のおっちょこちょいだし、まだ充分に自我が育っていない。共通するのは、ともに山が大好きで、登山者と一緒に谷川岳に登る趣味。

夏にもほかの多くのパーティに同行したのだろうが、冬には長谷川恒男や筆者たちのグループにしばしば尾《つ》いてきたものです。賢いクマは先頭に立ってラッセルし、なかなか有難かったけれど、シロは足許にじゃれつくだけ、なんの役にも立ちはしない。

一ノ倉沢に入り、急峻な裾尾根《テールリッジ》に取りつくあたりで、自分の登攀能力を識るクマは「サポートはここまで」、さっさと引き返してゆくが、シロはどこまでもくっついてくる。犬にはとても無理な岩場ですから、心ならずも邪険に追い払うのだが、せつない眼をして尾を振るばかり。あるときは長谷川が強引に雪壁から投げ落とし、雪塊をぶつけて、やっと踵《きびす》を返させたこともあった。仔犬とはいえ二〇キロ近くあり、こんなお荷物を背負って登攀するわけにはゆかない。

ところが、それをやっちゃった人がいるんですね。一流のルート、滝沢リッジで。七一年三月、冬の一ノ倉沢初見参の大浜健次と鈴木昭秀は、不安に戦《おのの》きながら本谷を詰めてゆく。お馬鹿のシロも尾いてゆく。用具に身を固め、ザイルを着けて登攀開始。シロはなお、懸命に岩と氷を引っ掻いて追ってくる。一度ならず墜落したが、困ったヤツで、ここを先途《せんど》とまた登ってくる。ついに四ピッチ目まで来てしまった。

七〇度の雪壁を懸命にトラバースしていたワン公は足を滑らしたまりかねて落下していった。思わず息をのみアンザイレンしてやらなかったことを悔む。でもあわや二ノ沢本谷に直行かと思われたが、辛くもブッシュにひっかかり一命を拾う。これで決った！　ワン公お前の生命は俺たちが預かる。どんなことがあっても頂上まで連れて行くよ。（大浜健次遺作集『わが青春の山行日記』一九八八年、私家版、以下同書より）

ほんとうは、長谷川恒男のしたように、手荒くとも、もっと早くシロを帰らすべきだった。若いふたりにとって滝沢リッジは手強い対手《たいしゅ》、犬連れ登攀には厳しすぎる。青年期中葉《アドレッセンス》に固有のあまい感傷《センチメンタリズム》、思慮浅い行為。しかし、大浜はこうも記す。〈僕らは常に心の片端に悲壮感を持っているが、それがワン公のためにある程度和らげられたのは事実である〉

尻を押し、引っ張り上げ、最後の難関ドーム壁ではザックに詰め込む。二晩のビヴァークに耐えた彼らは、三〇ピッチを乗り切ってついに登攀を了《お》えた。とりあえず、犬の一ノ倉沢初登攀。積雪期初登攀。

　大浜健次は一九八三年九月、高差二〇〇〇メートルの大岩壁シヴリン南壁を初登、北西稜へとトラヴァースした世界的快記録をもつ。もとより傑出したクライマーだが山岳画家としても知られ、稀有な才能を秘めていました。八六年八月、大型トレーラーの暴走に巻き込まれ、三十八歳にして非業の死を遂げる。

　大浜さんは車の事故で亡くなりましたが、シロも、あれから間もなく、列車に轢かれて死んだそうです。線路で遊んだりなんぞするからだ。両耳の半分垂れて、いつも哀しい眼をしていた、山の犬……。

上空から見た登山者

鳩瞰視された登山家たち

昨今あまりみかけないが、私の子供の頃には屋根に鳩舎を据えた家がそちこちにあった。当時は伝書鳩のレースが盛んで、少年のペットとしてだけでなく、大人の愛鳩家も、優れた鳩の育成に眼の色を変えていたのです。

鳩に手紙を託した歴史は長く、紀元前に溯れるという。日本でも江戸期から行なわれ、無線電信の飛び交った太平洋戦争においてさえ、軍の御用を務める鳩がいたほどです。衛星携帯電話網が地球のほとんど全域をカヴァーする現在、私たちは鳩が実用の通信手段であったことなど忘れていますが、つい先頃まで、鳩は立派に、通信業務を担っていた。もちろん、登山の世界でも。

古くは一九三五年秋、中部山岳鳩協会が大町駅前に設立され、登山者に有料で貸し出した例もあるけれど（三田旭夫筆『山岳』第三一年第二号）、『山と溪谷』一九五八年六月号にはこんなニュースが報じられています。

登山者に伝書バトを持たせ、遭難したときに飛ばして連絡に使う計画が進められている。東京都山岳連盟と財団法人日本鳩通信協会の共同による初のこころみで、今年の夏山から本格的に使いはじめる予定。

はじめは全国二十二カ所に基地を設ける壮大なプランであったが、六〇年代に入るとトランシーヴァーが普及したので、ほとんどが計画倒れに終わってしまう。しかし谷川岳では、短い期間とはいえ果敢な鳩が、遭難救助に一役かっていたのです。五八年六月一日、土合駅近くに郵政省認可の鳩通信協会土合鳩舎が開設され、石岡坦祐《ひろすけ》とその妻が、三〇〇羽余の鳩とともに常駐する。

当時どの鳩も病気でないものはなかった。生後五十日たらずの子鳩がまる一日汽車にゆられ衰弱しきって気候と飼料の激変のこの土地にはこぼれ、新しい主人の石岡さんの顔をうらめしそうに眺めたものである。（無署名『山と溪谷』一九六〇年六月、臨時増刊号）

けれど鳩たちは、けなげにも早速仕事を果たします。その年八月十日、「芝倉号」は〈重傷者一名アリ〉の報を告げ、郵政大臣賞を受賞。十一月にも同じ鳩が、四日間行方不明だった長沼真澄ら二パーティの無事を、安否を気遣うひとびとにもたらした。

一羽のハトが矢のように山頂から土合の鳩舎へ飛んでくると同時に、山の家の建物をゆるがすような歓声があがった。（春日俊吉筆、前掲誌）

五九年七月には、一六ミリ映画のカメラが鳩の勇姿を捉える。三成善次郎作の『暗い山行』。遭難防止をうったえる映画ですが、偶然にもマチガ沢の雪渓崩壊による事故と遭遇、五名死亡、二名重傷の現場を撮影した。

この遭難を一番早く発見したのは撮影隊一行で、幸い土合の鳩舎から携行していた通信鳩を、すぐに放って急を知らせ、このため直ちに救助隊の出動を見、さらに第二便、第三便と鳩をもってこくこく情況を報告する態は、実景だけに迫力がある。（本多月光筆『山と渓谷』一九五九年十月号）

どうです。たいした活躍ぶりではありませんか。

航空機からの視線

山小屋への荷上げ、遭難救助ばかりでなく、今やスキーヤー、観光客の足ともなったヘリコプター。だが航空機を使って山に上がるというのは、昔のひとにとっては夢でした。少々うしろめたい、不埒な夢だと、それぞれ自覚していたようだけど……。

今度、朝日新聞社が何か夢のような一寸企てられないことを考えてくれと、いわれるまゝに、ヘリコプター登山を云い出したら正夢となつてしまつた。（黒田正夫筆『山と溪谷』一九五四年十月号、以下同誌）

仕事のためでない本邦初のヘリ登山は、たぶん黒田正夫（一八九七―一九八二）、初子（一九〇三―）夫妻による谷川岳行。一九五四年七月二十三日のこと。はじめは欲張って「赤石岳に行きたい」「いや雲ノ平だ」などと言っていたが、〈それこそ夢ですよ、我社にあるものはお客さん二人のせるのが、せい一杯、そして離陸高度は二千米がせい一杯〉と言われて、谷川岳に決まった。
新宿区下落合にある黒田邸裏の空地を飛び発った機は、五、六〇メートルの高度を保ち（ずいぶん低いね？）、一時間半で沼田のグラウンドに着地。燃料補給、偵察の後、再度離陸する。

今度は一旋回後、ぐんぐん高度を上る。一ノ倉の岩壁を見せてくれと頼んでおいたが、意味が通じなかつたか——いきなり天神峠の尾根が真下に見える——肩の小屋がすぐ目の前にせまる——速くて、どこがどうかわからないうちに飛び去つてしまう。そして小屋の前の平地に降りる。

かくして、この著名なオシドリ登山家夫妻は、小屋の人たちから花束を受け取り、カメラのフラッシュを浴びた。もっとも、二人が頂上を往復する間にガスが湧き、ヘリはあわてて飛び去ってしまう。夫妻はやむなく西黒尾根をスタコラサッサ、足で歩いて下りたとさ。
山における行方知れずを、ヘリで捜索・救援した最初の例は、私の知るかぎりでは同じく一九五四年、同じ谷川岳でのことです。

十二月十九日、昭和山岳会の桑名源一、城山恵美子は矢場尾根を登り、茂倉岳頂上近くの小屋に泊まる。国境稜線を三国峠まで縦走する計画だったが、翌日から山は大荒れ、なんと十日間も小屋から動けなかった。

二十九日、快晴。二人はもと来た尾根を自力で下り始める。一方、万全の態勢をとっていた捜索隊は、彼らが下りそうな各登山口から登高開始、沼田に待機させておいたヘリも飛ぶ。以下は『山と溪谷』一九五五年三月号、ヘリに同乗した昭和山岳会員立松泰雄の手記。

機は二つの黒点に向い、上空を数回旋回し一度オヂカの頭の方に引返して高度を下げる。発見十一時二十分。桑名だ、城山だ、二人の顔がはっきりとのぞめ、予想外元気な二人は手を振り何か叫んでいる。「万才」我々も夢中で手を振る。思わず私の瞼に涙がにじむ。「万才」「万才」。／深牧パイロットより声がかゝる〝物資投下用意〟〝ドアーを開けろ〟〝よし〟大成功、一米と離れぬ地点に、救援食料、通信筒を投下する。

腹は減っているが、食べている間にまた嵐がきてはたまらない。桑名らは投下された「赤い函」をザックに詰め、下山を続ける。ありがたいにはちがいないが、捨てるに捨てられぬ救援物資が重たくて、二人はたっぷり汗をかいたようです。

この五四年十二月のヘリは「捜索」「物資投下」に成功しましたが、では、直接に遭難者を吊り上げて救助した魁《さきがけ》はいつかというと、おそらくこれはだいぶ遅れて六七年一月、やはり谷川岳東尾根での出来事です。

一月十一日、朝日新聞のチャーターしたフジベル二〇四B型機は、東尾根上空で絶望と思われていた三人を発見。松尾郁夫機長の巧みな操縦で接近し、ザイルに結んだ食糧の吊り降ろしに成功。当時としては、それだけでも充分な成果なのだが、

その瞬間、「ひょっとすると遭難者を救出できるのではないか?」五人の乗員のだれもがそう思った。/「機長、吊り上げてみようじゃありませんか」「よし、やってみよう」/直ちに遭難者に対し、からだをザイルに結ぶよう手まねで合図した。(藤原健三郎筆『山と溪谷』一九六七年四月号)

途中までは四人がかりで引っ張り上げたが、キャビンにまではどうしても上がらない。彼は着地用のソリに死物狂いでしがみつき、結局そのままの格好で土合まで運ば

れる。〈「大丈夫か、がんばれ！」／乗員は、ほとんど失神寸前の遭難者をひきりなしにはげまし続け〉た。

以降、ヘリコプターによる救助技術は発達し（欧米に比べるとまだ不足だけれど）、今日のように、多くの命が救われるようになりました。

最後におまけ。ちょっと信じられないような記述をひとつ。『岳人』一九六〇年九月号の「記録速報」欄で拾ったものです。

六〇年四月二十九日─五月五日、阿蘇・根子岳北壁初登攀・南壁東側開拓の記録。使用ピトン五十一本と、人工登攀主体のルートらしいが、以下の八文字が気にかかる。


五月二日晴、南壁偵察。航空機で偵察した時と感じがちがう。（傍点は遠藤）

四十年の昔、たかが阿蘇の岩壁ひとつを空から偵察した者がある!?

執筆者は上村郁夫というひと。して、その所属は──〈陸上自衛西方山岳会（WAAC）〉。なぬ！　自衛隊だって！　こんなのありかぁ！　！マークを多用するのは下品なのだが、思わず連発してしまった。

上官にバレたらやばいはずなのだが、まあ、呑気な時代だったんでしょうね。

ヒマラヤの山名異聞

マウント・エリザベス!?

山の名は、地元の呼び名を優先するのが当然。誰しもそう思っているでしょうし、命名に際しての普遍的なモラルである。

ところが昔は（所によっては今も）、そいつが常識とは言えないんですね。旧ソ連などひどいもので、地元の呼称はどこへやら、得手勝手にときの権力者の名なんぞを冠する。施政者や国家体制が交替すれば、山の名もさっさと失脚してしまう。セル峰がガルモ峰、ガルモ峰がスターリン峰、スターリン峰がコミュニズム峰さらにはイスモイル・ソモニー峰に変節したごとく。

昔からチョモランマ（チベット名、世界の母神の意）などの名をもつヒマラヤの高峰は、インド測量局が一八四九年頃遠いインドの平原から「発見」、ピークXVとナンバーを振っておいたが、一八五二年に地球の最高峰と判り（なぜ判ったのか判らないが)、一八六五年にマウント・エヴェレストと命名された。かつて功のあった英国軍人・測量局長官ジョージ・エヴェレスト卿に敬意を表したものだけれど、当時はチベットもネパールも鎖《とざ》されて地元名を識る術がなかったし、理不尽ながらインドはイギリスの属国、やむを得ぬお追従であった。

以来一世紀半、エヴェレストの名は西欧社会(地元を除く世界中)でしっかり定着。大戦後に中国共産党がチョモランマと呼べと言っても、ネパール国がサガルマータ(ネパール名、天空の頂の意)だと主張しても知らん顔、エヴェレスト峰はデンとこの世に居座っている。――と、ここまではよく知られた話なんですが、一九五三(昭和二十八)年五月二十九日、イギリス隊が待望の初登頂を遂げた直後、ひょっとするとG・エヴェレスト氏の名が地図から消滅するやもしれぬ「空気」になった。以下の「マウント・エリザベス改称論」(無署名)なる記事を見てください。

エリザベス女王戴冠式の最大の贈物となつた英遠征隊によるエヴェレスト初登頂は全世界を衝撃させたが、英国山岳会はこの機に、「マウント・エリザベス」と改称したと外電は報じている。/ところでよその国の山の名を自分で登つたからといつて勝手に改めていゝものかどうか東大の辻村太郎博士は「それはかまわないでしょう。世界中が認めれば通称になる」と云つている。――イギリスの王室地理学会というのは世界的権威でもあるのでマウント・エリザベスになりそうである。――右の六月三日発のU・P電（共同）は誤りと判明した。然《しか》し乍《なが》ら本社としては、この世紀の偉業を成しとげた英国山岳会長年の苦闘をむくい、女王戴冠を記念とし且《か》つ英国の前途を祝福する意味で「マウント・エリザベス」と改称する方に賛成し支持する。（『山と溪谷』一九五三年七月号）

以下は続報。巷で聞いた「登山者の声」。〈「改称は当然でしょう。――征頂者に改称の特権を与えるのは良いと思います」「構わないでしょう。昭南（シンガポールの日本名）の様に侵略したのじゃないし」「征頂できたのは英国という国の基盤、国力の裏付けがあったからこそなのですから、エリザベス改称は自然です」〉（『山と溪谷』一九五三年九月号）

ほかにも「エリザベスはやめてヒラリーにしたら」とか「それじゃ、テンジンもハント隊長も納得すまい」とか暖気《のんき》な意見が並んでいるが、大衆はおおむね改称に賛成であった。ついでに、エヴェレストの登頂を報じた一九五三年六月三日付『朝日新聞』の「天声人語」を拾っておきます。

あたかも英女王の戴冠式、エリザベス二世のいう「冒険の精神」の新しい顕現であり、新女王はここに新しい英雄をその首途《かどで》にもったことになる。（荒垣秀雄筆）

戦後八年、かつての敵方、大英帝国の女王は日本人によほど人気があったらしい。それにしても、チベット、ネパールは全く眼中にない。これが「時代精神」（ヘーゲルの言辞）というものか。

アメリカでもマッキンリー（大統領候補だった男の名）は遠慮して、地元の民の呼び名デナリ（太陽の家の意）が正称になった御時世ですから、G・エヴェレスト氏も身を退くのがスジかもしれない。だが、エヴェレストの名にはすでにして長い歴史がある。真理・真実は必ずしもひとつじゃないからなあ。最高峰の名が二つか三つあったっていいんじゃないの。「エリザベス」は、ちょっと困るけど。

マナスルゥかマナスルか!?

そして一九五六（昭和三十一）年五月九日および十一日、マナスルの天辺に日本人が立ちました。敗戦コンプレクスを脱しようと奮励努力の日本国にとって、これはオリンピックで日の丸四、五旒《りゅう》まとめて揚がるくらいの手柄であった。国力復活を世界に示す、めざましい狼煙《のろし》であった。

盛大な登山ブームを興したマナスルだけれど、その端緒は京都大学のプランです。今西錦司が錦の御旗、屋台骨に相違ないが、その縁の下を担った多くの人材のひとりに伊藤洋平（一九二三―八五）がおりました。詩人にして、登攀史上に輝く名クライマーであり、後年、京大医学部部長となって、癌ウイルス研究の世界的な権威となる。今西錦司らの踏査隊が初めてマナスルに赴いた一九五二年秋、伊藤は『岳人』誌の編集長でありました。『岳人』は京大生伊藤が企画し、一九四七年五月に創刊。当初はA五判三十二頁、フッと吹けばほんとにふっ飛んでしまう儚《はかな》い雑誌だったが、五二年六月には五〇号を超え、先行する『山と溪谷』誌（一九三〇年五月創刊）を追って、着実に重量《おもみ》を加えつつあった。踏査隊のメンバーからは惜しくも洩れたが、伊藤はマナスル計画に入れ込み、四年後の登頂に至るまで、『岳人』を挙げてエールを送りつづける。

ところで、『山と溪谷』や各新聞はManasluを端《はな》からマナスルと表記しましたが、『岳人』は頑固に「マナスルゥ」とやっていた。伊藤の親分今西がそう発音していたからです。けれども、一九五四年八月号の『岳人』七六号以降はいっせいに「マナスル」と大勢にならってしまう。なぜか？　以下『岳人』七六号、深田久弥の「机上ヒマラヤ小話―12　続山名談」より。

大たいチベット語やサンスクリットをローマ字で表はさうとするのが無理であつて、いづれも、その発音の近似値にすぎないだらう。狭い日本国内でさえ、土着の人の発音を聞き誤つて、それに似た宛字《あてじ》をした山の名がいくらでもある。――まして系統の違ふ言語の発音などは、正確に表現し得らるる筈はあるまい。マナスルを気取つてマナスルゥなどと言つてみたところで始まらない。

すでに斯界の権威であった深田先生に、自分の雑誌でかくもやっつけられたんじゃたまらない。伊藤洋平主筆も恐懼して尻尾を巻いたというわけです。

しかるに、一九六一年十一月号の『岳人』一六三号「ヒマラヤの高峯―35」で深田の態度は豹変する。NHKの、地名を正しく発音する会の委員になったと記し、現地の呼び方を歪曲するのは赦《ゆる》せんと言い出した。

たとえば、マナスル。これはManasluと書かれ、Manasa-lungの詰まつたものと解されている。Manasaはサンスクリット語で霊魂、精神の意、lungはヒマラヤの地名の語尾にしばしばみられるように土地・地域の意である。だからマナスルではなく、マナスルーである。マカルではなくてマカルーであるのと同様である。――今西錦司隊は、ちやんとマナスルウという発音で報告を書いている。それがマナスルに変わつてしまつた。おそらく聴覚に鈍感な、あるいはそんな発音など、どうでもいい人々が、一字でも活字を倹約しようとして、マナスルウをマナスルにしてしまつたのであろう。

『岳人』としてはウラミゴトのひとつも言いたくなるが、七年たてばもう時効でしょう。自前の説をすっかり忘れ、変節しちゃった深田さんの愛すべきウッカリに、目角《めくじら》を立てるにはおよぶまい。当面の被害者伊藤は五七年一月に『岳人』を去り、このころは医学の道に邁進していただろうしね。

さて、六一年の方の深田論にしたがってマナスルは「マナスルー」とやるべきだろうか。どっちでもいいけれど、私には五四年度の深田の言、どうせ正確な表記なんかできっこないんだからマナスルでよしとする意見も捨て難く思われます。読者は如何？

なお、深田は（もちろん六一年の方のテクストに）、私の名前は「フカタ」であって「フカダ」ではない（ちゃんとフカタと呼んでくれ）、と記してもいます。

「山名・地名」異聞抄

　言葉・言語は人間あっての生命だけれど、だからといってひとが勝手に創ったり改変したりはできません。論理や合理主義の手袋をはめ、言葉を捕らえようとしても、彼らは伸ばした指先の隙間から、するりと逃れ去ってゆく。とりわけわが国は〈言霊《ことだま》の幸《さきは》ふ国〉（『万葉集』）ですから、言《こと》の葉《は》のそよぎかたも玄妙で、ひとの思惑など知らぬげに、言葉たちは自由気儘に遊んでいる。

　言葉あやつって妻子犬猫につましい食をあてがう私も、じつのところは「私」の主体なんぞどこにあるのかあやしいもので、もっぱら言霊に使役される歩荷《ぼっか》のごとき存在である。そう、私に思惟思想などがあるとしたら、それは言霊の恣《ほしいまま》に訪れたのち、うすぼんやりと形をなすにすぎません。

　言葉・言語の自律性、人間に対する優位をことほどさように信じてはいるものの、ときおり、これでいいのかしら、と疑念を覚えるような言葉もある。ことに、固有名詞について。

ここでは、あまり由緒正しくない山名地名がそのまま定着してしまった例を、少しばかり挙げてみましょう。これはやっぱりマズイよと思ったものもあるし、これでもいいのだ、と納得できたものもある。もっとも、私は言語学や民俗学の徒ではない。すべては先学・先達の受け売りです。

瑞牆山かコブ岩か

詩人尾崎喜八に「秩父の王子」と称された原全教。その秩父の王子が憤慨していま す。土地の人が昔からコブ岩と呼んでいるのに、〈地図に瑞牆《みずがき》山などあるのは、何代か前の県知事武田某の気まぐれな神がゝりな多くの悪名の一つである〉(原全教筆『山と溪谷』一九四七年七月号)。

武田某とは第十六代山梨県知事武田千代三郎ですが、奥秩父とその麓の住民をこよなく愛した原全教が、権威でもって手前勝手に「命名」などした県知事殿に反感を抱くのは当然でしょう。瑞牆山と記すたびに辞書を引かねばならぬ私としても、地元の呼称コブ岩だったらずいぶん楽だ。

しかしながら、漢字を写したついでに辞書を読んでみると、あんがい気分のよいことが書いてあった。「瑞」とはそもそも「めでたい」という謂《いい》であるし、「瑞籬」とは神社のかきね、玉垣とあり（『大辞林』）、「牆」は境界、土塀とあり（『漢語林』）、「瑞垣」は神霊の宿る山・森などの周囲に木をめぐらした垣などとあった（『広辞苑』）。これはあの荘厳なる岩塊、修験の岩山にぴったりの名前ではあるまいか。心情的には秩父の王子に共鳴したいところだが、どうもコブ岩よりは瑞牆山のほうに軍配を揚げたくなります。それかあらぬか、本来の呼称を踏襲する者は地元にもいなくなり、いまはかっきり瑞牆山は瑞牆山。

ところで、おおやっと、辞書を見ないで瑞牆と書けるようになった。おせっかいだが、この苦労と悦びがワープロ・パソコン常用者にはないね。おそらくは識字力も低下する。便利になると、そのぶん人間本然の能力は衰える。登山者たち——車で行ける山に、大汗かいて歩いたり攀じ登ったりするヘンな人種も、機械文明による人類退化の、かすかな歯止めにならぬともかぎらない。

ハクバ岳かシロウマ岳か

大糸線の駅名白馬は、もうどうしようもなくハクバでしょうが、白馬岳《しろうま》をハクバ岳と呼んでこう説教されたひとはいませんか。白馬は雪形の代馬《しろうま》が転じたもので、ゆえにシロウマと訓《よ》まねばならぬ、と。私もずっとそう信じていましたが、三井嘉雄著『黎明の北アルプス』（一九八三年、岳書房《ヌプリ》）に、かくのごとくあった。

雪形から代馬岳といわれるようになったはずの白馬岳は、そういう解釈のできる文献には一つも出会うことがなく、反対に、それらを否定する材料ばかりがあつまってしまうのであった。

三井氏は明治、大正の文献を博捜していて興味尽きないが、要約させていただくと、白馬岳とは本来一ピークの名ではなく、そのあたりの連嶺の信州側の呼称であった。今の白馬岳ピークの特定は三角点の選定が行なわれた一八九三（明治二十六）年、その三角点名が五万図に〈シロムマダケ〉のルビ入りで白馬岳と記されたのが一九一三年であった。などとあり、〈雪形から白馬岳の名がついたと考えるのは、うがちすぎである〉と結論している。

さらに、シロウマかハクバかだけれど、三井氏の挙げた文献中最古の『信濃国地誌略』下巻（一八八〇年）には白馬にハクバと読みが振ってあるそうだし、W・ウェストンの『極東の遊歩場』（原典一九一八年）にもこんなことが書いてあった。

この山は、北側の越中《エッチュー》の人々には大蓮華と言われているが、南側の信州の人々は白馬岳《シロウマ》とか白馬山《ハクバサン》と呼んでいる。（岡村精一訳、一九七〇年、山と溪谷社）

ウェストンが最初に白馬に登ったのは一八九四年で、このときはオーレンゲ（越中側の呼称）と記しているのみだが、一九一三年に再登した際の紀行に右の記述があるのです。眼病に悩んだウェストンだが、耳はよかったのだろう。アルピニズムの宗家としてのみならず、民俗学徒ウェストンにも、敬意を表さねばなりますまい。ともあれ、ウェストンの以前から、白馬はシロウマともハクバとも呼ばれていたわけで、現代のわれわれがハクバと称したところで、先輩方から咎《とが》められるいわれは、どうやらなさそうなんですよ。

源次郎尾根か源治郎尾根か

劒（初期の『山岳』など）、釼（二万五千図）、剣（『山と溪谷』など）の用例もあるが、ひと昔くらい前、地元では劒に決めたらしく、以来新聞でもだいたい劒を使っているようです。いずれにせよたいした根拠はなさそうだし、同じ字のヴァリエーションなんだから、まあこれはどっちでもよい。ここではとりあえず劔と書くことにします。

さて、その劔岳東面の大岩稜、源治（次）郎尾根の話。

現在流布しているガイドブックの類にはたいてい源治郎尾根と記されているが、結論から述べると、こいつは源次郎尾根が正解らしい。ハナからずっと源治郎で通っているなら、たとえ誤用であっても、言の葉の玄妙な作用による「誤用の真実」（？）としてあるいは認めてもよろしいが（日本的・東洋的心性）、地元の佐伯邦夫氏の著作や一時期の『岳人』は源次郎で表記しており、そもそも人名なのですから間違いと判ったのに知らん顔をするのは失礼なんじゃないかしら。以下は『岳人』（一九七〇年二月号）に載った湯口康夫氏の論考を基にしたもの。

源次郎尾根（もうこう書いてしまいます）の下部からの初登攀は一九二五（大正十四）年七月九日、三高の今西錦司、渡辺漸および案内人佐伯政吉によって成された。渡辺は『山岳』第二一年第一号（一九二七年六月）に「劔岳新登路と八ツ峯」と題して詳細な報告を載せています。この新登路というのが源次郎尾根なのだが、原文より引く。

> その源治郎尾根と称する所以《ゆえん》は、大正十三年七月別山平に新設された登山小屋の建設に従事した大工源治郎なる者の名前を取つたからである。（傍点は遠藤）

以下、渡辺稿の要旨概略。一九二四年夏、小屋（現剱沢小屋の前身）を造っていた芦峅寺の大工源治郎が、ある日ふと思いたって劔の天辺を極めようと通常コースの平蔵谷に入ったが、路を誤り図らずもこの尾根の上部を登ってしまった。源さんの採ったルートは一九一五年七月、すでに冠松次郎らが降りている容易な路だし、自分たちこそ下部から初めて登った者なのだが、ここはひとつ、地元の民源治郎の名をこの尾根に冠するのが、穏当というものであろう。

渡辺の報告は二十六頁に及ぶ力作で、以降の劔岳研究の基本文献となったから、源治郎は根強く今日に至るまでハバを利かしているのです。ところが、前記湯口氏の丹念な調査によって、源治郎は源次郎のたんなる間違いであることが確定的になった。

まず、源治郎は戸籍上も実在しないこと。一九二四年にこの尾根の上部を登ったゲンジローは実在するが、大工ではなく、小屋の建造の現場を采配していた、いわば「人夫頭」であったこと。そしてこのゲンジローと呼ばれた男の本名は佐伯源之助（一八七五―一九四八）であること。源之助の祖父および長男は源次郎であること。

まるでパズルみたいですが、訳を知ればかんたん。湯口稿は系図まで見せてくれるが、「源次郎」というのはこの一族の由緒正しき屋号であり、村の衆や近隣の者はおたがいを呼ぶのに本名でなく、屋号で呼ぶのがふつうであったというのである。すなわち、ゲンジローは源之助、源之助は源次郎。源治郎の入り込む余地はありません。

湯口氏は源之助の次男政光にもインタビューしている。源之助＝源次郎は剱沢小屋のほか弘法小屋、五色ヶ原の小屋などいくつもの小屋を手掛けた優秀な現場監督、立山一円をわが庭とするような生粋の山人だったそうです。彼の通り名が剱岳の一部に残ったのは幸いだった。ただし、源治郎はもうやめようよ。ガイドブック製作者各位、御一考をお願いします。

もうひとつ疑問があるね。初登攀時、三高ペアと行をともにした佐伯政吉の名が、なぜに冠されなかったか。政吉尾根でもよさそうなものではないか。これは渡辺の報告を読むと判ります。かつては優秀な案内であった政吉も、当時は齢をとりすぎてガイドの役に立たず、彼らは政吉を初登攀の証人として、文字通り伴《つ》れていっただけだったからです。

なお、本稿の初出後『山岳』第九五年（二〇〇一年十二月）に五十嶋一晃という方がもっと詳しい研究論文を書いていて、「源次郎」説の正しさをあらためて立証しています。

＊

わずかな例を挙げたが、山名地名の誤謬不適切はじつはゴマンとあるでしょう。槍ヶ岳千丈沢は百瀬慎太郎に言わすと千丁沢が正しい（冠松次郎筆『山と渓谷』一九五九年八月号）、後立山の不帰《かえらず》ノ嶮《けん》を不帰岳と記してしまってすみません（恩田善雄筆『岳人』一九六二年八月号）、いや恩田さん、古地図によるとあれは不帰岳でもいいんです（広瀬誠筆『岳人』一九六二年九月号）などなど……。

地名の考証は奥が深い。門外漢が首を突っ込むのはおそろしいが、ついつい嵌《は》まってしまいます。けれどぼくらがどんなにやきもきしたところで、言の葉は勝手にそよぎ、時間《とき》と手を携えて、やっぱり、自由気儘に遊んでいる。

山岳書誌命名の由来

誌名の由来『山と溪谷』

一九二九（昭和四）年十月、ニューヨークで発火した世界経済恐慌は、あっという間に我が国に飛び火しました。卒業を控え、青雲の志高き日本のサラリーマン予備軍も大いに慌てる。三〇年の春、学士様といえど新規に雇ってくれる企業なんぞどこを探したってありゃしない。しかしながら、遠い西の株式市場のノックダウンが、因果を巡らせ、東の島国にちいさな雑誌、ちいさな会社を生むことになる。

就職お先真っ暗な川崎吉蔵《きちぞう》（一九〇七―七七）は「ブラブラ遊んでいるくらいなら」、あるいは「とにかく山が好き」というだけで、山岳雑誌の刊行を思いたつ。

塚本閤治《こうじ》　聞くところによると、早稲田を卒業して、卒業免状を貰つて帰つて来た途端に、山と溪谷社が発足したというのですが……（笑声）。（「二十五周年座談

会」『山と溪谷』一九五五年五月号）

思いたったはいいが、なんとも頼りなく、広漠かぎりない心地であったろう。なにしろなんのバックもない書生っぽが、本邦初、おそらく世界でも初めての商業山岳雑誌で飯を食おうというのですから。

田部重治　ぼくはあのときのことを覚えているんですよ。私が法政大学の教授室にいたときに、川崎さんが飛んで来て、僕の著書の『山と溪谷』を雑誌の表題にしたいから名前を貸してくれないかというんです。

塚本　ただで……（笑声）。

田部　むろんさ（笑声）。（前掲誌）

田部重治先生から名著『山と溪谷』のタイトルを頂戴した。理由は何もない、ただあの本がすきだつたからである。（川崎筆『山と溪谷』一九四七年五月号）

中学の頃から山登りに勤《いそ》しみ、山の書物に親しんできた吉蔵にとって、田部重治（一八八四—一九七二）は遥かな先覚でした。名高い『日本アルプスと秩父巡礼』（一九一九年、北星堂）を補足改題した田部の『山と溪谷』は、二九年六月に第一書房から刊行されたばかりだったが、三〇年五月、吉蔵の『山と溪谷』も誕生する。孤立無援の彼は畏敬する田部の著作名にあやかることで、一縷《いちる》の希《のぞ》みを見いだしたかったのかもしれない。

吉蔵の『山と溪谷』は当たりました。創刊号五千部は四日で売り切れたとも言われている。未曾有の大不況、暗澹たる都会生活に疲れた人々は、明るい、清新な風の吹く山々に焦がれ、その世界を垣間見せてくれる『山と溪谷』誌に、いっときの癒しを求めたのでしょう。

三八年には吉蔵の兄川崎隆章（一九〇四―七九）も助っ人にくる。歌人・エッセイスト、また登山家としても秀逸な隆章の参画によって、誌面はいよいよ充実しました。

さて、田部重治とくれば、おのずと木暮理太郎（一八七三―一九四四）の名が浮かぶ。齢は木暮が十一歳も兄貴だけれど、ふたりは無二の親友、登山史上において切っても切れない間柄。田部の『山と溪谷』もいいタイトルだが、木暮の著作『山の憶ひ出』（上巻一九三八年、下巻一九三九年、龍星閣）もわるくない。偉大なる凡庸、古典にふさわしい風韻が書名に漂っている。して、その命名者は？　以下、石渡清筆「山の文章」七（『山と溪谷』一九五八年三月号）から引きます。

私はこの本の題名をすぐれたすばらしい題名であると思っている。実はこの題名は、出版主の龍星閣主人沢田伊四郎氏が川崎隆章氏に相談され、川崎隆章氏の名附けられたものだと承った。

つまり、川崎弟は田部重治の書名をもらい、川崎兄は田部の兄貴分木暮理太郎に書名を提供したことになる。奇《くす》しき因縁と言うべきか。

誌名の由来『岳人』『岩と雪』

『山と渓谷』誌は経済大恐慌の最中《さなか》、ひとりの早大生によって世に出たが、『岳人』も敗戦直後のめちゃくちゃな世相の下、一京大生の夢想から生まれた雑誌です。

一九四七（昭和二十二）年一月、京大山岳部伊藤洋平ら三人は白馬岳に向かうべく、言語を絶する交通状況、食糧事情を乗り越えて列車に乗った。

電車が三重の津をすぎるあたりから、私はふとIに、かねて夢に描いていた若い登山家の手で、純粋な山岳雑誌を創り上げる構想について話した。／「そりゃ

面白い」とIは即座に賛成してくれた。（伊藤筆「岳人誕生」『岳人』一九五二年六月号、以下同じ）

Iとは伊藤の積年の相棒池田孝蔵。大阪有数の毛織物問屋の御曹司であり、経理面はまかせておけと言う。車中、彼らは雑誌の名前に想いを馳せる。尖鋭クライマー伊藤の脳裡には「蒼氷」「岩壁」などのネームが浮かぶが、どうもしっくりきません。

そのときルックザックにもたれて腕ぐみをしていたIが、「山岳の岳に人――『岳人』というのはどやろ」と呟いた。この言葉は天来の福音のように私達の胸を貫いた。がくじん――なんという力づよい親しみのある響きであろう。

詩人クライマー伊藤は興奮し、「そうだ、それに決めた」。思わず車内で立ち上がった。一行は小蓮華尾根から白馬岳に登頂しますが、〈白馬尻の雪の中でビバークして、ツエルトの中で厳しい寒さに足をふみならしながら、私とIとは再びこの『岳人』創刊の計画について夢を語り合つた〉。

かくして一九四七年五月、月刊誌『岳人』は産声をあげ、現在に至る。もっとも一四号以降、中日新聞社に発行を委ねるまでの労は並大抵でなかった。〈執筆者には一切稿料を払わず、また関係者もすべて無料奉仕で従事した――いわば「人件費」ゼロといった「超現実的経営法」〉で押し通したという。

戦時はやむなく休刊していた『山と溪谷』も、いちはやく四六年一月に復刊。伊藤の言う超現実主義《シュルレアリスム》ではないけれど、頽廃混沌、疲弊しきった敗戦国の人々は、それゆえにこそ現実の彼方、清浄なる山々に、せつなく、いみじい憧憬を募らせたのです。ところで、残念ながら『岳人』誌は伊藤、池田の『岳人』が名称としては本家ではありません。一年早い四六年七月創立の東京岳人倶楽部の会報が、『岳人』なのだから。

元岳人倶楽部の渡辺斉《ひとし》さんは、お酒を呑んだりすると私に語ったものです。「パテント料を寄こせとは言わんが、ここんところはハッキリしといてもらいやしょう」

なお、もっと古い『岳人』誌もあった。一九三〇年代初めに創刊された日本大学山岳部の部報が、やはり『岳人』なのである。

ちなみに『岩と雪』誌（一九九五年三月、一六九号をもって休刊）の命名に際しては、ロマンティックな逸話がない。〈山と溪谷三十周年の記念事業の一環として、世界的のレベルの別冊を今夏発行致しますが、題名は広く一般読者より募集します〉（『山と

が、「雪と岩」が二つあつたのでこの二人を当選者として抽せんで一位と二位を定めました〉（同四月号）

川崎隆章編集長の下、五八年六月に誕生した『岩と雪』は、日本の高度成長と相俟《あいま》って、若いクライマーの夢と、そして儚《はかな》い野望とを、存分に育んでゆきます。

なお、題名募集の一位当選者中村辰已（ママ）さんにはピッケル一本と、ジェットスレー（どんな橇《そり》だろう?）一台が贈られた由。

沢と谷とはどう違う―1

剱岳には窓がある。大窓、小窓に三ノ窓。「窓」とは尾根の向こう側、こことは別の世界が覗けるような鞍部（これは軍隊用語だろう）だけれど、本場フランス・アルプスの山稜上にも fenêtre（フネートル＝窓）と呼ばれる鞍部《コル》があり、ひとの想いつくイメージ言語が、洋の東西にかかわらず、おんなじなのが面白い。木暮理太郎によれば、「窓」は越中びとの呼び名であり、黒部川にわだかまる「廊下」の方は信州びとの呼称らしい。ところが仏語の couloir（クーロワール）もちょうどぴったり廊下であって、それが山岳用語に転ずると、氷雪詰まった急な岩溝のことになる。

もうひとつやりましょうか。廊下のさらに狭まった部分を咽喉《のど》と言うが、フランスだってそんな地形を gorge（ゴルジュ＝咽喉）と称す。ゴルジュは仏語のくせして日本でもノドより以上に普遍だよね。

なお「ゴルジュ」の語を日本では、誰が最初に使い出したか？ 早期の『山岳』誌には見当たらず、これは私の推測にすぎないが、仏語の授業が正課だった暁星中学に通う舟田三郎か、仏語に堪能だった大島亮吉あたりかもしれません。

　さて、こんな知ったかぶりを時折書いたりしていると、私を物識りと誤認なさって、電話してきた御仁もあった。

「もしもし、ちょいとおたずねするんだけれど、沢と谷とじゃ、どうちがうんかね」

「……」

　こうした根源的言語学的問いに応えるすべのあろうはずはなく、さっさと降参すべきであったが、ふと思い当たり、つぎのごとくに申しました。

「どうも地域によって沢になったり、谷になったりするようですよ。東の方では沢と言い、西の方では谷と呼ぶ。まあ、そのくらいで御容赦下さい」

　かつて沢溯りのガイドブック作りを手伝った。『関東周辺の沢』（白山書房）を刊行し、つづいて『関西周辺の沢』を出すべく大阪わらじの会中庄谷直氏に執筆をお願いした。ところが御大のおっしゃるに、

「書名がいささかマズイですなあ。関西に沢はありませんから」

　かくして『関西周辺の谷』（白山書房）が本屋の店頭に並ぶのだが、この中庄谷さんとのいきさつを、思い出したのだった。

その後、いくらか知見が増えたので、沢と谷にまつわる由無事《よしなしごと》をつづります。もとより「落としもの」を拾っただけですからね、例によって、さして役に立たぬことがらばかり、読者の御満足を得るかどうか、保証はいたしませんけれど。

あらずもがなの言語学

まずは語の本体を垣間見ようと、手近な国語、漢語の中辞典、類語辞典などを引っ張ってみたが、どれも似たり寄ったりで要領を得ない。こんなときシロウトは小学館の『日本国語大辞典』（初版）を覗くことぐらいしか思いつかず、図書館に参ずる。さすが全二〇巻の大辞典。いちおうは語源についても説いてあった。

沢――(1)生物が繁茂するところから、サハ（多）の義。(2)サカハ（小川）の義。(3)サケハナル（裂離）の義。

谷――(1)水のタリ（垂）の義。(2)谷は低くて下に見るところから、シタミの略転。(3)タレナガレアイ（垂流合）の義。（中略）(5)間の転。または、梵語タリ（陁離）の転か。

引用文献は略したが、右のごとくあって、両者とも記紀万葉のころからの用例がいくつも載っている。しかし、沢と谷、いったいどこがどうちがうかとなると、どうも判然としません。

それらのにわか勉強、辞書の類から得た印象を私なりにまとめると、総じて沢は空がひらけていて浅く、水分豊富でじゅくじゅくと湿っていて、ぜんたいに優しいムードがあり、関連する語は大和言葉が多い。対して谷は、空が狭くて深く、より硬質な、きりっとした漢語っぽい感じ（漢字）であり、実際たくさんの類字（似たような漢字）や熟語を引き連れている。と、まあ、そんなイメージがあるばかり。

だが、これじゃすっきりしないよね。狭く険しい沢はいくらでもあるし、広くひらけた優美な谷もゴマンとある。ここはやっぱり地方による呼び名の差異、現象的、民俗学的なアプローチを採るほかなさそうだ。

沢と谷との境界線

電話では漠然と「東は沢、西は谷」とお答えしたが、じつはずっと昔、沢と谷との地理的境界を、かなり明らかに措定したひとがいた。以下は、細野重雄筆「山岳語彙の興味」から。一九三三年七月刊の『ケルン』二号に載った論考です。

日本アルプスに一二度行くと、誰でも同一の地形を信州では「沢」といひ、越中では「谷」といふのを知つてゐる。

細野は古地図なども参照し、本州中部の日本海から太平洋まで縦断する境界ラインを引いている。もとより、

境界は一線とはならなくて、或《(あるい)》は広く或は狭い一定の幅をもつた帯になるであらう。

と断り、相当なラインの揺らぎ、ズレにも言及していて、わけても北部の境界線、黒部川両岸の支谷の名称については慎重だが、とりあえず彼のゾーンをラインに収斂し、北から南に辿って大雑把に描くとほぼこうなります。

すなわち、親不知《おやしらず》あたりを起点に黒部川を溯り、双六岳付近に至る。さらに国境稜線を槍、穂高、乗鞍岳付近まで縦走。あとは木曾川に沿って南下し、伊勢湾に没する。このラインの東側の川の源流は沢、西側は谷と呼ばれているというのだ。

「細野ライン」を俯瞰すると、中部地方を南北につらぬく大地溝帯、例のフォッサマグナの、やや西側に沿う線であるのに気づく。明治の初葉、地質学者E・ナウマンが仮設したこの線付近は、植物学の方ではマキノ(牧野富太郎)ラインと呼ばれる分布上の境界域だし、発掘される古人骨の形態分布においても、顕著な境界ゾーンである。人骨の境界領域ならば、当然、民俗、文化、したがって言語的にも意味あるはずの境界線でもあるだろう。ただし、「細野ライン」は南に下がるほど、フォッサマグナよりも西に寄ります。

しからばこの線の南限はどこであるか。わたしが知りたいと思ふのは、これであるが、恐らく木曾川を越えてもあまり遠くへではないと思ふ。嘗《かつ》て天竜川の下流を歩いたときにも、こゝで谷にはぶつからなかつたから、少くとも谷は東三河まで進んではゐない。

ちなみに、この卓見を披露した細野重雄には『山岳』第二六年第一号(一九三一年五月)に峠の語源についての優れた論評もあり、さぞかし名のある民俗学ないし言語学の徒かと思ったら、執筆当時の彼は、京大遺伝学教室に通う理科系の人間だった。

細野の名が出たついでに、ちょっと脱線して（本線に戻って?）、正統登山史の誤謬をひとつ訂しておきたい。

細野は北岳バットレス全体の初登攀者である。一九二九年七月十八日、京大山岳部高橋健治、酒戸弥二郎、奥貞雄、細野重雄、および名案内人竹沢長衛のザイルシャフトが登ったのだが、これまでのどの登山史も、彼らのルートを第五尾根だとしている。

しかるに細野の書いた『関西学生山岳連盟報告』一号（一九三〇年）の記録を読み、高橋の撮ったルートを示す破線入りの写真を見ると、取付の大滝は五尾根側を巻いたものの、後はdガリーのスラブをちゃんと登っている。記念すべきバットレス初めての開拓ラインが、ヤブだらけの五尾根とされつづけるのはあまりに気の毒。この際、dガリーの登攀と正すべきでしょう。

細野らの登攀を第五尾根とした最初の文献は、おそらく『針葉樹』九号（一九三七年二月刊、東京商大山岳部部報）。バットレス各部の名称を特定した小谷部《おやべ》全助が、登攀年譜に第五尾根と記している。なにしろ名高いクライマーの筆ですからね、後の登山史はすべてこれを踏襲してしまった。

閑話休題。細野重雄は今西錦司の同僚、第一線の科学者だったが、かなりのロマンティストでもあったようです。「山岳語彙の興味」にはこんなきれいな叙述もあった。

山岳語彙は作者の名が消えたが、伝説化してしまつたところの口承文芸である。山岳語彙が言語学や人類学等といふ科学の立場から見て興味あるのは勿論であるが、自分は、もつと手近な美しさを感ずるから面白いと思ふのである。それは山麓の住民が永年これを使用して、山の美を再現して来たところのものであり、それが自然の環境にあつて熟しきつてゐるからである。それの文学的興味は豊かなホメロスのそれにも似てゐる。

山に付された名前のひとつ、沢や谷にあたえられた名のひとつに、豊かな物語が秘められている場合があり、はんたいに、山と谷の名前から、ぼくらが一編の物語を紡ぐことも、できるやもしれません。

次項では、沢と谷との境界措定において、細野がもっとも意を尽くした黒部川ゾーンについて詳しく語ろうと思う。冠松次郎をはじめ、木暮理太郎らが登場します。

沢と谷とはどう違う―2

川の上流部を沢と言い、また谷とも呼ぶ。これは民俗地理学的な地名の棲み分けであって、細野重雄の引いた沢と谷との境界線は、ざっと本州中部、フォッサマグナの西隣に沿っている――。前項ではそのあたりまで語りました。

むろん、御存知のように「細野ライン」のずっと東にも谷はある。しかし東の谷は、どうやら沢の上位、沢より大きい水流を指す概念として後から付された観があり、なんだか他人行儀な使われ方をしている。東のタニ（タン）は古来の語ではなく、西方から侵入してきた異邦人ではあるまいか。

それに比べて細野ラインの西側には、みごとなくらいに例外少なく、沢はほとんどありません。言語ばかりじゃないけれど、弥生時代以降、明治維新以前の文化は、いにしえからずうっと西高東低。黒潮とおんなじように、東から西の方へは、なんでも、なかなか逆流してはゆかなかった。

その沢と谷とのせめぎ合いが、如実にみられるのが細野ラインの北部、黒部川流域においてです。ここでは主として黒部の開拓者たちの言説を拾う。地図を片手にお読み下されば、判りやすいと思います。

黒部の沢と谷、そのテリトリー

『岳人』一九六二年九月号に伊達光太郎《だてこうたろう》というひとの、なかなか優れた論評がある。

谷と沢の混乱しているところがある。黒部川の支流がそれで、だいたいにおいて左岸は谷が多く、右岸は沢が多い。御前沢《(ごぜん)》は御前谷ともいうし、御山谷《(おやま)》は御山沢ともいうが、これは越中名が谷で信州名が沢なので、ここは越中名と信州名の交錯したところなのである。(「谷および沢の名称」)

これを読んだ冠松次郎(一八八三―一九七〇)は、早速十月号の『岳人』にこう書いた。

この混乱したわけは伊達氏もいわれるように越中の人のつけた名は谷(タン)

で、信州の人のつけた名は沢であったということが主な原因であると思う。（中略）とにかく仙人谷までは下流の人がはいっていただけで、谷の名も全部越中の人がつけたもののようだ。（中略）ここで一つ注意をひいたのは、東谷と上流の東沢である、同じ東でも下流のものは越中名で東谷、上流のものは信州名の東沢で、黒部へはいった人の分布がわかるような気がする。

『岳人』誌の主幹高須茂の意見（一九六八年九月号）も参考にして整理すると、黒部の谷と沢とのテリトリー境界はこうなる。

仙人谷より下の支流は両岸とも谷、平《だいら》の渡しより上流の右岸はほぼ沢、左岸は混在（上流になるほど沢が優位）。その中間部、下ノ廊下辺りについては後述します（なお、これは本稿の初出を読まれた方から教わったのだが、伊達光太郎は高須茂のペンネームだとのこと。どうりでおんなじような意見であった。「ダテ・コウタロウ」＝「だってこうだろう」だとさ。いいかげんにしてくれ……）。

だが、このような空間的な区分は、現時点での名称にこだわった認識にすぎず、地名のもつ意味、相貌の半面をしか伝えない。たとえば、『黒部雑記』（湯口康雄著、一九七三年、北日本出版）所収の古図を眺めると、百近い黒部川の支流名に、沢の付くものはまずない。この古図は一八四〇―四一（天保十一―十二）年頃、加賀藩奥山廻り役の誰かが作製した図だそうだが、たしかに、越中人の彼らが、越境者である信州人の呼称を考慮するはずもない。もっとも、下流域は詳細を極める古図も、中・上流域には空白がめだつ。やっぱり彼らが黒部の上手《かみて》に、あんまり進出していなかった証左でしょう。

下流域に関しては、それらの古称の一部を、宇奈月音沢の猟師・案内人佐々木助七（本名助三郎、一八六五―一九四五）らが大正期の登山者や電源開発に従事する者たちに伝え、上流域では、主として信州の猟師・案内人が、自分たちの呼称を登山者に伝え、さらに登山者が新しく命名したものも加わり、それらが時間《とき》の選択、攪拌を経て定着したのが、現在の地名というわけです。

タン・タニ・ゴウ・ゾウ

さて、問題の黒部川の中間部。大正期までほとんど人跡未踏だったからあたりまえだが、上ノ廊下の一部や、とりわけ下ノ廊下、仙人谷から内蔵助《くらのすけ》谷に至る間の地名は、古来つまびらかでなかった。この間の支流名のいくつかは、じつは大正期の登山者たち、冠松次郎らの命名によるものです。

白竜渓《ママ》の手前（白竜峡の上流）の下ノタル沢、上手の黒部別山谷（冠著『黒部谿谷』では別山沢）、新越《しんごし》沢、鳴沢、鳴沢小沢なども、十字峡と同じく私が名をつけた。（冠筆『岳人』一九六二年十月号、カッコ内は遠藤の註記）

他にも「神潭」「広河原」なんかも冠の命名だが、東京人である彼は谷より沢がなじみのようで、はっきり谷の名をもつ支流以外は、だいたい「沢」を振ってしまった。

本書及び『立山群峰』に「谷」と言う呼称を用いずに「沢」と言う語を用いたのは別に意味があるわけではなく、両方とりまぜて使用する煩《はん》を避けるためなのである。（『黒部渓谷』一九九六年、平凡社ライブラリー。原著は『黒部谿谷』一九二八年、アルス社）

下ノ廊下左岸にそそぐ劔沢は、前掲の古図には劔谷と記され、高須・伊達によれば劔川とも書かれていたという。冠以前に黒部に入った吉沢庄作（一八七二―一九五六）も劔沢と呼んでいるが（『山岳』第九年第一号）、本来劔谷でよさそうなものが劔沢で

いか。

なお、劔谷はツルギダンと読む。谷有二はこのタン（ダン）を古代朝鮮語の旦《タン》・頓《トン》に由来すると説く（『富士山はなぜフジサンか』一九八三年、山と溪谷社）が、それはさておき、越中式発音のタンについては広く識られている。一方、劔川はツルギゴウ。川をゴウ（コウ）と読む例は関西圏、特に東ノ川、立合川《たちあごう》、四ノ川《しごう》などを擁す大峰、台高山脈に多く、名高い豪渓・池郷川《いけごうがわ》の郷なども、さしずめ川（ゴウ）の畳語《じょうご》であろう。

ついでながら、黒部川より西、つまり細野ラインの西側にも、わずかながら沢がある。片貝川支流のそのまた支流にあたる大明神沢と小沢。だが、高須によればこれらはゾウの宛字《あてじ》らしい。ゾウ（ソウ）ならば北アルプスに限らず、関東、東北の方にもけっこうみられる。例の古図にも用例があり、現在の地図上、黒部下流域にみられる数少ない沢・森石沢も、たぶん森石ゾウであっただろう。

ああ、ややこしい。だが、もう少し御辛抱下さい。あともうひとつですから。

越中の谷はほとんどタン・ダンだが、タニ・ダニと読むべき谷もある。それは越中ナマリと無関係な登山者の命名した支流、多くは名案内人の名を冠した谷でした。

長次郎谷《ダニ》――一九〇九（明治四十二）年七月、吉田孫四郎らが宇治長次郎の案内でこの谷をつめ、登山者として初めて剱岳の天辺を極めたときに命名（『山岳』第五年第一号）。

平蔵谷《ダニ》（当初は平蔵沢）――一三（大正二）年七月、近藤茂吉が長次郎、佐伯平蔵らの案内で長次郎谷から剱岳へ登ったときに命名。帰路、近藤は平蔵と別山尾根を下降（初踏破）し、長次郎とポーターは未知の雪渓を降りたが（初踏破）、近藤は平蔵の名誉を思い量って、この谷にあえて平蔵の名を冠したのだった（『山岳』第八年第二号）。

金作谷《ダニ》（当初は金作沢）――二二（大正十一）年七月、今西錦司と西堀栄三郎は宮本金作（長次郎の義兄）の案内で薬師岳からこの谷を降りたが（初踏破）、二七年に金作が没したのを機に、今西らの意を汲んだ冠が、『黒部谿谷』で、この谷を金作沢と記したもの。

シジミ谷の話

黒部と呼べば冠と応じてしまうくらいに冠と黒部との縁《えにし》は深いが、黒部中核部のパイオニアとしては、むしろ木暮理太郎らを嚆矢《こうし》とすべきです。冠が下ノ廊下に第一歩を印す前年の一九一九（大正八）年七月、木暮と中村清太郎は、佐々木助七、宇治長次郎らを案内に鐘釣温泉を発ち、下ノ廊下を溯行。平《だいら》まで達する予定だったが、果たせずに仙人谷を溯って剱沢から立山へ抜けている。

この記録は『山岳』誌および『山の憶ひ出』上巻に収録されたが、これはきわめてすぐれた紀行・ノンフィクション文学であって、人間・木暮のスケールの大きさ、言語感覚の鋭さがよく知れる。助七と長次郎との心理的な葛藤を描いていて興味尽きないし、地名に関する考察も随所にちりばめられている。詳しく御紹介したいが、とりあえず助七からの聞き書き、ちょっとエロティックで、可愛い部分のみを引きます。

この山奥に蜆《(しじみ)》谷の名があるので、場所がらといひ念の為に蜆の化石でも出るのかと聞いて見た。助七は笑つて答へない。強ひて質《(ただ)》すと、以前荒ごなしの材木を搬出する際に若い女達もこの急崖を上下した。それを見上げてふと思い付いた名であるといふ。若い娘だで蜆ずらと大笑する。何さま幾十年を黒部の山谷に過した助七のことである。気まぐれの戯言《(ざれごと)》が其儘《(そのまま)》地名となつたものも少くあるまい。

昔の娘っ子は、パンティなんぞ履いちゃいないからね。トロッコ電車の終点駅、欅《けやき》平《だいら》の少し上手、今もその名の残るシジミ坂、シジミ谷の、これがいわれだそうである。

登山家が名づけた山

地名考――。ひとの喋る蘊蓄《うんちく》を聴かされたり、本を読んだりして、地名の由来やそれにまつわる諸々《もろもろ》に、ちょっとばかり興味を惹かれた方もおいででしょう。だが、ついつい面白くなって、自分で調べたり考えたりし始め、うっかり地名考証にハマッテしまうと、もう、大変なことになる。

ことばは生きもの。まして地名は、それぞれ固有の厖大な過去を背負っている。現在の呼称が唯一だとは限らず、その一語が、途方もない歴史やロマンを内包している場合もある。仮に「地名の考古学者」がいたとしたら、彼は地名の変遷を追って、幾重にも堆積したことばの地層を掘り下げ、その各々に素敵な物語を見いだすこともできるでしょう。

時間的な溯及だけじゃ足りない。ある種の地名は長途の空間移動をする。フォッサマグナや中央構造線に沿い、あるいは黒潮に乗ってはるか彼方、もしかすると海外にまで、悠久の旅路を辿る。柳田国男によれば、現存する地名は、少なくとも二千万語はあるという。そのそれぞれが個別の歴史をもち、相互連関しているとなると、もう、大変なことです。

一塵の内に於て、微細の国土の一切の塵に等しきもの、悉く中に住す。(『華厳経』)

極小と極大との無二、一個の原子のなかに全宇宙が含まれているといった壮大な光景だが、これはそのまま、一地名と全言語との相関にあてはまるイメージでもあるだろう。

地名研究に関わる学問領域を、ざっと並べてみましょうか。民俗学、社会学、文化人類学、宗教学、地理学、地質学、生態学(植物・動物)、統計学、言語学、歴史学、文学……。アカデミックな「地名学」が成立するとしたら、これら多様なジャンルの、学際的な協力が必須だと思われる。

しかし、まあ、ありがたくも一介の登山者・モノカキにすぎぬ私は、そんなめんどくさい御題目には無縁である。せいぜい「山書」くらいを繙《ひもと》いて、先学の跡を訪ね、山名考証の一端を覗く程度にしておきます。

山名には比較的、歴史の浅いものがある。遠くから望める目立った山はいざ知らず、用途のない、まして人跡未踏の山などは、当然名を振る要もなく、近来まで無名だったり、文字に残らぬ山も結構あった。

ところが明治の中期から、日本にもレジャーとして山へ登る者が現れる。ロクな地図のない頃のこと、地元の民をガイドに仕立てて登ったのだけれど、自分の踏んだピークの名すらおいそれと、判らぬケースも多かった。連中はだいたい都会人。なかには文筆を能《よ》くするひともいて、紀行や記録をせっせと発表したのだが、その際、山の名が知れないのでは話が始まらぬ。真面目な者は文献を渉猟し、フィールドワークも怠りなく、にわか民俗学徒にもなる。しかしそれでも判らんときは、やむなく自分の一存で、とりあえずその山に仮の名を、付した場合もありました。

日本の高峻山岳、地元民草《たみくさ》の生活圏外の山頂には、じつはこうした登山家たちの調査研究、ないしはたんなる得手勝手、誤謬でもって名づけられた山がかなりある。そしてひとたび文字に印されると、口承口伝《くでん》なんぞは太刀うちできず、その名は正邪の別を知らず、絶大な権勢を発揮する。

大正初期、ようやく測量の資料が揃い、本式の地形図の刊行が始まる頃のこと。登山家たちが書き遺《のこ》した山名を、充分な検証を経ずに、陸地測量部が採用しちゃった例もある。こうなるとその名はもう大いばり、たとえ発表者が錯誤に気づいて訂正を申し入れても、そう簡単にはくたばらない。継子は継子なりの論理を孕み、しっかり生命を保ってゆく。

以下、命名に際して登山者の介在した山の名をわずかに挙げます。それまで全く無名の山だと思われるものは、名づけ親を明らかにするだけで、まあよかろうけれど、すっかり定着した山名の背後に、別の名、別の由来が秘められているとなると、その穿鑿《せんさく》はやっかいである。改めておことわり。私には、先学の研究を御紹介するくらいしかできません。

木暮理太郎は日本の登山の生みの親。まごうかたないオーソリティだが、ことばに関しても、非常に鋭く、ナイーヴなひとでした。彼の跋渉《ばつしょう》した山々のうちのいくつかは、地元の民さえ入らぬような未開の山であったから、調査をしても判らない山の名は、彼みずからが名づけている。たとえば一九一五（大正四）年夏の山行では、「釜谷山」「白萩山」「小窓ノ頭」を新しく命名。毛勝山―剱岳―黒部横断―烏帽子岳行の途次のことです。

行く先々の名称不明の地点に対しても、便宜の為に縁のありさうな名前を勝手に付けたものが少くない。帰京後私の手の届く限り此辺の山に関する古い地図や地誌の類を漁つたのであるが、記録を有する山は一として見当らなかつた。(『山の憶ひ出』上巻)

木暮は、もっとフィールドワークをすべきだったと悔いているが、ともあれ無難な命名であり、それらは今日の地図にもちゃんと載っているのです。

次は、少々アブナイ命名の例を挙げる。岡茂雄著『炉辺山話』(一九七五年、実業之日本社)に語られているこの逸話・山名考証は、『新編炉辺山話』(九八年、平凡社ライブラリー)として入手しやすくなっているので、御存知の方も多いでしょう。三枝威之介は木暮の十三歳年下、やはり日本登山界の草分けである。一九〇八(明治四十一)年七月、松沢菊一郎の案内で白馬岳から唐松、「五龍」と縦走し、鹿島川を下って山行を終えるのだけれど、最後のピーク「五龍」の名が判らない。松沢に質《たず》ねたところ、「ゴリュウ」という音だけが知れました。

帰ってから仏典に出てくる語彙を勘案し、とりあえず原稿に〈五龍岳(宛字)〉と記して『山岳』誌に投稿。ところが印刷されてみると植字のミスか校正ミスか〈(宛字）〉の部分が脱けてしまい、堂々と五龍岳が闊歩していた。あまつさえ、測量部がその『山岳』第四年第一号を鵜呑みにして、新刊の五万図に五龍岳と振ったため、すっかり市民権を得た五龍は、いまも揺るぎなく、大きな顔して五龍岳です。

して、正解は？　後立山には仏教に因む山名が多く、三枝の仏典渉猟は一見悪くない。龍（ナーガラ）は、いろんなお経の本のあっちこっちに登場しますからね。だが、仏様関係の呼称は霊山・立山を擁す越中産が圧倒的で、信州の案内人松沢の言にそぐわない。越中の古図を見るとこの山は、どうやら餓鬼《がき》岳（餓鬼も仏教用語）と呼ばれる山らしい。

岡茂雄の調査によれば、信州側の呼び名は御菱《ごりよう》岳、または割菱《わりびし》岳。ゴリュウはゴリョウの松沢の言い違い、ないしは三枝の聴き違いであろう。信州側の天辺近く、この山には四つの菱の雪形が現れるが、甲州武田勢の侵略を受けた頃、その旗印「武田菱」と結びつけて、地元の民は御菱岳と呼んだのだ。と、以上のごとく岡さんは考証したのですね。

五龍岳は明らかにハズレであった。そしてこの手の漢字転換の際の誤りはやたらとある。しかし、だからといって御菱岳が真のアタリだとは限らない。越中側の餓鬼岳だって存在を主張したいだろうし、さらに何が隠されているか、判ったものじゃありません。

そう、さらに掘り下げ、突き詰めてゆくのは面白いし有意義でもあろうが、蟻地獄に落ち込んでゆく気配がないでもない。だから私は冒頭で言ったのです。「ハマッテしまうと、もう、大変なことになる」、と。

文士と山との間がら——1

もっと溯ることもできるが、西行＝佐藤義清《のりきよ》以来、歌詠み物書き絵描きなどの旅や漂泊への憧れは、日本の芸術家たちの伝統のごとくである。芭蕉が奥の細道を〈片雲の風にさそはれて〉さんざん歩きまわれば、跡を慕う者数知れず……。それが明治になって近代登山が喧伝されると、文人たちは「山旅」にも関心をもつようになります。

一九〇九（明治四十二）年八月十二日、東京府立三中（現両国高校）五年生の芥川龍之介は槍ヶ岳の天辺に立ったが、高峻山岳に登頂した文士としては、彼もパイオニアのひとりである。級友三（四）人を誘い、上條嘉代吉（上條嘉門次の一人息子）を案内に登ったのだけれど、ウェストンがそこらを闊歩する時代ですからね、たいした冒険行だ。山林局の小川実らが一九〇二—〇四年にかけてすでに槍・穂の主稜線に標杭を打ち、ほぼすべてを通過し、査定・測量しているが（上條武著『孤高の道しるべ』一九八三年、銀河書房）、鵜殿正雄らによる登山者としての穂高・槍初縦走は、芥川の槍ヶ岳登頂の四日後なのだ。

芥川の槍ヶ岳旅行記は三編遺《のこ》っているが、描かれる最高到達地点は槍沢上部であり、はたして彼が登頂したのかどうか、かつては論議の的になっていました。それをしっかり確認したのが山崎安治。山崎氏は芥川の同行者中塚癸巳男《きしお》の回想記を見出し、七三年二月には御本人にも会っている。この実証は文学（登山）史上のお手柄ですから、詳しいいきさつはぜひ山崎著『登山史の発掘』を読んで下さい。

だが、まだ検証の余地はある。事実に忠実と思われる芥川の槍ヶ岳紀行第一作目には、同行者が姓のみ実名で四人登場する。しかるに中塚回想記では三人。中塚の記さず、芥川の録した「山口」君は実在したのか。一高旅行部の名簿には、芥川と同期の、山口成一の名があるのだけれど……。

さて、「文士と山」をテーマとするなら、私だって少しは材料が手元にある。山崎さんには及ばずとも、川端康成と山との連関について、ちょっぴり語ります。

『水上心中』に書かれた遭難

私は川端のよい読者ではないが、『山と溪谷』（一九九八年五月号）で『雪国』について喋ったり書いたりした。それが御縁で川端文学研究会の方々と知り合い、原善氏

（上武大学教授）が『水上心中』を貸して下さった。『雪国』の起稿される直前、一九三四年の八月から十二月にかけて、月刊誌『モダン日本』に連載された中編小説である。未完だし成功作でもないが、連載中に映画化され、当時のひとびとの耳目をひいたという。読んでみると、『水上心中』は名作『雪国』の前駆的作品として重要なテクストだった。

　ちょっと二作を比べてみましょう。

『雪国』の主人公島村は、半ば小説の語り手。いわば作者の「視線」であるために、作品の要請に従って存在感の稀薄な、抽象的な人物につくられている。ぼくらの知る島村は、山登りを趣味とする高等遊民（夏目漱石の造語＝きまった職業がなくとも食べていける結構なご身分のインテリゲンチャのこと）といった程度。一方『水上心中』の勝浦は、熱情的な帝大大学院生。たぶん山岳部のOBであり、現役のリーダーと一緒に日本アルプスへ行ったりする。やがて心中を決行するほどに熱い血の通う、輪郭の確かな登山家である。

　また、島村は、上州のどこかから越後へ山越えして、湯沢らしきところへ下り、そこで物語が始まる。つまり地名もぼんやりしているのだけれど、勝浦は島村とは逆コースで、明記された湯沢の高半《たかはん》旅館をスタート、上越国境の連嶺を踏破して水上に下りてくる。ともに心になにがしかの鬱屈を抱いた単独行者だが、ぼんやり対せんめい、南から北対北から南、すなわち、開幕からして『雪国』は『水上心中』の陰画《ネガ》のごとき作品なのです。安易な図式化は避けるべきだろうが、具象から抽象へ、現実からメルヘンへ、『雪国』は『水上心中』の芸術的な昇華によって成立した小説ではあるまいか。

そして、だいぶ無謀で大胆な臆測だが、勝浦にはいくぶんか深田久弥のイメージが投影されているような気がする。研究論文ではないので委細をはぶくが、これらの執筆当時、川端は深田としばしば接触していた。おまけに深田は、作家仲間に「山」のことをさかんに吹聴するひとだったらしい。以下は中島敏隆・堀込静香筆「深田久弥の作品と文献②」(『岳人』一九七二年二月号)から。

> その頃、山の話などだすと馬鹿にされそうな雰囲気だった文壇に、構わず登山やスキーを持ち込んだのは深田であった。(中略)山へ行くのは都会で失った動物精気をとりもどしに行くためで「山は僕の中の萎びた動物を蘇へらせる」と言う深田を、親しい文士仲間は「又山の鬼をしょってきたな」と酒の肴にするのだが、(中略)次第に大雑誌や純文芸雑誌に氏の山とスキーの文章が載り、やがて

鎌倉文士の間に登山やスキーが広まっていった。（傍点は遠藤）

深田は川端と一高、東大の同窓生、ともに『文学』（一九二九年創刊）、『文学界』（一九三三年創刊）の同人でもある。深田の方が四歳年少だけれど、深田が川端に「山の話」を熱っぽく語り、川端もまたそれを憎からず思ったとしても、あながち突飛な空想ではないでしょう。

川端にとって深田は、たとえば太宰治のごときライヴァル視するほどの俊才ではないし、深田の能天気な純情、とりわけ山歩きに耐え得る頑健な肉体に、ある種の憧憬を覚えたのではないか。じっさい、辛辣な言辞のめだつ川端の文芸評論においても、深田の作品には相当に好意的な評を贈っています。

さっき引いた〈又山の鬼をしょってきたな〉の山の鬼。この聞きなれぬことばが『水上心中』にも出てくる。

なんだこれしきの山、なんだこれしきの雪、こん畜生と、息子の敵でも踏んづける勢ひでね。気ちがひじみた未練ばかりぢやなかつたんだよ。山の鬼に憑かれたんだな。

山の鬼は登山家の魂に巣くうデモンで、物書きに取り憑くデモンに比べて、よりバッカス的な偏執であろうけれど、山の鬼に憑かれた深田のイメージが、このフレーズに、ふと浮上したのかもしれません。

ところで、勝浦の親友守屋は〈一の倉岳〉で遭難死したのだが、この事件のモデルはしっかり特定できる。川端は三四年の五月から六月、水上周辺に逗留し、「作家との旅」という軽いエッセイでその近々のニュースを報じています。

　げんにこの間も二青年が一の倉岳で雪崩れに打たれた。四月二十九日山に入り、雪から靴だけ現れてゐるのを捜索隊の望遠鏡が見つけたのは、五月の三日であつた。

これは、谷川岳遭難史上でも有名な、一ノ倉沢における最初の死亡事故。『水上心中』では日付を四月十七日に変えているが、「作家との旅」に記されるとおり、三四年四月二十九日に起こった壮烈な墜死であった。

エリート社会人団体日本登高会の中村太郎、宮北敦男は未登の滝沢本谷をめざして入山。みごとに下部の氷壁を突破し、稜線直下に迫ったが、〈突如運命は彼等を見放し、凄惨な墜落が惹起され、（中略）無惨にも第一の滝下デルタの上へ墜死して了《しま》つたものと推測されるのである〉（小野崎良三筆『ケルン』二三号一九三五年四月号）。なお、彼らの捜索に赴き、遺体を発見した登高会会員のなかには、若き日の上田哲農もおりました。

『雪国』駒子の語る遭難

一方、どうも性格のはっきりしない島村ですが、彼は三度湯沢（らしきところ）を訪れている。以下はその三度目、〈秋の登山の季節〉に滞在したとき、駒子から聞かされた話。

「人間なんて脆いもんね。すつかりぐしやぐしやにつぶれてたんですつて。熊なんか、もつと高い岩棚から落ちたつて、体はちつとも傷がつかないさうよ。」と、今朝駒子が言つたのを島村は思ひ出した。岩場でまた遭難があつたといふ、その山を指ざしながらであつた。

この遭難のモデルも特定できる。前掲『山と溪谷』（一九九八年五月号）で年月日だけ明らかにしておいたが、これは三五年九月十五日に谷川岳南面の幕岩で起きた事故でした。

東京登歩渓流会の岩田武志、村上定雄、坂東彦兵衛が未登の幕岩に挑戦。しかし、Aフェース北稜の上部で岩田がスリップし、後続する村上を巻き込んで、二人とも墜落してしまう。必死に岩壁を降りてきた坂東は、〈岩田君は無惨な姿になっていた。さっきまであんなに元気だったやつがこんな姿になるとはと、悲しみを通り越して涙も出なかった〉（杉本光作著『私の山谷川岳』一九八一年、中央公論社）。

川端はこの年九月から湯沢に滞在し、かなりの取材をしたと言われています。駒子の語る遭難は、実際は、駒子のモデル松栄などから聞いたものであろう。谷川岳の岩場における事故としては四番目の遭難死だが、悲惨なことに〈ぐしやぐしやにつぶれてた〉のは、登歩渓流会屈指の名クライマー、岩田と村上であったのです。

『水上心中』『雪国』に記される遭難は、いずれも事故直後、現場にほど近いところでの見聞がベースになっている。『千羽鶴』にも久住山を巡るリアルな山旅が描かれているし、深田久弥との関係といい、川端にとっての「山」は、そう小さなものではなかったと言えるでしょう。川端文学研究会平山三男氏の御教示によるのだが、じっさい、湯沢にいるとき、川端は自分も山に登りたくなって、登山用具を買って送るように、妻に手紙を書いたりもした。三国峠を越えてみようと思ったのです（一九三四年六月十五日付書簡）。

＊川端作品の引用は新潮社版全集による。

文士と山との間がら―2

登山記録、山岳紀行、登山評論、山のエッセイなどなど、いわゆる山岳雑誌に載っている記事や山関係の本（すなわち、今あなたがお読みになっているこの本のような本）を、私はあんまり読みません。総じてつまらんものが多いと思う。

山岳小説（山岳文学）。これも、すぐれた作品はごく少ない。一九五六年十一月から『朝日新聞』に連載された井上靖の『氷壁』は、たしかに世評高く、登山ブームを惹き起こすきっかけとなったほどの山岳小説だけれど、これとて井上の仕事の最良の部分だとはとても言えない。ましてや新田次郎の一連の山岳小説なんぞ、初期の『強力伝』などの数作を除けば、あとは全部、はっきり言って二流か三流の小説ですよ。すぐれた小説にしてすぐれた山岳文学というと、私の記憶に残っているのは北杜夫の『白きたおやかな峰』くらいか。

近年は山岳ミステリー、山岳アドベンチャー小説の類がおびただしく出版され、なかにはかなり面白いものもあるが、これとて再読に耐えるような本は、まずありません。したがって、山の本や雑誌を、あまり読まないというわけ。しかるに私には乱読の性《さが》があって、面白くさえあればどんな本だって、どんどん読む。そうしてやっぱり山が好きなんだろうなあ、そんなふつうの小説やエッセイに山のことが書かれてあると、もうどうしたって、その部分が気になってしようがない。

紋次郎と長英が越えた峠

この間までは笹沢佐保の「木枯し紋次郎シリーズ」を片端から漁《あさ》っていた。光文社文庫で二十冊分くらいあるからね。読みでがあります。

長楊枝を銜《くわ》えたこのニヒルな旅人《たびにん》の徘徊するのは主に中山道、甲州街道、木曾路の付近。しかし一度は奥州も跋渉《ばっしょう》するし、上越国境の清水峠も越えた。笹沢氏の文章はしっかり調べて書いてあるので、地誌歴史の勉強にたいへんよい。その昔は通行者もあった間道だが、紋次郎が越後から上州へと越えた天保のころ（一八三〇年代）、清水峠路は閉鎖されていたという。公の三国峠を事情があって通れぬ者が、禁を破り、命懸けで越えてゆく道なき道であったという。強靭無比、サヴァイヴァル技術に長けた紋次郎ですら道を失い、三日間飲まず食わずでようやっと水上付近に下っている。

言わずもがな、紋次郎は架空のヒーローです。だが、高野長英はもちろん実在。この幕末の麒麟児も、どうやら清水峠を越えたらしい。吉村昭著『長英逃亡』（新潮文庫）によれば、紋次郎の活躍した十年くらい後、火事に乗じて破獄した長英は、全国各地で幕吏に追われ、逃げまわるのだが、上州から越後へと抜ける際、この廃道を辿ったという。吉村氏は湯檜曾川右岸の峨々《がが》たる岩壁（一ノ倉沢や幽ノ沢）を描いており、逃亡者の荒涼たる心境と相俟《あいま》って、みごとな筆さばきである。どうです。かくべつ山の本でなくたって、けっこう登山の場面は各種の小説に登場する。むろん文豪の名作にだって。

夏目漱石の『草枕』

山路を登りながら、かう考へた。／智《(ち)》に働けば角《(かど)》が立つ。情に棹《(さを)》させば流される。（夏目漱石『草枕』明治三十九年初出）

十数冊紋次郎とつきあってさすがに血腥《ちなまぐさ》くなり、いまは漱石と仲良くしています。『草枕』とはたぶん三十年ぶりの再会。漱石は明治二十九年に熊本の五高に赴任し、同僚の山川信次郎と三十年の暮から三十一年正月にかけて当地の小天《おあま》温泉に滞在していて、『草枕』の山路は小天温泉への路だとされている。漱石の見聞した季節は厳冬の小天ですが、『草枕』はけんらんたる春のお話。しかし彼のお弟子、小宮豊隆の解説（岩波書店版全集第二巻）によれば、漱石が再度小天を訪れた証拠はなく、冬を春に変えるくらいのモンタージュ、デフォルメは、漱石にとって日常茶飯事だったそうです。

山を前面に出した小説はいくつもあるが、それらは畢竟《ひっきょう》「人間」を描く意図を強く背後にもっている。ところが漱石は『草枕』において、人間の心理や情念をことごとくとっぱらおうと試みた。いわく「非人情」。これが何に似ているかというと、漢詩や俳句、もっと近いのは池大雅や蕪村などの描く山水画ではなかろうか。『草枕』の語り手が俳句や漢詩をひねくる画工であるのも、ゆえなしとしません。

人間を描かないで、なおかつすぐれた紀行文、風景描写をものにするのは至難の業だが、『草枕』はある程度それに成功した稀有な作品だと思う。漱石みずからが言っています。

この種の小説は未だ西洋にもないやうだ。日本には無論ない。（『文章世界』明

治三十九年十一月号）

小宮の解説には〈是を書くに就いての漱石の抱負は大きかつた。是は勿論一方から言へば、当時擡頭しつつあつた、文壇の自然派的傾向に対して、はつきりしたアンティテーゼを置いたものでもあつた〉とあり、さらに『草枕』を西欧的なものに対するアンティテーゼとしても捉えています。また小宮はこうも言っている。

我我が自然の美しさに撃たれて歓びを感じる時、その歓びの中に、人情は少しも交じつてゐない。

言われてみれば、そんなものかもしれない。漱石の「非人情」は、われわれ山に関する文章を書く者にとっては、ひとつのアンティテーゼにほかならず、また大きなヒントにもなりそうです。

ところでアホーなぼくは、今度この岩波書店版全集の註を読むまでこれが伊豆のどこかの峠路だと思っていた。川端康成の『伊豆の踊り子』とごちゃまぜにしてたんだね。主人公が峠を越えて温泉に泊まり、そこで華麗な、あるいは可憐な美女と湯殿をともにする。『草枕』も『踊り子』もおんなじ状況設定だからなあ。むろんこれは川端が夏目大先生の名作を意識した結果でしょうけれど。

漱石の『二百十日』

前項で記したように、川端には山を背景とした作品が多々あるが、漱石にもわりあいあります。『草枕』よりもずっとリアルに、みずからの登山体験を下敷きに書いた『二百十日』（明治三十九年初出）がその代表選手。ふたりの青年が阿蘇に登って嵐に遭い、道に迷ったり、溶岩流の通った跡のクレヴァスに墜っこちたり、あわや遭難しかかる話です。

時計はもう五時に近い。山のなかばは只さへ薄暗くなる時分だ。ひゆう〳〵と絶間なく吹き卸《お》ろす風は、吹く度に、黒い夜を遠い国から持つてくる。刻々と逼《せま》る暮色のなかに、嵐は卍《まんじ》に吹きすさむ。

ほんとは相当に形而上的（社会批判的）な実験小説なのですけれど、こんな場面だけを採り出すと、ほとんど山岳小説だよね。

『二百十日』に描かれた事柄が漱石の現実体験だと証すことができるのは、明治三十二年九月五日付の句稿が残っているからです。〈阿蘇の山中にて道を失ひ終日あらぬ方にさまよふ〉という但し書きの付された次の二句。

灰に濡れて立つや薄と萩の中
行けど萩行けど薄の原広し

小説『二百十日』の風景描写、道迷いの場面と、これはもうぴったりと照応する。

ついでにあとひとつ、ふたつ。

『二百十日』を書いてすぐ、漱石は『野分』（明治四十年初出）を書き、東大教授の地位を捨ててプロの小説家になる。その最初のまとまった仕事が明治四十年六月から『朝日新聞』に連載した『虞美人草』。この冒頭部分数頁も比叡山を登る描写なのです。また、『朝日新聞』紙上二作目の新聞小説『坑夫』（明治四十一年一月から連載）なんかも、とりあえず山を背景とした小説と言えるかもしれない。東京の十九歳の学生が家出をし、自暴自棄にひたすら北を目指して歩き出す。やがてぽん引きに拾われ銅山（足尾銅山がモデル）に売られてゆく。いよいよ銅山に向かう場面から。

昨夕《ゆうべ》からあれ程登つた積だのに、まだ登るんだから嘘のやうでもあるが実際見渡してみると四方は山ばかりだ。山の中に山があつて、その山の中に又山があるんだから馬鹿々々しい程奥へ這入《はい》る訳になる。

日本は山国ですからね。山を描いた文学作品はいくらでもある。「山の文学」ではなく、「文学における山」をテーマにしたって、卒業論文や評論の百や二百は発表される余地がある。たとえば推理小説だけに限ってみても、「松本清張の描いた登山」「森村誠一の小説に出てくる山」などなど……。ヒマなひとは、ちょっと挑戦してみませんか。

ザイルの使用事始め

ザイルの使用・前史

クライミングロープという英語が日本山岳協会御用達の正式名称だそうですが、ザイル（独）、コルド（仏）、何語で呼ぼうと、これは岩や氷を這いずるとき、落っこちて死なないようにするための、文字通りの命綱。

紀元前三三〇年、アレクサンドロス（アレクサンダー）大王東征の砌《みぎり》、すでにしてザイルやハーケンが登場したというけれど、相手はいわば人工壁、敵方の城壁、砦を攀じ登るためだった。

ホンモノの岩場で積極的にザイルが使われたのは一四九二年、ドフィーネ地方のモン・テギーユ（針の峰）登攀が最初らしい。しかしまあ、これも例外。アルプス登山が普遍化するのはモンブラン初登頂（一七八六年）のだいぶ後、十九世紀以後だから、ガイドやお客がザイル捌《さば》きに興じるのも、西欧ではそれ以降のことでしょう。

ところが日本では、はるかに早い時代から、ザイルを日常使っている諸君がいた。六三四年生まれとされる役小角《えんのおづぬ》が開いたとされる修験道が、蜿蜒《えんえん》つづいておりましたので。

一寸《ちょっと》脱線。「登山の精神史《メンタル・ヒストリー》」から観《み》ると、この山岳宗教は重要な位置を占める。西欧アルピニズムが自然科学、地理的征服欲、つまり概《おおむ》ね自我の外側へ向かうヴェクトルと併行進化していったのと比べて、日本の登山には測量登山は別として、自我の内側、即ち自己へと向かう傾きが顕著に看《み》て取れる。一方修験も、肉体と精神（形而上）とを無二として険谷峻峰を駆け巡る求道《ぐどう》・内面への旅。してみると、日本《モダン》近代登山《アルピニズム》は、その形態・本質ともに修験道と直結しているように見える。そして、ポストモダンの登山家R・メスナーなんかは、それら西欧と日本（東洋）の精神《メンタリテイ》を、統合止揚した逸材なのではあるまいか。

脱線復旧。綱（ザイル）は笈《おい》（ザック）や金剛杖（ピッケル）とともに修験者の標準装備。彼らこそ、史上もっとも早いザイルの常用者＝クライマーではなかったか。筆者は奥秩父金峰山石塔岩の天辺、ぼくらがボルト連打の人工登攀でようやく登頂した天辺で、ひょっとすると彼らの痕跡やもしれぬ鉄杭（埋込ボルト）を見たことがあります。

大きな「落としもの」だけれど、修験道を日本登山史にしっかり組み込む仕事を、誰かやってみませんか。

槇有恒帰国以前のザイル捌き

アルプス帰りの槇有恒に率いられた慶応・学習院勢が、英国山岳会《アルパイン・クラブ》の証明書付き三〇メートルザイルで結び合い、春の槍や夏の穂高を攀じ登ったりするのは一九二二年以降のこと。このあたりが一応日本近代登山のホントの開幕だとされている。たしかにそのころから各学校の山岳部がにわかに興隆し、アルピニズムが陽の目をみる。しかし、それはすでに下地があったためだ。ここでは槇の帰国以前の、登山綱（ザイル）に関して拾った資料を、年代順に並べてみます。

文献上、もっとも早いザイルの国内使用は一九〇四（明治三十七）年七月十五日、W・ウェストンが鳳凰山地蔵仏《オベリスク》を単独登攀したとき。彼は八〇フィートの軽い「アルパインロープ」を投げ縄および懸垂下降用に使っている。一二年八月七日に妙義の岩場で根本清蔵とアンザイレンし、同月二十一日槍ヶ岳東稜に持参したのは、五五フィートの絹のロープ。なお、岩這いの名手根本は修験の地妙義山におけるプロガイド。往古の岩登りと近代クライミングとを媒介する存在だったのではあるまいか。

黒田（正夫）　一体日本で綱を使い出したのはだれですか。
田部（重治）　槇君あたりじゃないか。
武田（久吉）　岩登りとしては知らないが、山登りとしては、明治三十七（一九〇四）年（七月）戸隠へ行ったときにぼくが使った。

右は『山と溪谷』一九五五年四月号より（カッコ内は遠藤の補筆）。武田はアーネスト・サトウの息《せがれ》、日本山岳会創立会員。武田著『明治の山旅』（一九七一年、創文社）によれば、植物採集のため、岩場を登下降するのに使ったそうな。

右崖を攀ぢ、迂廻して再び溪流に降らんとすれば、絶壁二丈にも余り、而《し》かも堅緻《けんち》滑沢《かつたく》の花崗岩にして、手掛かり足掛かりを得ず、麻縄によりて一行縋《(ママ)》を了りしは、四時二十分とす。

大平《おおだいら》晟《あきら》筆『山岳』第二年第一号（一九〇七年二月）より。一九〇六年八月五日、高頭《たかとう》仁兵衛《じんべえ》、志村寛らと針ノ木峠へ向かう途次の記述。高巻きをして川床に懸垂下降をしたようだ。大平は一八六五年生まれ。日本山岳会の巨頭高頭は大平の教え子です。

雪上攀縋《はんつい》の危険之《これ》より極度に及び、富士式カンジキは最早《もはや》何等の役をなさず、即ち腰にせる細引綱を取出し（各自三間許《ばか》りのものを一筋宛《ずつ》二重にして用ふ）各々腰に結び、数珠繫ぎの登攀法を応用す。

吉田孫四郎筆『山岳』第五年第一号（一九一〇年三月）より。一九〇九年七月二十四日、宇治長次郎ら六人と、劒岳長次郎谷の雪渓を登ったときの記述。

今吾等のゐる前後数町の間は、曾《かつ》て、測量員すら逡巡して通行しなかつたところ、案内者も、今回が初対面、岩角に縋《すが》り綱を手繰《たぐ》り、又は松を握りなどし、辛くも、連稜の最低部＝槍と穂高の交綏点《こうすい》についた。

鵜殿正雄筆、前掲誌より。一九〇九年八月十六日、上條嘉門次、上條嘉代吉、ガレン・M・フィッシャーと北穂高から大キレットに下るときの記述。小島烏水《うすい》訳のフィッシャーの稿も同誌にあり、それによれば嘉門次の一人息子嘉代吉がリードしている。

細引きを持参。苦心して引っかけた。途中から霧が巻いてきた。しかし両人とも大胆な性格で、ウェストン氏の話を聞いて日本人として先鞭をつける気になった。

山崎安治著『登山史の発掘』より孫引き。原文は山崎究、野尻抱影の手紙。甲府中学五年生の大島隣三、内藤安城は一九一〇年夏、地蔵仏を第二登。この登攀こそ、近代登山における国産岩登りの魁《さきがけ》だろう。

登山綱を確保用に使って急坂を上下したのは、小学四、五年生の頃（明治四十四年＝一九一一年）の記憶がある。これもフランス人教師と一諸に洒水《(しゃすい)》滝落口を覗きに行った時のことで、フランス山岳兵のときに習得した綱確保法を私に教えて下さった。登山綱は十二、三粍《(ミリ)》の現行のものであった。

舟田三郎筆『岩と雪』一六号（一九六九年十一月）より。舟田はフランス人教師の多い暁星小・中学出身。細引きでない、ちゃんとしたザイルの邦人国内初使用であろうか。父が丹沢の麓に山荘を持ち、きわめて早熟なクライマーだった。右の記述と同じ頃、春の富士山や洒水滝左壁を単独で攀じている。この滝は落差七〇メートルほどのかなり立派な滝ですよ。

私は縄の方へ面《かお》を向けて後ろ向きになり岩角と縄を頼りに降つておよそ二、三間降ると急に私の脚は宙にぶらさがり、そして今まで随分疲労しておつた私の両腕のみで私の身体を支えなければならなかつた。

斎藤新一郎筆『登高行』第二年（一九二〇年六月）より。一九一八年七月、鹿島槍から八峰《はちみね》キレットへ下降中の描写。一七年七月三十日、木暮理太郎らを先導した宇治長次郎がフリーソロで往復しているから、二番目の頂稜沿いのキレット通過である。斎藤は慶大山岳部の鬼才。すでに鋲靴を履き、ヘルメットを被っていたという。

北海道でも案外早く、一九二〇年十月、札幌近郊の八剣山の岩場で板倉勝宣らが英国製ザイルを使っているし、ほかにもいくつか拾ってあるが、最後に一九二二年七月十一日、早川種三、大賀道昮、渡辺三郎、板倉勝宣、松方三郎、伊集院虎一の慶大・学習院エリート六人が、奥穂の直下から岳沢へ数珠繋ぎに落っこちたさわりを引きます。伊集院筆『日本山岳会会報』二〇七号（一九六〇年一月）より。

とうとうやつたなと思つた。何秒たつたか分らない。長いような短いようなものであつた。急に不意に胸のザイルに強いショックが来て落下が止つた。奇蹟だ。

松方がシュルントに引っかかったために全員救われたのだが、さすがに英国山岳会御用達のザイルは丈夫であった。

補追

先に、国内初のザイル使用を一九〇四年と記したが、もっと早いザイル使用の記録があった。イギリスの旅行家アーサー・F・ジェフリーズという人が一八七五（明治八）年五月六日、強力《ごうりき》ら四人と氷雪の富士山に登頂、その下降の際、パーティは細引きで結び合い、確保をしつつ下っていった（ジェフリーズ筆・山崎安治訳『日本登山記録大成』二〇）。このぶんだと、まだまだ古い記録が出てくるかもしれません。

ヘンな山の道具たち—1

いろんな競技とちがって、登山は非日常の生活を含むトータルなスポーツ（？）なので、使う道具も登攀用のほかに衣食住用、観測用、通信用などなどゴマンとあります。そしてそれら登山用の道具たちには、日用品とひと味ちがうモノがあまたあり、門外漢には用途の見当つかぬシロモノもある。たとえば、ユマールやフレンズなんぞ何に使うか岩登り屋以外には想像を絶しているだろうし、冬山へ行く者なら誰でも知っている輪樏《わかん》だって、登山を知らんひとにはなんだかわからん民芸品に見えるであろう。

かくも多様に独自なモノがあるということは、登山が固有の文化をかたちづくっているため、ちいさくとも、ひとつの世界・精神世界をもっているからだと思う。

今の多くの辞典では、いくぶん様子がちがうでしょうが、ちょっと昔の、私の手許の『広辞苑』（第二版補訂版、一九七六年）で「道具」を引くと、いの一番に〈①仏道修行の用具。仏具〉とあり、ついで〈②その道に使用する一切の器具〉とあった。現代のぼくらが「道具」に抱く軽いイメージとは、だいぶちがうよね。登山を「登山道」などと言い換えるとアナクロニズムの誹《そし》りを一身に浴びてしまうが、修験とのつらなりを考えれば本来登山用具は登山道のための道具であったし、今もその性能がぼくらの生死に直結することからして、登山道具は（その道に使用する）重みあるもの、ある意味で神聖なモノではなかろうか。

仏具や神器はシンボルには相違ないが、即物的なモノとしても強固なリアリティをもっている。同じように、順序は逆だけれど登山道具、たとえばピッケルなどは、リアリズムの要請によって作られはしたが、やがてアルピニストの魂と称されて、ひとつのシンボルになった。岩登りの「三ツ道具」（カラビナ・ハーケン・ハンマー）も、神道の方の剣・玉・鏡、「三種の神器」と見た目以上に深いところで通い合い、ある種神聖な（ヌミノース）性格を宿しています。

聖性、あるいは魂なんぞと言うと、浅薄なリアリスト、科学信仰一辺倒のひとは一笑に付すか怖じ気をふるうが、もともと日本人は、モノを即物視しないこころ、モノに魂魄を感ずる繊細なこころをもつ民族です。したがって、諸々の登山道具の変遷、推移は、登山の精神史（メンタル・ヒストリー）からするとなおざりにできぬ現象である。

——と、まあ少々おおげさに、架空の著作『精神史より見たる登山の道具史』の序文みたいなマクラを書いてしまいましたが、ここでは登山道具のうち、ちっとも浮かばれなかったシロモノ、もうとっくに消えてしまったモノに的を絞って、そのいくつかをご紹介しましょう。

新兵器「雪崩砲」

十四日神戸を出発したヒマールチュリ登山隊は新兵器〝雪崩砲〟を携行するという。雪崩の危険地を目がけて撃ち込み、爆発によって雪崩を起こしておいて、そのあとに安全な登路を求めるものである。／外側の円筒の長さは三十センチ、直径は四・二センチ、この中に収められた弾体はマッチ一本で撃ち出され、目的地に落下して爆発する。飛距離は三百メートル。(「登山界ニュース」『山と溪谷』一九五九年三月号)

かつてイタリア隊が飛行機から爆弾を投下して人工雪崩を誘発した例があるし(五

四年のK2)、今でもスキー場では爆薬を使ったりするそうだが、雪崩砲はそんなのをヒントにしたのでしょう。ヒマールルチュリ(七八九三メートル)は日本山岳会が一九五四年と五八年に偵察し、五九年二月に本隊を送ったもの。まずまずのところまで迫ったが残念ながら敗退。結局、六〇年五月に慶大隊が初登頂することになる。さて、雪崩砲の威力について私は知りません。興味のある方は、隊長の村木潤次郎著『ヒマルチュリ』(一九五九年、毎日新聞社)を古本屋さんで探してください。

加藤式「鉤付き如意棒」

ハナから大仰なモノが登場したので、次はごく個人的なアイディアをひとつ。

——沢登りの新用具として経験から生れた重要なヒントを与えられたので、それを何とか工作して実物に作り上げたのが図の竹竿である。(『山と溪谷』一九五四年九月号)

右の筆者加藤勝義は、五三年八月、飯豊《いいで》連峰の玉川大又沢を単独で溯行下降したのだが、その記録中に見えるのがこれだ(一一七頁図参照)。全長二八〇センチ、径二五ミリほどのシロモノ。先端の鉤《かぎ》をブッシュや岩角にひっかけ、そいつを支点に攀じ登ったり横断したり下りたりする。竿の長さが不足なら内蔵された八ミリロープがスルスル伸びる。また、少々の流れなら、この加藤式如意棒《にょいぼう》をポールにひとっ跳び、棒幅跳びでピョーン……。

加藤氏は日本山岳会越後支部などに所属。五〇―六〇年代の新潟県を代表する登山家です。中央にはあまり聞こえてこないが、卓越したクライマーであって、谷川岳や飯豊の谷に数多くのパイオニアワークを成した。越後の名登山家藤島玄の後継であろう。

相当なアイディアマンで、如意棒だけでなく、当時としてはすこぶる斬新なスタイ

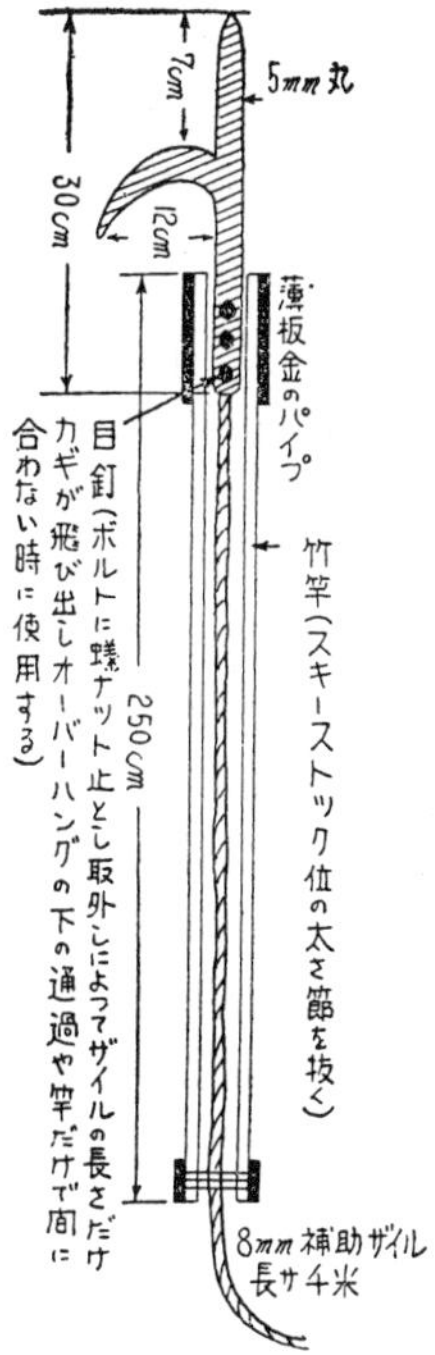

加藤勝義考案「鉤付き如意棒」
〈『山と溪谷』1954年9月号より〉

ルで未知の渓谷を闊歩する。海水パンツに毛糸のチョッキを着、エアマットにまたがって激流を下ったりした。一ノ倉沢全壁トラヴァースを完成させたのは柏瀬祐之ら岳志会の面々、一九七三年九月のこと。以下は風評にすぎないが、加藤はとうにこの壮大なプランを実践していて、どこをどう通ったのか独力でその一部をやってのけ、衝立岩正面壁の上部洞穴に達していたという。半世紀昔の話なので半分伝説化しているが、こんな御仁がいたかと思うと、なんとなく愉快です。

「食用ローソク」と「変身ザック」

本考案の目的は、有害物を一切使用しない落花生油から安価につくられ、加熱して融解することにより食用に供することができ、洋菓子の装飾用はもちろん、登山または災害時には非常食品としての用途を有する。(『山と溪谷』一九六九年九月号)

七〇年頃、『山と溪谷』では「特許公報からみた登山用具」(沢村幸蔵筆)という連載記事があって、これはそのひとつ(出願人=いちはら産業株式会社)。今でもあってほしいような商品だ。もっとも、腹をすかせたビヴァークの夜、灯と食とのいずれを選ぶか、あたらしい葛藤が生じるね。食っちまおうというやつと、いや灯の方がありがたいというやつとケンカになるかもしれない。

以下も同じく「特許公報からみた登山用具」から。ヤッケはドイツ語「ヴィントヤッケ（防風衣）」の略であり、本来雨具ではないのだけれど、当時は理想的な雨具がなく、ヤッケを雨具として使うひとが多かった。こいつは文字通りヤッケに変身する機能をもったザック（出願人＝日本理研ゴム株式会社）。しかし紹介者の沢村氏はかくのごとく批判しています。

> これにも使えるし、あれにも使える、というのはそのいずれにも一〇〇パーセント使用効率は期待できない、とするのが私の思想である。／今月紹介するヤッケについても、本格的に登山をしている人々にとっては利用されにくいものではないだろうか。というのはザックとして使用中に降雨に合《（ママ）》ったとき、これをヤッケに転換させたあとザックの収納品をどう処理すべきかが第一点である。そのための用意に別のザックを準備しておくのであれば、折角の兼用品もその意味がなかろう。（『山と溪谷』一九七〇年十一月号）

道具は無機物ではあるが、畢竟《ひっきょう》生き物とおんなじ、個としても、また種としてもその形象は変遷し、いつか毀《こわ》れて、やがて死滅する。ここでご紹介したモノたちの生はあまりに短く、儚《はかな》いものばかりでした。しかしそれゆえにこそ、「登山史の落としもの」にふさわしい対象だと思うのです。

ヘンな山の道具たち—2

進化の途上数十万年。他の動物ならばとっくに枝分かれしてよい歳月がたっているというのに、ヒトはずっとホモサピエンス一種で押し通し、あっぱれ地球の全域にはびこっている。これはなぜか。登山学、自然学および生物学の巨匠今西錦司はこんなふうに答えています。

どうして人類にかぎり、種の分離がすすまなくてもよいのであるか。その理由として私がまっさきにあげたいのが、他でもない、人類における道具使用ということなのである。(『私の進化論』一九九〇年、思索社)

つまり、諸々の道具の発明によって、ぼくらは身体そのものを環境に適応させたり進化させる要がなくなり、地球のどこに住んでいるヒトでも、みんながみんな均一になった、と。そりゃ寒いところでは毛深くなろうし、日射しが強いと皮膚が黒くなったりもするけれど、両者の間には子供ができるし孫だって生まれる。それもこれも、まずは道具の賜物というわけ。人類にとって道具とは、かくも根源的なモノであります。

そして登山は、衣食住そのほかすべてを伴ういわば小さな実人生。それもプリミティヴな生活を強いられるから、いっそう道具は生死をともにする重要な伴侶となる。前項はその道具のうちでも異端児ばかりを紹介しましたが、生来ヘソ曲がりの筆者ゆえに今後も、折あるごとにヘンな道具、「をかし」い道具、不安な道具、いずれにせよ儚《はかな》く消滅したモノたちを、懐かしんでみたいと思います。ここでは主として氷雪登攀用にかつて使われ、速やかに忘れ去られたモノをいくつか……。

恐怖の懸垂下降器

「懸垂下降」はドイツ語Abseil(アプザイル)ないしはAbseilen(アプザイレン)の訳語。本邦における岩登りの父藤木九三《くぞう》(一八八七―一九七〇)による巧みな翻訳である。藤木は言語感覚の優れたひとで、他にもSeilring(Schlinge)を「捨て縄」などとやったりもした。ついでながら、高校野球ファンならおなじみの甲子園球場の「アルプススタンド」も、藤木さんの命名です。

さて、懸垂下降はロープにすがって降りることだが、綱の上端を結んでしまったら下で回収できなくなる。やむなく上端の支点にぐるりと回してロープをダブルに垂らし、降り終えたら片っぽをずるずる引っ張ってロープの全部を呼び戻す。これが普通のやり方です。しかし当然、それではロープの半分だけしか降りられない。なんとか全長フルにいかす方途はないものか。とりわけ下降距離の大きな欧州アルプスでは切実な希求であった。

そこで、一二四頁図1のごとき通称「カタパルト」がピエール・アランによって考案される。器具先端の鉤《かぎ》を支点に引っ掛け、クライマーはシングルロープで懸垂下降し、降り立った時点で抜重すると、自動的に鉤がはずれて一切合財がバサッと落ちてくる仕掛け。六〇年代初葉に日本でも紹介され、国産類似品も誕生しましたが、はたして使うひとがあったかどうか。体重がかかってさえいればはずれる危惧はなさそうだが、〈下降中細ヒモには絶対に手を触れるな〉などとあると、ちょっとね。

もっと怖いモノもあった。

ノエル・ブロティが紹介した「鋤《すき》」と呼ばれる自動回収式雪壁用ピトン（図2、近藤等訳『山と渓谷』一九六七年三月号）。これは欲張って、懸垂下降用の支点ごと回収しちまおうというアイディアだ。ブロティはアランと協力して多くの用具を開発・考案したクライマーだが、単身ヴェルトの北壁を下降し、これらの器具の有効性を実証したという。その仕組みはなんとか理解するとしても、はずす際には〈てこの作用によって、ピトンは雪中から容易にはずれ、使用者の手許まで雪の斜面を滑落してくる〉などと説明されると、〈容易にはずれ〉〈滑落〉の文字ばかりが脳裡に残ってしまう。

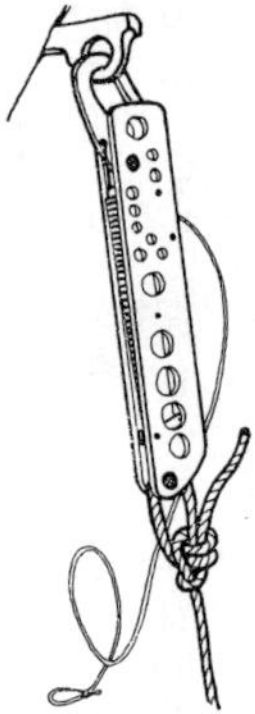
図1――通称「カタパルト」
〈『山と溪谷』1967年3月号より〉

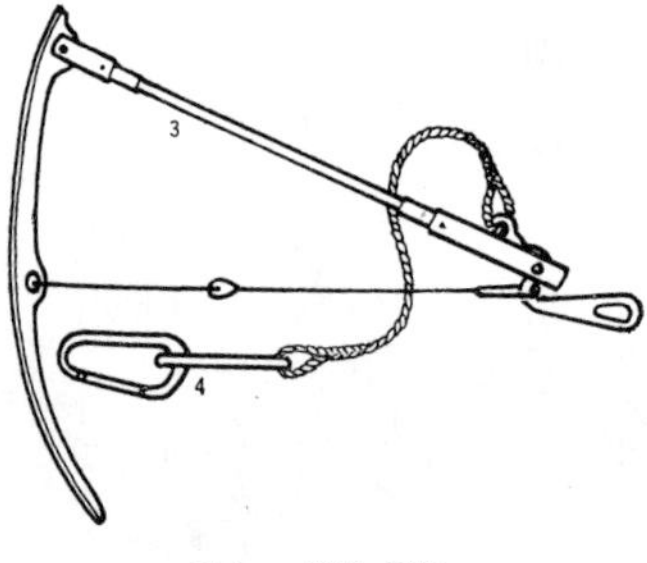

図2――通称「鋤」
〈『山と溪谷』1967年3月号より〉

いずれにせよ、この種のモノはよほどのオプティミストか、失恋したてのクライマーしか使う者がなかったようで、いちはやく、商品市場から姿を消しました。

アイスメス（アイススティッヒェル）

ピッケルやアイスバイルなど、氷壁に二本のアイスアックス（氷斧）を打ち込み、そいつにぶら下がって登るのが、「ピオレ・トラクション」技術。欧米では一九七〇年頃、日本では七三年三月に谷川岳一ノ倉沢αルンゼで初めて試みられました。それまでアックス類は氷を砕く道具であったが、以降、氷に打ち込み、文字どおり引っ張る（traction＝トラクション）ことをメインとする道具となった。出歯アイゼンの発明（一九三四年頃）以来の、氷壁登攀に対する斬新な意識変革の所産です。

私が初めて氷壁登攀の真似事をしたのは、そんな技術を露だに知らぬ六八年十一月、甲斐駒ヶ岳の黄蓮《おうれん》谷を溯ったときです。当時は氷壁を登るのに二つの方法しかなかった。ピッケルで氷を砕き、階段を刻んでゆく「カッティング」か、それが無理な傾斜なら、アイスピトンを打ち、アブミをかけて登る人工登攀。いずれにせよえらく時間とエネルギーを費やす作業だった。もっと速やかにスマートに、氷壁を駆け登る手段はないものか。

むろん、ヨーロッパではそう思うひとが早くからいて、初めはアイスピトンを短剣みたいに握って振りかざし、氷の肌に突き刺して登っていたが、一九六〇年代初め、専用のアイススティッヒェル（Eisstichel／図3）やハントグリューデル（Handgrödel／図4）が登場。傾斜がさほどでないならば、もうカッティングは不要とのことだった。

日本には六四年夏、アイガー北壁に挑んだ大倉大八、芳野満彦らがアイススティッヒェルを持ち帰り、「アイスメス」と称して紹介。『岳人』（一九六六年二月号）で出海栄三に、メスはオランダ語、変な造語をするでない、正しくアイススティッヒェルと言いたまえ、と叱られたが、ぼくらは舌を嚙みそうでアイススティッヒェルとはなかなか言えず、一般にはアイスメスで広まってしまう。

六〇年代末、アイスメスも国産品が店頭に並び、黄蓮谷でカッティングの力仕事に懲りた私は早速こいつを購入。スキーストックの握りの部分に四角錐のキリが付されたシロモノだった。アルプス帰りの友人にホンモノも借り、ダブル・アイスメスを両手に、いざ出陣。さあ、これで風のごとく蒼い氷の壁を駆け登ってゆけるであろう。

ところが、そうは問屋がおろさなかった。アルプスの、雪が圧縮されて出来た氷ならばいざしらず、日本の凍れる谷の氷壁に、アイスメスは無力だった。全くなんとも、歯の立つモノではなかった。以来、二度とこのシロモノを使ったためしはありません。一九七〇年代初葉、ピオレ・トラクション技術が輸入されたため、アイスメスの生命はほんの数年間で尽き果てる。国内で有効利用したひとは誰もいないのじゃないかしら。

＊

氷壁用の道具のうちで、いちはやく消えてしまったヘンな道具を、もう三つ四つ列

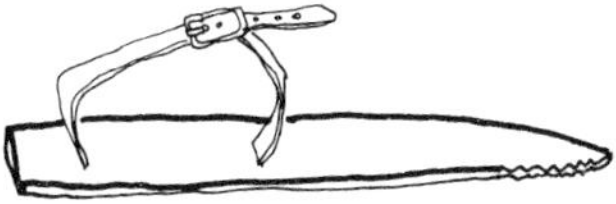

図3——アイススティッヒェル
〈『岳人』1966年2月号より〉

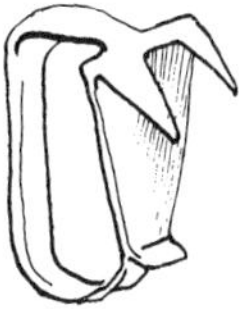

図4——ハントグリューデル
〈『岳人』1966年2月号より〉

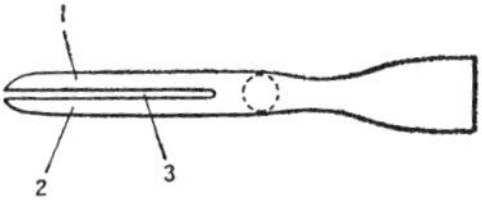

図5——二又状ピッケル
〈『山と渓谷』1964年9月号より〉

挙しておきましょう。

滑落停止がピタリと決まる「二又状ピッケル」(図5、『山と溪谷』一九六四年九月号)、ピックとブレードが畳み込める「折りたたみピッケル」(『山と溪谷』一九六五年七月)、下りがらくちん「後ろ出歯アイゼン」(『クライミング・ジャーナル』二号、一九八二年七月)。どこに紹介されていたか忘れたが、トラヴァースのときに良さそうな「横出歯アイゼン」というのもあったっけ。

いまは絶えて、ゆくえ僂き道具たち

おんみらは、疾《と》く現世《うつしよ》を過ぎ去りぬ

それとも、ズボラな老クライマーの押入の、奥の奥処《おくか》でひっそりと、昔の夢を見ているか……。

しかし、こうした失敗作、厖大な試行錯誤の積み重ねの上に、登山史あるいは人類史は営々と築かれてきたのであろう。もっとも、道具に限って言えば、その進化はかならずや身体の方の退化を促す。反文明的な意図浅からぬ登山営為にとって、道具の進化は両刃の剣かもしれません。

ところで、さっきアイスメスなど二度と再び使わなかったと記したのに、いま私の手にはそいつがある。もうすぐ擱筆《かくひつ》、一杯飲《や》ろうというのです。ウイスキーにはオンザロックス。型抜きの氷は風情がないので冷蔵庫にはいくらか大きな氷塊がつくってある。いまこそ、氷壁における不肖の武器、わがアイスメスの出番なのだ。

けれども、その無骨な砕氷器、アイスピックの来歴を知る者は、私のほかに、誰もいない。

戦時下の登山者たち——1

雪艇弥栄の頃

雪艇弥栄！　これ、なんと読み、どんな意味だか見当つきますか。

二・二六事件の勃発した一九三六（昭和十一）年頃のこと、『東京日日新聞』に載った随筆の題名なのだが、こいつはセッテイ・イヤサカと発音する。後に同題の本にもなる立上秀二のスキー・エッセイであって、雪艇はスキー、弥栄は万歳の謂《いい》。スキー万歳、すなわちシーハイルのことなんだそうな（高梨信重筆『岳人』一九六一年十一月号、以下同じ）。

高梨はこの翻訳を東京日日の社員、石川欣一による発明かもしれぬとしているが、〈軍部がそろそろ睨みをきかせはじめたころだが、筧克彦というセンセイが、「万歳」という言葉は一万年という意味である。こんなことではいけない。未来永劫に栄えなければダメであるという論拠から、「バンザイ」をやめて「イヤサカ」を唱えようといいだしたのである。「イーヤサッカー」というへんなバンザイが、ともかく流行しかけた〉ので、シーハイルを雪艇弥栄とやったんだそうな。もっとも、スキーを「雪艇」と訳した本家は、明治末にスキー教師レルヒが配属された新潟県高田連隊の隊長、堀内文治郎大佐だといいます（岡茂雄著『新編炉辺山話』）。

ところで、立上秀二は名クライマー小川登喜男とおんなじコース。東北大学理学部、おまけに東大法学部卒。小説や放送演劇で知られた作家だが、ペンネームは弘木丘太《ひろききゆうた》。額がやけにひろかったので弘木とし、孔子の名「丘」を頂戴したほどだから、よほどのインテリに相違ない。スコップは円匙《えんぴ》、煙草のゴールデンバットが金鵄《きんし》、ついにはイギリス、アメリカを獏猍《えいべい》と記すようになる時代。立上・石川の「雪艇弥栄」は、国粋主義者センセイや軍部に対する、逆手の揶揄であったやもしれません。

時代は加速度をともなって急迫し、一九四一年十二月八日真珠湾攻撃、お返しに四二年四月十八日東京名古屋神戸などが空襲され、日本は末期症状を呈してくる。そんな世相の下ですからね、山どころじゃないはずである。しかるに、山恋いの情捨てきれず、細々と、ひそかに、山へ向かった先輩たちもいた。

風呂敷に包まれたザック

以下は、やがて登山界のオピニオンリーダーとなる作家安川茂雄（本名＝長越成雄、一九二五―七七）がハイティーンの頃のこと。

まず切符の購入がこの上なく難しく夜行列車の混雑は上野から土合まで片足をあげたままだつたり、汽車のデツキにぶらさがつたりして全く言語に絶していた。（中略）前日の朝、私は動員先の飛行機工場の作業から帰宅し一睡すると直ぐ夜行で山へやつて来た。しかし、その夜の九時には再び工場へ戻らねばならず、無断でもし欠勤すれば憲兵の厄介にもなりかねないのだから、山での自由な時間、それは当時にあつては僅かに垣間見る一縷《いちる》の光のようなものであつた。（『谷川岳研究』一九五四年、朋文堂）

これは一九四三（昭和十八）年八月中旬、安川がひとりで一ノ倉沢三ルンゼを攀じたときの紀行。もしかすると三九年十月の小林隆康（一九二〇―四三、ビルマで戦没）のソロに次ぐ、単独第二登の記録かもしれない。なお彼はこの夏、滝沢スラブの第二登をはじめ、二ノ沢本谷、南稜、中央奥壁など一ノ倉をかたはしから登り、翌四四年十月には幕岩Aフェースに新ルートを拓いています。

四四年の秋といえば、マリアナに米軍基地が出来、B29の空爆しげく、食糧事情もいよいよ悪い。安川ら学徒は連日の工場動員、軍事訓練に心身とも疲れ果てていたはず。なのに、たまさかの休日、彼らは人目をしのび、生命を賭して岩登りに出かけてゆく。安川に限れば、戦後はたいした登攀をしておらず、クライマーとしての絶頂期は、じつにこの最悪の状況下に訪れているのです。

どういった心理であったろう。

このうえなく暗い青春。安川の記すように「山」が、わずかに垣間見る一縷の光だったか。それとも、戦争嫌悪の絶望的な意思表明、弾にあたって死ぬよりも岩壁から墜ちて死ぬほうがマシさ、といったヤケッパチの、悲痛な情念であっただろうか。

けれども、同じく四四年十月に穂高の屏風岩北壁を開拓した伊藤洋平は、案外明るく、あっけらかん。


日本の周囲では、日々戦いが激化していた。その動乱の中に、私たちは明日にでも身を投じなければならぬやも知れなかったが、そうした悲愴な感じなどは、さらになく、ゼウム・ギャップからカンチの頂上まで、キャンプを十もつくれば、やれるのではなどと、ヒマラヤ登山家からみれば、まったく愚にもつかないことを、とりとめもなく話し合っていたような記憶が、今もなお残っている。（『岩と雪』一一号、一九六八年四月）

もっとも、右の記述は戦後二十数年を経ての回想なので臨場感がなく、だいいち彼は医学部だから徴兵猶予もあっただろう。やっぱり安川の、〈ザックを風呂敷に包み他に誰も降りる客のない暁の土合の駅へ一人そつと下車し、駅長や、駅員にもなんとなく申訳ないような気持で切符を渡して山の家へ登つてゆく〉（前掲書『谷川岳研究』）といった暗い、寥々《りょうりょう》たる風景の方が、当時の登山者の心象に似合うような気がします。

幻の『山岳』第三七年第二号

日本山岳会（JAC）の会報『山』は一九四四（昭和十九）年八月刊の一三二号で途絶したが、JACの顔である『山岳』だけはどうしても続けたかった。編集に携わる塚本繁松は、おそるべき執念で孤軍奮闘するのです。

病身の木暮会長をせき立てて、漸く《ようや》原稿を仕上げていたゞき、揃つた原稿を割付して印刷所へ渡したのは十九年（一九四四年）の春なほ寒い頃であつた。（塚本筆『山』一三三号、一九四六年四月、復刊第一号より、以下同じ）

塚本は一八九九年、富山の産。柳又谷の初溯行をはじめ黒部川のパイオニアとして冠松次郎と並ぶ先達だが、当時はJACの事務・編集のすべてを、ほとんど独力で差配していた。なお、文中の木暮会長は、むろん木暮理太郎御大。同年五月に逝去するので、これが最後の執筆だったでしょう。

しかし、この『山岳』第三七年第二号の命運ははかなかった。七月に写真版も引き渡し、八月には代金五百円余を支払ったのに、印刷は遅々として進まない。〈少ししつこく催促すると「さては、非常時を御存じないと見える」と応酬されるので二の句がつげない〉。十二月七日の東海大地震の影響もあって、再校刷の出たのが四五年二月。塚本は必死にふんばるのだが、三月十日の大空襲、さらに度重なる爆撃で万事休す。分散していた原稿、校正刷、写真版、組版にいたるまですべてが灰燼と化す。かくして、こよなく貴重な木暮理太郎の絶筆も、幻となってしまった。

五月にはJACの事務所も塚本の自宅も焼け、〈事務は塚本主事が自宅の焼跡に天幕を張つて其処《そこ》で執つてゐたのでありました〉。そうして灼熱の四五年八月十五日、終戦。

さて、引用した『山』一三三号が発刊された四六年四月、塚本はどうしていたかというと……、なんと、まだテントで呻吟《しんぎん》していたのです。塚本と肩を並べ、燃えかすみたいな東京で頑張りつづけた川崎吉蔵《きちぞう》（山と溪谷社初代社長）は、かく記している。

当時彼は日本山岳会の事務員をしていたが、驚いたことに素足に草鞋を履いて平然としていることである。（中略）得意の天幕を張って永いこと暮らしていた。そして、その天幕生活でからだをそこない、遂に息をひきとった。なんでも腸チフスとのことである。（『山と溪谷』一九六九年一月号）

沢溯りの先駆者にして日本山岳会の無二の裏方、塚本繁松は一九四七年六月、こうして亡くなった。彼は戦後の登山の隆盛を見ることはできなかったけれど、あの世で、失われた『山岳』第三七年第二号と、再会したかもしれません。

戦時下の登山者たち—2

一九四一（昭和十六）年十二月八日真珠湾攻撃。

この頃はまだ暢気《のんき》なものでした。かなり重症の国粋主義者斎藤茂吉が〈何なれや心おごれる老大の耄碌《もうろく》国を撃ちてしやまむ〉と詠《うた》うのはやむを得ぬとして、リベラルなはずの碩学、仏文学の泰斗《たいと》辰野隆までが〈あの十二月八日の朝、感じたことを一言で言いますと、ざまぁー見ろです〉と宣《のたま》うのを聞くと、日本国こぞって「聖戦完遂」への意気軒昂なありさまが知れる。

しかし、それも一年余り、ひとびとは次第に圧迫感を覚えるようになった。四二年十二月、情報局のリードで大日本言論報国会が発足。会員にあらずんば新聞雑誌に載せてもらえず、会員外の文士、評論家は商売にならぬ、といった雰囲気が漂いだす。言論報国会は徳富蘇峰が会長だけれど、専務理事には鹿子木《かのこぎ》員信《かずのぶ》が就任。鹿子木といえば、あの槇有恒の師匠であり、一九一一（明治四十四）年にアルプス行、一八年にヒマラヤ行を成した登山界の大先達ですよ。
四三年五月アッツ島玉砕、四四年七月サイパン島陥落。こうなるともういけません。日本国は足場が崩れ、なんの確保もなしにガレ場を転がり落ちてゆく。

行軍登山錬成雑誌

一九四四（昭和十九）年、日本山岳会の塚本繁松が、やがて焼失してしまう『山岳』第三七年第二号の編集に血の汗を流している頃、山と溪谷社の川崎吉蔵も東京に居据わり、顔をいびつにして頑張っていました。だが、『山と溪谷』誌は無残な変身を強いられる。以下は四四年七月、山とスキー社から刊行された『山とスキー』一号の編集後記冒頭。

緊迫した時局は愈々《いよいよ》一億国民総蹶起《けっき》して火の玉となり、敵米英に体当りをすべく、前線銃後の別なく、仇敵必滅の意気に燃えてゐるのであるが、吾山岳雑誌界も遂にその要望に応えて「山と溪谷」「山と高原」「錬成旅行」三誌は、自治統合を完了し、「山とスキー」の新誌名の下に名実共に本邦唯一の山岳雑誌として新発足することになつた。

一九四四年三月刊の八四号以来ストップしていた『山と溪谷』誌を存続させるための、川崎必死の策だった。深刻な用紙不足に加えて、言論報国会や当局の要請もあっただろうが、ようするに、時代に迎合するほか生き残るすべがなかったのだ。三誌の統合といっても、事実上山と溪谷社すなわち川崎ひとりの、力業《ちからわざ》だったと思います。内容は……、それはあわれなものですよ。そんな記事を書いたり、編集したりしたひとはすべてを忘れたいだろうし、何をいまさら持ち出すか、とおっしゃるだろうが、本稿は「登山史の落としもの」いわば裏面史ですからね、御老大ないしは泉下の諸先輩方、私の非礼をゆるして下さい。

まず、広告の文面をいくつか挙げる。

山と溪谷社刊、川崎隆章編『山岳詩集』。〈本書は祖国山岳美の高貴を称へ、戦ふ銃後の山村を描き、征《ゆ》ける山友を偲び、或ひは山征かば苔むす屍と岳に錬成する岳人の風丰《ふうぼう》を歌へる決戦下の祖国へ贈る最初の山岳詩集である〉

「わかもと」(薬)。〈耐乏健民　不撓不屈……この決戦を勝ち抜くために錠剤わかもとを常用し、戦時国民食を高度に栄養化し猛錬成に耐え得る真に底力ある体力を確保

して、あらゆる増産部門に最高の能力を発揮しよう！〉
博山房刊、小林隆康著『岩壁登高』。〈凄絶の大岩壁に挑む駿鋭の著者が、沢歩きから岩壁への修錬の生長記録を鍛錬篇とし、谷川岳その他第一級の峻嶮に鳴る岩壁に、人間的領域拡大の突撃を続ける感激の記録を敢闘篇とする〉

次に日光・雲龍渓谷アカナ沢大鹿落しの記録から。筆者は平岡静哉。日付はないが四三年秋頃の登攀であろう。三三年十月に杉本光作らが初登した、相当に困難なルートです。

命令一下敢然として、如何なる困難死地にても微笑を持つて行く〇の精神は、此《こ》れぞ皇軍精神の発露でなくて何んであらうか。（中略）今年勇躍入営する彼は、錬磨された此の立派な敢闘精神を発揮して赫々《かくかく》たる武勲を立て得るであらう事は誰よりも固く私は信ずる事が出来た。

藤木九三も「戦争と登山」と題して、右の例ほど露骨でないが、まず、ろくでもないことをえんえんと書きつらねている。

戦争と登山とが、その形式において、目ざす地点への到達と占拠とが目的である点、およびその道程における困苦欠乏に堪へ、あるひは危険を突破するための敢闘と挺身を必要とすることに類似点が見出されることが、しばしば説かれる。

今のぼくらが、これらの文を批判したり嘲笑したりするのは酷である。当時は日本国全体が狂っていたのだから。けれども、中身は問わず、文体が、文章そのものが、いかにも醜悪なのは否めませんね。

言いたいことが言えぬ、いや嘘をつかねば生きてゆけぬこの時代。『行軍登山錬成雑誌・山とスキー』にも、微かにきれいな文章を見つけました。当局の目におびえて韜晦に韜晦を重ねているが、「山書育ち」という神谷量平（一九一四年生まれ）の一文。

私は一匹の紙魚《しみ》です。紙魚といつても唯の紙魚ではない。永年たくさんの書籍を嚙みしだいたお蔭で、一通り人間のすることぐらゐはわかるといふ、かなり甲羅を経たところの一匹の紙魚なのです。

神谷はこう起稿し、暗い書棚の裏側を徘徊する。紙魚の食物はもとより本であるが、〈これがもうとうの昔に極めて悪質になつてゐて、（中略）さういふ悪い本を食べた紙魚の中には、自意識とやらが過剰したり分裂したりして、お陀仏になつたり堕落したり〉するという。ところがばったり恩師の紙魚に出会い、〈「どこかで晩飯でも……」といふことになつて案内されたのがいい店でした。入るとどのお客の食べてゐるものを見ても皆山の本ばかり、先生は既に常連の一人と見えて顔がいい。出された本が又うまい。言はゞ薄暗い街の煤煙の向ふに青い山波を望見するかの如き味ではありませんか〉。

つまり、言論報国会御推薦の書物があふれる巷にあって、山に関する本だけが、疲れた自分を癒してくれる、といった意味だろう。けんめいに読み込まないと判りませんが。

漢語だらけの、やけに威勢のよい行軍登山錬成雑誌だけれど、この紙魚の独り言にはホッとしました。神谷エッセイの掲載は、編集後記で〈仇敵必滅の意気に燃えて〉なんぞと書かねばならなかった川崎吉蔵の、ささやかなる抵抗ではなかったか。

『山とスキー』は青息吐息、不定期に六号まで続いて御臨終となる（六号の奥付には四月一日刊とあるが、実際の発行は終戦後のようである）。川崎はその間の奮闘をかく語ります。

自分の生命、財産も明日を知れぬドタン場になつても雑誌を守る信念にかわりがなかつた。これなくして自分に考えるものは何もないからである。／三月十日に芝田村町の事務所は焼け、大森山王の自宅は三月十五日取りこわされ（遠藤註=強制疎開である）、四月十五日に移転した先が焼けて、身体一つになつた。安全地帯と思つて預けておいた大量の原稿はその後一ケ月で焼けたが、ペン一つ紙一枚を求めて『山とスキー』第五号を、芝白金の坂野《ばんの》三郎の家で居候をしながら出した。（『山と溪谷』一九四七年五月号）

坂野は川崎の幼な友達。銀行マンにして素人デザイナーであって、『山と溪谷』の題字は彼が描いたもの。創刊以来現在まで七十余年、この意匠は変わっていない。ところで、ふと気づいたんですが、『山とスキー』の題字の「山と」の部分は、『山と溪谷』の「山と」とまったく同じデザインであった。未練でしょうか、姿変われど『山と溪谷』誌への、川崎の思い入れの深さが知れる。

最後となった『山とスキー』六号の編集後記冒頭はかくのごとし。

仇敵アメリカが昨年十一月初めに空襲して以来、一般都会人がにはかに防空体制に入り、アメリカの空襲企図を逐次撃砕しつつあるのは心強い限りであるが——。

さて、原爆二連発ソ連参戦玉音放送。

日本山岳会の『山岳』は塚本繁松が亡くなって、一九四八年十一月まで刊行されなかったが、『山と溪谷』はいちはやく復活します。『山とスキー』六号と並べるのは情《こころ》ない所業ではあるが、以下は復刊第一号（八五号、一九四六年一月一日刊）の編集後記末尾部分。

アメリカには数百を数える山岳会があり、何《いず》れも堂々たる機関誌を月々発行し、山間には専属の立派な山小屋を持つてゐるのが普通である。（中略）小誌は東良三、小島烏水氏等彼地に在留された登山家にお願ひして、アメリカの山岳と山岳家の紹介に努めたいと思つてゐる。

まさに一八〇度の大転回。〈要するに登山精神と云ふものは、戦時にも平時にも変るものではない。たゞその時によつて私等の登山の態度や方法が異るに過ぎない〉「山に帰れ」と題して、冠松次郎が復刊第一号巻頭に、こう記してはいるのだけれども……。

知られざる山女たち―1

いにしえから、この列島の精神文化、民族的深層心理の水脈は、おおむね母系に沿っていた。女性の血脈のなかにこそ、心のよりどころ、魂の通い路があったのです。しかるに、こと「山」にまつわる諸々の文化、メンタル・ヒストリー（精神史）は、ことごとく男が独占している。木樵も猟師も修験も講中登山も、ほとんど男の所業であって、女の入り込む余地はない。

なぜに女性の入山が禁忌であったか。

そのおおもとの犯人は、仏教の到来以前のマタギの奉ずる山の神だったかもしれません。山の神には男神も夫婦神もいらっしゃるが、最も山に因縁ふかいマタギの神は女性神。それも、この姫神様は相当なヤキモチ焼きで、おのが領土に同性の（ことに美人の）立ち入るのを、ヒステリックに忌み嫌った。

きっと、月経が直截の理由でしょうが、マタギの信仰に神道の「ケガレ」なんぞが付与され、雑密《ぞうみつ》も仏教（純密）も加担し、かくして女人禁制《きんぜい》の山がゴマンと出来《しゅったい》した。女人高野みたいなお寺や女人講などのわずかな救済はあったとしても、総じて男尊女卑。一八七二（明治五）年旧暦三月、太政官布告第九八号が宣せられ、女人禁制が否定されてからも、しばらくはなお、女性は山に入るべき存在ではなかったのです。

この社会通念は山だけでなく、海に適用される場合もある。思うに、男は自然にはないもの、つまりいろんな観念や形而上的思考をおのれの裡に宿すゆえに、自然と対立し得る存在なのだが、女はみずから自然を内包し、むしろ自然そのものであるがゆえに、自然と対峙する構図がそぐわないのではないか。

まてまて、エラソーに判ったふうをするまえに、これらの推論思索はすべて、過去形で記されねばなるまい。かつて女性は○○であった、と。あらたに言うもおろかだが、昨今の女性はジェンダーなんぞ軽々と超え、哲学だろうとマラソンだろうと、むろん登山だろうと、たいていは男より優れた仕事を、どしどし仕遂げてくれている。

しかしながら、登山の世界で、女性の進出が異常に遅れたのは事実です。

幕末までに延べ数十万の人々が富士登頂をしていたという計算もできる。ただし、この数十万人は、かの「女人禁制」の掟によって、すべて男性に限られていたとして誤りではない。富士登山千年の歴史は「男性専科」の歴史であったことは確かなのである。(『日本女性登山史』一九九二年、大月書店)

坂倉登喜子(一九一〇—二〇〇八、エーデルワイス・クラブ創立者)と梅野淑子によるこの本は、秀抜な登山史。女人禁制に挑み、一八三二(天保三)年九月二十六日(旧暦)、氷雪の富士山頂に立った高山たつを皮切りに、酸素ボンベなしで八千メートル峰を登る現代女性までを網羅している。私もこの本に学びつつ、せんえつながら補塡というか、あまり知られていない女性登山家、忘れ難い女性クライマーを、幾人か御紹介したいと思います。

日本女性による槍ヶ岳初登頂

私の知るかぎり、槍ヶ岳に女性として初めて登ったのはW・ウェストン夫人のフランセス。一九一三(大正二)年八月八日のことです。それも前年に夫君が初登攀したばかりのヴァリエーションルート、東稜からの登頂。彼女は本場のアルプスで経験を積んだ、立派な女流クライマーだった。

ところで、大和撫子による初登頂となると、そいつをつきとめるのが少し面倒である。まあ、さして困難な山ではないし、誰だっていいと思えば誰だっていいのだが、きっと進取果敢な女《ひと》でしょうからね、気にはなります。私は最近まで、一九一九（大正八）年登頂の、竹内ヒサの記録しか知らなかった。

ところが『図書』二〇〇〇年一月号（岩波書店）に、横田順彌氏が面白い記事を書いていた。横田氏はSF・冒険小説家だけれど、登山史家顔負けの探求心を発揮し、槍ヶ岳女性一番乗りを「発見」したというのです。その名は内藤千代子。私も横田氏にならって国会図書館へゆき、原資料にあたるべきだが、しょせんシロウト登山史家、ズボラを決め込み、以下、横田氏の研究の跡を辿るのみとする。

SFの元祖押川春浪の助手に、河岡潮風なる文学青年がいた。横田氏は潮風を調べていて、その恋人である千代子にめぐりあったというわけ。そしてこれが、途方もなくススンだ女だったのですね。

千代子は学校へなんぞ行かなかったが、小説家を志し、いわゆる投稿少女であった。彼女の才能を見いだした潮風は、自ら発行人となって彼女の作品集を刊行すると、あっという間にベストセラー。二作目も好評で、にわかにファンクラブ「千代子会」まで誕生したという。いったいどんな女だろう？　好奇心から横田氏は彼女の小説『冷炎』（大正五年）の頁をたぐる。それが登山史発掘の端緒になった。以下『図書』より。

これは小説だが、内藤が自らを投影したらしい主人公の女性が、日本アルプスの槍ヶ岳と奥穂高岳に登頂する場面が、あまりにも臨場感があって、作り話とは思えない。

そこで彼は国会図書館に赴き、千代子の紀行「日本アルプスへ」を読むと、どうも彼女の槍ヶ岳登頂は確実で、あまつさえ、それは一九一五（大正四）年のことであった。

となると、千代子の登頂は竹内ヒサより四年も早い大和撫子初登頂。出典がしっかり記されていないのは残念だが、後で引く記事とぴったり適《あ》うので、千代子が邦人女性初の栄を浴びてもよさそうです。

〈ぼくは単に河岡潮風の恋人の人生を知ろうと思っただけだったのだが、思いがけない発見があった〉と横田氏は悦ぶが、いやいや、おそれいりました。

前穂高岳女性初登頂

横田氏の登山史発掘につられて、私も手近な文献にあたってみると、内藤千代子の槍登頂に関して、添え物みたいなかたちであるが、小さな記述を二つみつけました。

ひとつは『山岳』誌に一九八七年から九〇年にかけて連載された「W・ウェストン年譜」(川村宏、三井嘉雄、安江安宣編)のなかに。

ウェストン夫人の槍ヶ岳登頂は女性による初登で、その次の記録は二年後の内藤千代子によるものであった。

もうひとつは『アルプ』一一〇号(一九六七年四月号、創文社)、岡茂雄(一八九四―一九八九)が引用した『信濃日報』(大正五年八月十六日付)の「四人の女学生穂高岳を登攀　新記録を造る」というタイトルを付されたニュースのかたすみに(『新編炉辺山話』所収)。

先年日本山岳会の名誉会員英人ウェストン氏夫人の登山したる外、日本婦人として同山に登りたるは今回が嚆矢《こうし》にして、正しく新記録を造りたるものと云ふべ

し、昨年内藤千代子が槍ケ岳に登りて大いに気を吐きたるが流石がに穂高岳には登る事を得ざりき（後略）。（傍点は遠藤）

右の新聞記事は、一九一六年の前穂高岳登頂を報じたもの。一三（大正二）年、ウェストン夫人が槍につづいて奥穂高に、これも夫君の拓いたヴァリエーションルート南稜を経て登っているが、前穂には立っていない。したがってこの四人の女学生の記録を、前穂の女性初登頂としてよいでしょう。

記事は四人の氏名・住所を明らかにしていますが、彼女らのうち二人の知己である岡茂雄は、四名中三名が実名でなく、住所も架空だという。

女だてらにそんな険しい山に登るなどということは、お先き走りのお転婆娘と、白眼視されかねまじかったので、なんのためらいもなく本名を避けたものと見える。

岡は本名を明かしてくれず、おかげで彼女らの名前を拾い損ねたが、そうした時代だったんですね。

以下余談。

山とは無縁なはずの横田順彌氏だけれど、もうひとつ、久しく知りたかった人物のプロフィルを教えてもらったことがある。氏は『明治不可思議堂』（一九九八年、筑摩書房）で、小谷部《おやべ》全一郎（一八六七―一九四二）という稀代の冒険家・ロマンティストを紹介している。一八八四（明治十七）年頃、北海道から千島列島、シベリア経由、徒歩でアラスカに渡ろうとした御仁。この計画はカムチャツカで挫折するが、後に渡米し、大学で学び、哲学博士号を取得。帰国すると『成吉思汗《（ジンギスカン）》ハ源義経也』（一九二四年、冨山房）なる天下の奇書を著し、一躍ベストセラー作家になったりもする。

以前からアドベンチャラー小谷部全一郎のウワサは耳に入っていたのだが、横田氏の一文でその生涯がようやく知れた。なぜ全一郎に興味があったかというと、彼の息子のほうを、私はつぶさに知っていたからです。戦前に大活躍した岩壁の闘将、小谷部全助のことを……。

知られざる山女たち―2

かつて日本の女性は、山と無縁の存在でした。宗教的な女人禁忌が、習俗と言えるほどにゆきわたっていたから、明治初めに禁制《きんぜい》の解かれた後も、世間は女性の登山などもってのほかと思っていた。フェミニズム隆盛の現代ですら宗教的禁忌の名残はあります。大峰山脈山上ヶ岳や中国山地後山《うしろ》の天辺に女性が立つのは、今だって御法度なのだ。

近代登山の精神が伝わり、山岳会（日本山岳会）が誕生するのは一九〇五（明治三十八）年。だが創立以来、一九一六（大正五）年までの女性会員はたった五人だという。総入会者数一〇七九人中の五人だから、寂しいかぎり。宗教よりも社会事情のせいだろうが、女が山に登るのには、まだまだ抵抗があったのです。

けれども大正半ばになると、徐々に女性の登山も目立ってくる。今度は、前にちらっと名前を挙げた竹内ヒサに触れた後、笹淵奈美子の足跡をしらべてみたい。登山史

ています。相当大きな「登山史の落としもの」だと……。

上無名に近い奈美子さんだが、私は彼女こそ初の、自立した女性クライマーだと思っ

夫婦登山のハシリ

ヒサ夫人は一八九八（明治三十一）年頃の生まれ。女流登山家の嚆矢《こうし》とされる村井米子、黒田初子、中村テルらよりわずかに年長です。村井らの活躍はそれぞれ自分の著書があり、あまねく知られているが、ヒサの場合は『山岳』第一五年第三号（一九二一年四月）に夫竹内鳳次郎が寄せた紀行があるばかり。それも「妻」と記されるだけで、彼女の名は山崎安治の調査によって、ようやっと知れたのだ。

紀行のタイトルは「女子劔岳登山記」。編者木暮理太郎の註に、〈原題名は「女を伴《つ》れて山に登りたる私の経験」とありしを予が勝手に改めたる也〉とある。一九二〇（大正九）年夏の、北アルプスにおける記録です。

まず、鹿島槍から針ノ木峠まで縦走し、いったん大町に下る。この間の登山者としての初縦走は一九一〇（明治四十三）年ですが、ヒサ夫人は女性第一号の縦走者であろう。ただし、この部分の紀行は、木暮がカットしてしまった。

『山岳』に載っているのは針ノ木を越えて黒部川を渡り、立山、劔に登頂、小窓から

白萩川を下るまで。案内人北沢清志とポーター三人を配し、万全を期した山行だが、鳶口《とびぐち》を抱えて雪渓を攀じているヒサ夫人の写真も付されていて興味深い記録だ。立山には、明治の頃から女性も結構登っているが、黒部の横断、劔の登頂は女性初だろうし、白萩川の下降は男女を問わず登山者の記録が過去にない。鳳次郎はかく記す。

山に於ける服装と云つても別に変りはない、着物は筒袖《つつそで》で袴《はかま》は括《くく》りにして居た、(中略) 実は黒部川の平《だいら》の徒渉も人手を借らないつもりで、妻自身もその事を覚悟して、袴をぬいだ時不体裁でない様、その下に着るべきものも用意して居た、然《しか》し先に渉《わた》る人を見ると少し女には困難らしく思はれたので、清志が負つてやると云ふのをいゝ事として負はれて渡つた様な次第である。

一九(大正八)年には白馬、白馬鑓《やり》、燕、槍などにも登ったとあり、竹内夫妻が有名な黒田正夫・初子夫妻に先んじた夫婦《めおと》登山の実践者だったのが知れる。やさしい夫君で、雨具には〈茣蓙《ござ》よりは軽いレーンコートを妻の為にほしいと思つた〉ともあります。

自立した女性クライマー

笹淵奈美子を語る前に、大急ぎでそれまでの女性登山史を通過しておきます。

一八九五（明治二十八）年十月十二日から十二月二十二日にかけて、富士山頂で夫の気象観測を手伝った野中千代子を除くと、冬富士の女性初登頂者は中村（佐藤）テル。一九二七（昭和二）年元日のこと。アルピニストと称してさしつかえない女性の現れるのは、それ以降である。黒田夫妻の小槍登頂は二九年夏、槍ヶ岳冬季登山は三一年元日、剱岳三ノ窓谷・函ノ谷の男女を問わぬ初登攀が三〇年八月十一日。今井雄二・喜美子夫妻の剱岳八ツ峰と源次郎尾根登攀は三二年夏。案内人中畠政太郎と声家沢智子の北穂および奥穂の冬季登頂は三三年一月。なお、テル女史は三一年、日本初の女性だけの山の会、YWCA山岳会を創立します。

クライマーと言えるほどの女性が登山史に登場するのは一九三六（昭和十一）年のこと。海野治良らに岩登りを教わった川森左智子（本名＝時子）は三六年八月二十日、前穂高四峰東南面を登攀。前日に明大山岳部が拓いたルートの、これは第二登です。

一九三五年、関西で女性だけのクラブ・エーデルワイスを創始した小林（長谷川）静子は、新村正一らに指導を受け、三九年八月に穂高屛風岩一ルンゼ、四一年六月に四峰正面壁松高ルートを登る。当時としては最高級の登攀でしょう。そのほか、YW

ＣＡには春木（大木）千枝子、エーデルワイスには上田安子らの女流クライマーがおりました。

だが、ケチをつけるわけじゃないが、彼女ら良家の娘たちには、当時第一線の実力者、男性クライマーの強力な後押しがありました。彼らのリードがなければ、はたしてこれだけの記録が残されたかどうか。

さて、ようやく奈美子さんの出番。

笹淵奈美子を、私は東京登歩渓流会の会報でしか知らない。戦火がしだいに迫る頃、腎臓疾患で亡くなり、今ではその面影を伝えるひとも、ほとんどいません。けれども、彼女は会の仲間に愛され、また自身もよい書き手であった。会報を読むと、いささかなりとその人柄、足跡が知れる。以下は一九四三年四月刊、笹淵の追悼号ほか、往時の会報から拾い集めたプロフィルです。

年譜に記載はないが、会の長老重岡早見氏にお訊きすると、彼女は一九一七（大正六）年か一八年頃の生まれだという。また、十四歳のとき、当時は根治し難い、腎ネフローゼに罹患し、昔のことであるから、早くして結婚を諦めている。しかも、父母をつぎつぎと亡くし、孤児となった。

渓流会と接触したのは一九三四（昭和九）年十二月。吾妻連峰へのスキー行で、会の重鎮竹越利治と出会っている。奈美子は東京鉄道局に勤めるオフィスガール、YWCAの会員でもあった。その吾妻行が、彼女の初スキーであったという。

薄幸な少女が、何をきっかけに山を知ったのかはわからない。しかし短い生涯を予感し、せいいっぱいの生命を生きようとしたのか、奈美子の山への傾倒には並ならぬものがありました。女性山岳会YWCAに満足せず、東都で最も先鋭的な社会人団体、渓流会への入会を切望する。だが、会は厳しい「女人禁制」であり、山行を共にしてはいたものの、公式に入会を許されたのは三七年十月だった。ちなみに、十六歳の中学生松濤明が渓流会に入るのはその翌年、三八年六月のことです。

彼女は入会以前の三六年七月、竹越らと一ノ倉沢二ノ沢左俣を登る。これはおそらく、一ノ倉を女性が攀じた初めての記録。

幽ノ沢の女性初登攀者も奈美子でしょう。三七年六月、山口清秀らと右俣リンネを登り、七月には石川健二郎らと「中央稜」を初登攀した。幽ノ沢の中央稜とは、現在、中尾根と呼ばれる中央壁左端のリッジであろう。

〈中央稜を会の若い者をリードしつゝ初登攀せる事など我々を随分驚ろかせたものだ〉と竹越は記す。いずれにせよ谷川岳の岩場が、まだ開拓期を脱していない頃のこと。

三七年十二月鹿島槍、三八年三月富士山、四月には越後駒と前穂北尾根に登っている。

ある時は入会後間もなきアイゼン初めて履く男を厳冬の富士山で突風中よく友の身を確保しつゝ目的を達し、（中略）君の足跡は洵《まこと》に驚嘆に値する。女性として最高水準をゆくものと云つて過言ではなからう。

と山口も彼女を称えています。

三八年七月、入会したばかりの松濤らと谷川岳のオジカ沢や一ノ倉沢四ルンゼを登り、さらに単独で、南面の川棚沢を溯行。川棚沢は五〇メートルの大滝を擁し、当時はまだ処女性の高いルートです。奈美子はかく記す。〈大滝は出口が悪かつた。スノーブリッヂがあり下をくぐりぬけた途端轟然《ごうぜん》と崩れて驚く。ガス深く見通しがきかず、切れ目に目前の稜線を見出して嬉しかつた〉

彼女は山口や重岡氏らを誘い、この川棚沢の積雪期登攀にも挑む。三九年四月十六日、雪崩をかいくぐって見事に成功。そのほか一ノ倉では滝沢上部Aルンゼ、五ルンゼ、無雪期の一ノ沢。南面では上のナメ沢、鷹ノ巣B沢（単独）、同A沢。冬季登山も唐松岳、北岳など。いずれも女性記録として無視できないが、詳述する紙幅がありません。

追悼号の巻頭に、黒枠で囲まれた一葉の写真がある。晴れ衣を着て、総絞りの帯揚げを結んだ奈美子の半身像。一見ふくよかでやさしい面立ちだが、眼もとやおとがいに意志の強さが表れている。そして何を索《もと》めているのか、視線は鋭く、暗い。宿痾《しゅくあ》の再発がしのびよる頃、彼女はこんな詩行を遺《のこ》しています（遠藤が適宜省略）。

風がそれを持つて行つて了つた
　四ツ葉のクローバー
一度もそれを手に執つて見ないうちに
　さつと風に何処かへ持つて行かれて了つた
　幸福の徴《しるし》とも云ふクローバー

＊

一九四三（昭和十八）年二月、鉄道病院で没。

知られざる山女たち—3

歴史とは本来そんなものですが、登山史に残るヒーローないしヒロインは、みずからよく書き、あるいは他者からよく書かれた者に限られる。登山行為はそのままひとつの自己表現ではあるけれど、それが文字にとどめられ、かたちになって伝達されないと、いくら優れた登攀でも、そいつはすぐにひとびとの記憶の底に沈んでゆき、やがてすっかり埋もれてしまう。たとえば加藤文太郎や松濤明でさえ、彼らの遺著がなかったとしたら、これほどひとに知られていたかどうか。

前項でちょっぴり御紹介した笹淵奈美子は、当時のふつうの女性としては、わりと文字を遺《のこ》したひとでしょう。でも、記録を発表したのが所属する下町の山岳会、東京登歩渓流会の会報だけであったから、彼女が石を投じた水面の波紋は仲間うちにしか拡がらず、死後半世紀以上を経た昨今では、その名を知るひとなんぞ皆無に近い。私が奈美子さんと出会えたのは、ほんの偶然にすぎません。松濤明の足跡を追認するために古い会報をめくっていて、たまたま彼女の足跡に眼がとまっただけなのだ。

さて、女性クライマーの動向だが、『日本女性登山史』を繙《ひもと》くと、川森左智子らの活躍した草創期、一九四〇年頃までの記述はあるが（笹淵も年表に名前だけ記されている）、その後はひといきに一九六〇年代末にすっとんでしまう。すなわち今井通子や田部井淳子の時代まで、あたかも女はクライミングと無縁であったかのごとくである。しかしもとより、そんなことのあろうはずがありません。ぜんぜん書かなかったひとについてはお手あげだけれど、その気になって捜してみたら、女性の記録も結構見いだすことができました。

美枝子さんの場合

笹淵奈美子の追悼号（一九四三年四月）には〈君は女性として最初で最後の渓流会員だらう〉とあるが、戦後間もなく、登歩渓流会に入会した女《ひと》がひとりおります。

一九四八年、奥飛驒に新穂高温泉が開業。女学生のときから山が好きで、穂高なども歩いていた芳田美枝子は、女学校を卒業した年、四八年の六月、知人の紹介でこの温泉の手伝いをすることになった。秋までは女性の同僚もいたし、淋しくなかっただろうけれど、〈私の希望というか、期待というか、それはこの温泉での越冬であつた〉

（芳田美枝子筆『岳人』一九六二年四月号）となるとふつうではない。じっさい、彼女はたったひとりで、その冬を過ごす。

やがて風雪の日が多くなつた。（中略）夜など、風がいばつてわめきちらすのが恐ろしくて、はじめのうちは押入れの中へ飛びこんだりしたものである。

毎日毎日、一人だつた。（前掲誌）

たぶん十八歳くらい。凍てつく山小屋にただひとり暮らす美少女……。理解を絶して、ほとんどファンタジーの世界ではないか。

しかし、彼女には密かな夢がありました。翌年一月八日に、上高地で彼と会う約束があったのです。その日彼女は彼の送ってくれた新しいスキー靴をはき、胸はずませて上高地へ向かった。

彼＝松濤明は一九四八年十月、新穂高温泉で五日ほどを過ごしている。以下、滞在中に認《したた》めた井上皓司（登歩渓流会の先輩）宛書翰。

此の温泉は元笠ヶ岳の鉱山の飯場の跡で、山奥とは云へ仲々立派な建物ですが流石《さすが》に電気だけは来て居りません。場所は蒲田《がまた》川の右俣、左俣の分れ目から二百米程下流で、中尾の部落から約一里奥に当ります。飛驒路最奥の根拠地であり且又《かつまた》比類無き根拠地と云へませう。何しろ温泉があり――それに眉目美しき乙女の二人も居るとあつては!!（傍点、ルビは遠藤、他は原文のまま）

私の勝手な臆測。教養ある良家の子息、山と軍隊に厳しく鍛え上げられた二十六歳の高名な登山家松濤明に、少女は熱い憧れを抱いたのではなかったか。あまつさえ彼女は、ひとりで越冬を試みるほどのロマンティスト。

けれども、おおかたが御承知のように、彼は約束を果たせなかった。四九年一月六日、最期の手記を手帳に刻み、北鎌尾根に死す。

さらに十二日西穂高の稜線まで探して見たけれど、遂に影を見る事ができなかった。（松濤の遺著『風雪のビバーク』〈一九六〇年、朋文堂〉に寄せた美枝子の一文より）

美枝子さんの小屋番生活はその年の秋、温泉宿舎が焼失するまで続くが、その後彼女がどうしたかというと、なんと上京し、松濤明の畏敬する先輩井上皓司の経営する食品店に勤めた。そして登歩渓流会の会員となり、本格的な登山を始めるのです。

芳田美枝子の記録を会報から拾う。

一九五〇年夏、北穂高岳滝谷クラック尾根

五二年八月三日、谷川岳一ノ倉沢五ルンゼ（単独）

六〇年七月二十二日、一ノ倉沢αルンゼ

六一年三月十二日、谷川岳仙ノ倉谷シッケイ沢（単独スキー滑降）

六二年十月七日、北穂高滝谷第一尾根

六三年二月十七日、八ヶ岳阿弥陀岳広河原沢奥壁二ルンゼ

会報すべてに眼を通したわけではないから、まだまだ注目すべき登攀があるかもしれないが、右のものはすべて、女性として初めての記録ではあるまいか。とりわけ、農場から二十四時間行動で厳冬の広河原沢奥壁を登り、再び農場に帰ってきた記録などは特筆に価する。次に、いかにも若い娘らしい一節を引いておきます。五一年八月、単身、烏帽子岳から奥穂に縦走したときのこと。

千丈沢のつめで、北鎌を仰ぎながら、松濤、有元両氏に祈る。投げた花束が散

った。二つの魂の様に。

やがて彼女は渓流会を辞め、一九六五年当時一世を風靡したＲＣＣⅡの総帥奥山章と結婚、多くの山行を夫とともにする。

だが、一九七二年七月二日、癌に冒され絶望した奥山章は、妻の留守をみはからってガス管を銜《くわ》える。

警察の人といっしょに奥の部屋へゆくと、静かに横たわっている彼は、およそ死人の顔などというものではない。少しほほ笑んでいるように、ただ寝ているだけとしか思えなかった。／私は、グルグル廻りながら雲にのっているようでどうにもならない。（奥山章の遺著『ザイルを結ぶとき』〈一九七三年、山と溪谷社〉に寄せた美枝子の一文より）

早逝した才能豊かな女性たち

芳田美枝子の活躍した時代の少し後、今井通子らの登場と同時期か少し前、幾人かの優れた女性クライマーが山に逝った。忘れられてはならぬ彼女らの光芒の軌跡を、今一度想起したい。ほんとならそれぞれ一冊ずつの伝記、またはオマージュを捧ぐべき女《ひと》たちだけれど、味気ない列挙をしか紙幅はゆるさず、まことに残念である。

飯田博子（ＪＭＣＣ）一九六三年九月二十四日幽ノ沢中央壁、六四年十月四日一ノ倉沢衝立岩正面壁、ほかに穂高屏風岩東壁なども登攀。いずれも一流ルートで、当時は女性に登れるなんて、誰もあんまり思わなかった。

指導したのは名クライマー松島利夫であったが、六五年、博子さんは松島らとヨーロッパに渡る。アルプスの本格的な岩場に挑戦した日本女性第一号と言ってよい。

モンブラン山塊のレム針峰、グレポンと快調に登ったのだが、悲劇が起こった。六月三十日、ブレティエール針峰に登った帰途、氷河で雪崩に襲われる。林与四郎とともに遭難死。享年二十三。

佐宗《さそう》ルミエ（龍鳳登高会）一九三六年生まれ。東京女子大を卒業し、東大大学院に合格した六二年頃から岩登りを始める。六五年七月町田初子と一ノ倉沢コップ状正面壁、六六年十二月十九―二十日田部井淳子と同沢中央稜、六七年三月には男性と同沢滝沢リッジを登る。ついに冬季登攀まで、女性だけの力で行なわれるようになったのだ。

当時の山岳雑誌の読者は、早川鮎子の名を記憶しているかもしれない。早川鮎子は佐宗さんのペンネーム。よく登り、よく書く女《ひと》であった。

六七年九月二十四日、一ノ倉沢五ルンゼの頭で、墜ちてきたパートナーを救おうと身を挺す。友は助かったが、彼女は墜死。享年三十一。田部井淳子さんはヒマラヤで、いつも佐宗の写真を身に着けていたという。

関田美智子（凌雪会）一九三九年生まれ。東京学芸大山岳部のころから男に頼る山行に満足せず、日本女子大大学院時代には女三人のリーダーとしてボリビア・アンデスに遠征し（六七年五—八月）、ワイナポトシ（六〇九四メートル）に登頂。女性山岳会エーデルワイス・クラブに六二年以来在籍していたが、六九年二月、独立して山岳同人凌雪会を創立。埼玉県浦和市に本拠を構えて、数人の同志＝山女たちと共同生活を始める。

今井通子には加藤滝男、田部井淳子には夫の政伸ら優秀なコーチの存在があったが、関田らはハナから女性のみで岩登り技術を習得した。進歩は遅いけれど、より着実に力を蓄えたとも言える。夏の穂高や一ノ倉の岩壁を登り込み、七一年一月には、関田と矢島信枝のペアが風雪の八ヶ岳大同心正面壁を攀じるまでになった。

女性のみの海外登山にも早くから取り組み、七二年六月には、凌雪会の五人がマッキンリーの西稜に挑む。おりあしく隊長の関田は不調、二十五日に四人が出発したけれど、二十九日、交信途絶。翌日から七月八日にかけて、関田単身にて必死の捜索。ようやく一人だけ救出したが、無二のパートナー矢島ら三人を失ってしまった。

限りない悲哀に胸ふたがれた関田は、それでも山に復帰したが、七六年五月、穂高の稜線から滑落。友たちの後を追うように、三十六歳の生涯を閉じる。

若山美子（JECC）一九四〇年生まれ。一般には、今井通子によるマッターホルン北壁（六七年七月、女性ペアによる初登）のパートナーとしてのみ知られているが、若山の実力はそれどころではない。会の重鎮新倉寿行氏はかく語る。

「クラブ内でも常にリーダー的存在で、木村憲司、根岸知らの若手はみんな彼女に連れられて登ったのです。ぼくは多くの女性クライマーを見てきましたが、技術、体力、そのほか人間性まで含めて彼女ほどの女《ひと》は同世代ではまずいなかったと思います」

木村、故根岸といえば、史上に輝く日本のトップクライマー。若山の山行リストも新倉氏に頂戴したが、男女を問わぬ「初登攀」をはじめ、優れた記録が目白押しであった。

七三年六月、岡本昭二と結婚。その新婚旅行の途次、マッターホルンに登ったのだが、どんなミスがあったのか、夫婦はザイルに結ばれたまま墜落死。美子の享年三十二。

＊

以上、当時は知られた女《ひと》たちですが、もはや人々の記憶の底に沈んでいる。彼女らに花束を、さらに捧げる者は誰かいないか。

加藤文太郎氏の友達

「野球文学」「テニス文学」なんぞというのはあまり耳にしないけれど、「海洋文学」とならんで、「山岳文学」にはどうやら市民権があるらしい。登山がスポーツの域を超えた、普遍的な営みである証拠かもしれないね。「死」の光暈《こううん》をまとわぬ文学は物足りないが、ひとの生にとって最も肝心要《かなめ》の死が、山の世界にはいつもぴったり寄り添っている。だから、山を舞台にした本は詩集、小説、推理小説、マンガに至るまで百花繚乱、書店の書棚を飾っている。

そして本格物、古典と称すべき山の本は、やっぱり登山者自身の書いたノンフィクション、登山記や紀行の類でしょう。一九三六(昭和十一)年一月、槍ヶ岳北鎌尾根で果てた加藤文太郎の遺著『単独行』もその一冊、長いこと読みつがれてきた名著である。

私が初めて『単独行』を読んだのは六〇年代の初め。文太郎の真似をして、ひとりで冬の八ヶ岳、凍ったカマボコを噛じってみたりもしましたよ。さて、それから四十年、登山史を編む身になり、あらためて読み返してみると、いろんなことが見えてきた。

たとえば、文太郎の北アルプスにおける一連の積雪期登山はほとんど「単独」初登だし、なかには単独ならずとも初登頂らしきものがあり、初縦走ならいくつもあった。これまで私は彼が岩登り屋《クライマー》でないゆえに、彼の実績を等閑《なおざり》にしてきたきらいがないでもない。しかるに文太郎氏はたいしたレコードホールダーに相違なく、あわてて襟を正し、正統登山史年表にはしかるべく、彼の名をしっかり刻んでおきました。

また、文太郎は山で出会ったりすれちがったりしたひとのことを書いていますが、多くの場合姓のみしか記していない。他者のことはさりげなく、さらりと触れて過ぎてしまう。そのため読者もそのひとを、どこの誰とも判らぬまんま、あっさりと読み過ごすことになる。けれども往時の北アはまだ積雪期開拓時代ですからね、文太郎の接した登山者たちも、それぞれタダモノではなかったのだ。そこでこれから、文太郎とかすかに交差したひとたちの幾人かを拾い上げ、彼らのフルネームを調べてみようと思います。なお、テクストは一九四二年二月刊の朋文堂版（初版は一九四一年八月）を用い、劔沢小屋で遭難した東大生たちは、有名なので省きました。

名クライマー桑田英次と奥穂へ

四月一日――奥穂の岩場の一寸《ちよつと》した所が登れなかつたので、唐沢岳へ登つて見る。浅間、八ケ岳、南の山等がアーベント・グリューエンに燃えてゐて嬉しかつた。帰りは雪がパンパンになつてゐて横辷りに悩む。横尾の岩小屋に八高出身の桑田氏がゐたので泊めてもらふ。

四月二日――桑田氏が奥穂へ登ると云ふので連れて行つてもらふ。奥穂の岩場で一寸参つたが、同氏の切つたステップを辿つてやつと登つた。（一九二九年の登山）

「桑田氏」とは桑田英次のこと。一九〇三年生まれだから文太郎の二歳上。名古屋の八高山岳部創立メンバーであり、この頃は東大生だったはず。東大時代は天才クライマー小川登喜男らと組んで数々の初登攀を成し遂げ、三二年九月には海外に赴いて、朝鮮（北朝鮮）金剛山の岩場の開拓までしている。まさしく当時のトップクライマーだ。岩登りの不得手な文太郎にとって、またとない同伴者だったといえるでしょう。

なお、文太郎の唐沢岳（涸沢岳）単独行は、一九二六年四月一日の慶応大学山岳部内田勇三、漆山己年夫の登頂に次ぐ第二番めの積雪期登頂であろう。奥穂、前穂、北穂、西穂は何度か登られていたけれど、文太郎以前の涸沢岳の積雪期登頂はたぶんこれだけである。また、二四年四月六日に大島亮吉らが登っているが、北穂高岳の厳冬期初登頂（一九三〇年二月二十三日）も、文太郎の単独行による手柄です。

小島隼太郎とひと足ちがい

昭和五年の暮に東京の学生が一人で烏帽子へ往復したと云ふ。其の努力には驚いた。ブナ立尾根の登りはひどいに違ひない。（一九三〇年十二月三十日―三一年一月八日の登山）

厳冬期の薬師岳から三俣蓮華、烏帽子岳への単独縦走は、数ある文太郎の記録中でも白眉である。春はいざしらず、強力なパーティであっても、こんな長距離の厳冬期縦走を試みた例はかつてない。右の引用はゴールの烏帽子岳に達したときの一節だけれど、「東京の学生」とは青山学院大学山岳部の小島隼太郎であろう。小島の報告を読むと、ぴったり日付が合っていた。

　文太郎は学生の単独行のごとくに記しているが、小島は中房の案内人塚田由政と、その従兄である有明の案内人塚田清治を伴っています。三人は一九三〇年十二月二十三日に葛温泉を出発して二十七日に天辺に立ち、その夜烏帽子小屋で祝杯をあげた。これは烏帽子岳の積雪期初登頂。したがって文太郎の登頂は、わずかに遅れた第二登です（青学大山岳部部報『尾根づたひ』三号を参照）。

　隼太郎は一九〇八年生まれ、彼《か》の小島烏水《うすい》の長男坊。偉大な親父殿の陰に隠れているが、一ノ倉沢二ノ沢左俣（一九三〇年七月、一ノ倉沢全体の初登攀）や一ノ倉沢本谷の初登も遂げている。なお、有明のガイド塚田清治の名を、ちょっと憶えておいてください。

中村譲次の預言

　去年の三月（一九三三年三月）私は横尾谷にある松高の岩小舎をおとづれたことがある。丁度その年の一月（正しくは三二年十二月三十一日）屏風岩を登つた中村氏等がゐて非常に歓待してくれた。そのとき私は入口においてある大きな白樺の木へ腰をおろして焚火にあたつてゐた。ところが中村氏は私に向つて「君の生命は旦夕《たんせき》にせまつてゐる」といふのである。それはどうしてだと聞いてみると、実は去年の今ごろ、今は亡き神戸の三谷氏が友達と二人で君と同じやうに飄然《ひょうぜん》とこゝへやつて来たが、そのとき三谷氏は現在君のゐる所へ全く同じやうに腰をかけてゐたし、また同じく神戸の金光氏及び有明の案内塚田君もやつぱり同じやうにそこへ腰をかけてゐたのだ。だから君ももう長くはないよといふのである。

(三四年十二月に執筆された「単独行について」より、カッコ内は遠藤の註記)

三三年三月、文太郎は槍—前穂の単独縦走を成している。槍・穂高の積雪期初縦走は三一年暮れから三二年にかけてだから、その翌年のこと。もちろん単独初縦走だが、相当にすごい記録である。文太郎は槍へ向かう途次、横尾の岩小舎に立ち寄ったのだ。「中村氏」は中村譲次、松高山岳部の俊英です。三二年の大晦日、彼は橋本文彦と組んでどえらい登攀をやってのける。雪崩をかいくぐり、氷雪の屏風岩二ルンゼを登ってしまった。二ルンゼの冬季二登は一九五八年だから、中村はざっと二、三十年、時代を先取りしたおそるべきクライマーである。それほどの人物の言葉なので、文太郎も気味が悪かったようですが、じっさい、三六年一月に預言は的中することになる。

中村譲次の列挙したひとびとは、それぞれ遠近はあるとしても、どこかで文太郎とつながりのあるひとたちです。彼らと、彼らの死にかかわった者たちの運命についても、ちょっと語っておく。

「神戸の三谷氏」とは三谷慶三のこと。本書I章「カモシカ山行の由来」にも名が出ています。神戸徒歩会（KWS）所属、二八年十二月にはKWSの尖鋭部門＝RCCにも入って、岩登りに邁進した。同じ頃文太郎もRCCにおりましたので、知り合いだった可能性が高い。

三谷の「友達」は宝積《ほづみ》誠二。三谷は三二年三月二十二日、宝積に看取られつつ大槍小屋で凍死した。なお、北鎌尾根で文太郎と生死をともにする吉田登美久もKWSの会員。三谷の死後、すぐに入会したひとです。

「神戸の金光氏」はBKV（ベルク・クレッテル・フェライン）の金光隼人、「有明の案内塚田君」は、小島隼太郎を烏帽子に導いた塚田清治。金光と成定喜代治（BKV）、清治の三人は、三谷逝去の二日前、三月二十日に常念岳頂上付近で遭難。成定のみ常念小屋に辿りついたが、残る二人は凍死。BKVはRCC傘下の小グループですから、文太郎との距離もそんなには遠くない。

ところで、BKV一行の遭難に救援隊が出動し、三月二十六日、成定のみ救出されます。残る二人の捜索には第二次隊が編成され、二十九日に山埜《やまの》三郎（BKV）、中山彦一、高橋益司（以上、有明山案内人組合）、ほかポーター二人が常念一ノ沢を登りつめる。そこを雪崩が襲うんですね。右記三人が埋没死亡。これはたぶん、日本初の二重遭難事故でしょう。

山埜は一九一二年三月生まれ。神戸二中の頃から六甲の岩場で技を磨き、RCCの重鎮水野祥太郎をして〈岩登りにおいては関西の第一人者と称しても過言ではなく（『登山とスキー』九号）と書かしめた若者。剱岳の名ルート、チンネ左稜線上部を、十八歳のときに単独で初登攀した逸材です。岩壁で歌うべき数々の歌を、歌い残して夭折した日本のゲオルク・ヴィンクラー。

中山は一八八九年頃の生まれ。一九二二年の夏に槍ヶ岳小槍を単独登攀、二七年六月に硫黄尾根の一部を初縦走。わが国の岩登り草創期、荷担ぎが主な仕事であった案内人中異色のクライミングガイドであった。高瀬川の千丈沢に中山沢という支流がありますが、それは彼の活躍を称えて付されたもの。中山彦一と山埜三郎、親子ほどに齢は離れていたけれど、時代に先駆けたクライマー二人の遺骸は、ぴったり並んで見つかったそうです（『山岳』第二七年第二号、一九三二年九月）。

中村譲次の預言、あるいは加藤文太郎そのひとから、だいぶ話が外《そ》れてしまった。

でも、『単独行』の一節を拾い、関連するかすかな糸を繰ってゆくのは面白い作業でした。どんどん網の目が拡がってイモヅル式に思わぬひとが顕れてきたりした。当時の登山界が狭かったからではあるけれど、ひととひととのつながり、因果因縁のつらなりは、けっして途切れることがないのです。

大仰に壮大な華厳経の世界観までイメージしてしまったが、こんなところにまで往《ゆ》かせてくれるところが、名著『単独行』の名著たる所以《ゆえん》かもしれません。この項は人名やエピソードがたくさんあり、わずらわしいので、いくつかその典拠を省いたものもあります。それらは主として棚田真輔他著『六甲山史』を参照しました。

松濤明のパートナー

私は生来粗忽な質《たち》で、山では滑落、墜落、雪崩に遭遇、コンロの爆発、ありとあらゆるヘマをやり、何度も死に損なった。これらはけして不可抗力でなく、どれもウッカリ、不注意、認識欠如が因であって、いま生きてあるのはよほど悪運強いか、気まぐれな神様の御加護としか言いようがありません。

文章の方でもおりおり、ひどい思い込みをして滑落する。本稿の初出の際、岩登りの「三ツ道具」のひとつを取り違え、あわてて訂正記事を入稿したとたん、次の号の『山と溪谷』誌でもやってしまった。ザイル回収器カタパルトが、抜重すればバネ仕掛けで自動的に回収されるところを、細ヒモで引っ張らないとダメなように記してしまった。資料を混同し、自分の知っている類似品の機能をそのまま説いたからですが、まさしく思い違い、ウッカリであり、弁明の余地はない。読者の御指摘によって判明したのだけれど、自己嫌悪に陥ったものです。

ところで、一九九九年一月号の『山と溪谷』誌に松濤明の足跡を書いたが（本書II章「アルピニスト松濤明再考」はその一文を改稿したもの）、それまで等閑視されていた一九三九年夏の滝谷第一尾根Cフェース初登攀に言及した。種々の文献にあたり、彼のパートナーが松高山岳部大島郁彦であるのを確認したので、少々の潤色を加えて大島の名を強調しておいた。すると、発刊後間もなく、電話があったのです。

「もしもし、わたしオオシマです」

「ハア？」

「あなたのお書きになったオオシマです。ヤマケイを読んだもんでね」

まさか。あっ、松濤明のパートナー大島郁彦御当人！　びっくりもしたが、とっさに、また何かヘマをやった、と思った。てっきり叱られるのだと。そこで、おそるおそる申しました。

「あのう、私の文章に何か間違いがございましたでしょうか」

「いやいや、よく書けているよ。あのとおりです。正確でしたよ」

ホッとしたとたん、電話の回線を通らずに、一九三九年と九九年、六十年間の歳月がショートして、眩い火花が咲きました。

大島郁彦氏の一期一会

一九四九年一月、北鎌尾根に逝った松濤明は、きわめて魅力的な人物。遺稿『風雪のビバーク』（一九六〇年七月、朋文堂）が洛陽の紙価を貴《たか》からしめたのも、ゆえないことではありません。そして二〇〇〇年三月、『新編・風雪のビヴァーク』（山と溪谷社）が刊行される。私は編集に携わり、遺稿の原形である「会報」や遺書の印《しる》された「手帳」も現物を読み、新しい資料をたくさん入手しました。しかし、そのすべてを『新編』に生かせたわけではない。

本稿はその拾遺というか、大島氏へのインタビューを中心に、松濤と松高山岳部との関わりを綴ります。

大島ご夫妻のお宅は、繁華な新宿の街中にしては不思議なほど静かな一郭にあった。一九二〇年七月生まれというから松濤の二歳年長、いまは八十歳を越えておられる。数年前の大病以来歩行は少しご不自由だけれど、姿勢が正しい。長身、端正な風貌の老スポーツマン。

生地はサハリン（カラフト＝当時は日本国内）だが、やがて東京に転居。高等師範学校時代に山の面白さを知り、より高度な登山を求めて松本高校に進学する。当時松高山岳部は斯界のエリートであり、国内最高レヴェルの記録を次々とうち樹《た》てていたのである。

だ。松濤との出会いは二年生のとき。大島氏は十九歳、松濤十七歳。一九三九年の夏であった。

「穂高の涸沢で知り合われたんですよね」

「そう。松高は奥又白で合宿しててね、そのあと有志が涸沢に引っ越したんだ」

「どんなきっかけで松濤とお友達に？」

「むこうから近づいてきたんです。童顔で、いつもニコニコしていて、礼儀正しかった。ぼくらも彼の名を知っていたし」

まだ十七歳、クライマー松濤の名が知れわたっていたわけではあるまい。調べてみると、そのとき涸沢にいた松高部員のなかに春田和郎（一九二〇―四〇）がいた。彼は松濤と同じ東京府立一中（後の日比谷高校）出身。高須正郎もそうだし、部員には一中時代松濤と同窓・同期の者も幾人かいたのである。

松濤はこよなく松高に憧れていたが、二年つづけて受験に失敗。この年は天下無敵の浪人だった。時代は逼迫《ひっぱく》しており、彼の所属する東京登歩渓流会は山行を自主規制していたけれど、そんなことに頓着するタマではない。あっさりと休会して、ただひとり穂高の岩場を駆け巡っていた。しかし、長期におよぶ孤独な天幕生活でさすがに人恋しくなり、同窓生の顔もみえる松高パーティに、おずおずと接近したのでしょう。

松濤に好意を覚えた松高生たちは、正規の合宿を終えた後でもあり、気軽に松濤と滝谷行をともにする。奥又白こそ、彼らのハイマートゲビート（ナワバリ）であったが、滝谷は初めて。三八年夏、第四尾根の単独登攀をはじめ、滝谷をひととおり登っていた松濤は、格好のガイドにもなったであろう。

善し悪しは別として、パートナーを「現地調達」するクライマーが、さほど奇異に思われなくなるのはごく昨今のこと。この点でも松濤は、当時における新人類ですね。

七月二十七日、まず清水賢二と第四尾根を登る。大島氏にいただいた『わらぢ』第五号（一九三九年十月、松高山岳部部報）によれば、松濤がリード、二人とも裸足で登っている。

「清水さんは何年部員だったのですか」

「シミケンはぼくと同期の二年生。ずっとぼくのパートナーでした」

七月二十九日、松濤懸案の第一尾根を大島、松濤ペアが登る。大島氏は七月二十二日、恩地裕と組んで奥又白谷五峰正面壁の初登攀を成し遂げたばかり、猛者ぞろいの松高にあっても岩登り技術には定評があった。以下『わらぢ』第五号から大島氏の記録を抄録。

コルまでは総勢九人でわい〳〵登る。余計な物は岩陰に置いて軽快な足袋はだしになる。（中略）この岩壁（遠藤註＝滝谷第一尾根の核心部、当時未登のCフェースのこと）は普通右へ巻いてしまふらしいが、我々は滝谷最後の登攀なので、フアイト満々、強引に右のクラックに取付く、二十米程片足をつゝこんでせり上り、後の十米はチムニーとなる。体のでかい大島はチヨツクストーンの下を這ひ出るのに一苦労。（中略）四時間にして完登す。頂上で一本の煙草をのみ合ふ二人の心は軽かつた。殊に松濤君は滝谷の中で最後に残された第一尾根だつたので、今日は満足さうだ。しかし、これで夏山も終りかと思ふと、急に名残り惜しい気もした。

「トップを務めたのはどなたですか」

「一ピッチ目はぼく。いまは壊れちゃったそうだけど、チムニーが狭くてね。松濤君はさほどでもなかったんだろうが、ぼくは身体が大きいから苦しんだよ。あとのピッチはトップを交互にやりました」

「どんなものでしょう。松濤さんの岩登りは」

「うん、上手だったね。腕力でガリガリ登るんじゃなくて、きれいに登っていたよ」

「その後彼とどこかへ行かれましたか」
「いや、あれ一回きり。あの日が最初で最後の出会いでした。以来、ぼくは山をすっかりやめてしまったし……」

松高山岳部の遭難

一九三九年暮れ、松濤はガイド上條孫人（上條嘉門次の孫）と第一尾根を冬季初登、四〇年春は南アルプス南部の大縦走を単独で敢行、栄光への途を突っ走る。一方、松高には不幸な事故が重なりました。

まず、春田和郎ら一年部員のパーティが白馬岳で遭難。柳志萬が凍死。大島ら上級部員が前穂高東壁の冬季登攀をターゲットに据え、試登、偵察行をくりかえしていた矢先のことです。彼らは悲しみ、大いに反省するのだが、〈既に失敗と判つた事の為に、我々の今迄の奥又白谷に対する努力を総《すべ》て擲《なげう》つて仕舞ふのは、我々が今迄為して来た総てを否定し、意味もなく単に山に登つて来たと云ふ事になつて仕舞ふ（中略）其の結果来《きた》る可《べ》き冬の奥又白谷の計画は一層拍車をかけられると言ふ一種変態的な方向に向つて、我々はまつしぐらになりました〉（浜口朝彦筆『わらぢ』第六号、一九四一年一月）。

大島氏は奥又白計画の牽引者のひとりであったが、三九年暮れ、四〇年春、二つの合宿には参加せず。かくして運命の三月二十一日、前穂東壁からの撤退中、パーティ四人が墜落、折井寛と春田和郎が死亡する。辛い記憶であろうが、あえて大島氏にお訊きしました。

「山をやめられたのは、あの一連の事故のせいですか」

「まあ、そうでしょうね。仲間がつぎつぎ死んでしまったから……」

松高卒業後、氏は京都大学に進学するが、山岳部には入らず、ボート部に入部。

「でもね、長い空白があってからだが、八〇年代になって、また山が恋しくなりました」

一講習生として故長谷川恒男の登山スクールを受講したし、ヒマラヤや欧州アルプスのトレッキングにもいらっしゃった。

「消えかけたローソクの灯が、もいちど燃えはじめたみたいでした」

かくもかなしく、なつかしい山。大島氏の山はいまもかわることなく、かれの魂のハイマートゲビート（ふるさと）なのであろう。

初登攀前夜の一ノ倉

スケール、風格、その歴史……。どれをとっても最高級。谷川岳の一ノ倉沢は日本を代表する岩場です。スポーツの快楽のみを追うひとは、とかく敬遠しがちなゲレンデだけれど、それではあんまりもったいない。フリークライマー諸氏も、名所巡りのつもりで、一度は訪れてみるとよい。

谷川岳の岩場を「発見」したのはアルピニズムの先蹤《せんしょう》者大島亮吉。一九二六年十月、上州武尊《ほたか》山から東面の岩壁群を遠望した彼は、慶応大学山岳部の仲間と二七年七月十三日に一ノ倉沢を、十四日に幽ノ沢を試登。いずれも歯が立たずに撤退するが、十五日にはマチガ沢を完登する。ヤブ山としか思われていなかった谷川岳に壮大、豪奢な岩壁群を見出した彼らは、どんなに興奮し、クライマーの血が騒いだことでしょう。しかるに、その後三年間、この岩壁に挑む者は現れなかった。

それは大島が翌二八年三月、穂高で墜死してしまうからだ。慶大の連中はむろん谷川岳の登攀価値を承知していたが、御本尊の遭難ですべてがぶっとんでしまった。情報伝達の遅い時代です。慶大山岳部部報『登高行』第七年の刊行される二九年七月まで、大島の周辺以外のクライマーは、谷川岳東面岩壁群の存在すら知らなかったであろう。

この『登高行』には〈主として谷川岳の岩壁の下調べに行きたるなり、総《すべ》ては尚研究を要すべし。近くてよい山なり〉という故大島の言と、一ノ倉沢の全景写真が載っていて、世のクライマーたちの魂をふるわせ、とりこにした。かくして、翌三〇年から一ノ倉沢は集中攻撃を受け、以降七十年、数百に及ぶルートが拓かれ、数百に及ぶ登攀者がこの岩壁に生命《いのち》を散らす。

日本登山史上のハイライト、一ノ倉沢ぜんたいの初登攀は、大島が試登してからきっかり三年目の三〇年七月十三日。小島隼太郎ら青山学院大学の山岳部三人が二ノ沢左俣を攀じて国境稜線に達している。著名な天才クライマー小川登喜男ら東北帝大トリオの三ルンゼ登攀は、その四日後、七月十七日。

だが、これら輝く成功の以前にも、何回かの果敢な挑戦がありました。初登レースの本命とみられる実力者のアタックもあるし、意外な人物も登場する。「登山史の落としもの」の主旨にそって、この稿ではレースに敗れた者たちの動向、なかんずく

「意外な人物」の記録にライトをあてます。

大島と小川をつないだひと

唯一の例外と思われるが、一九三〇年以前にも東面の沢に入った登山者があります。かつて上州武尊から、大島亮吉と一緒に岩壁群を眺めた成瀬岩雄。二八年春、成蹊高校生の成瀬は幽ノ沢の登攀を試みたが、同行者が雪渓上で滑落負傷、無念にも撤退する。大島とは親交厚く、彼の二七年時の試登の模様を詳しく聴いて、出かけてみたのであろう。

また、成瀬は二九年に東北帝大に入学しており、一年先輩の小川登喜男（齢は成瀬の方が三歳上）と邂逅。谷川岳のこと、故大島のことなどを小川につぶさに語ったという（成瀬筆小川追悼の一文『山岳展望』九号、一九六六年、山岳展望の会）。

後の日本山岳会副会長成瀬岩雄こそ、先駆者大島亮吉の志を、稀代の実践者小川登喜男につないだ人物でした。

小林太刀夫の挑戦

一九二八年、一高旅行部に入った小林太刀夫は後に東大医学部の教授となり、わが国の医学界におけるリーダーにもなったが、旅行部時代も名リーダー、当時のトップクライマーだった。谷川岳でも大いに活躍し、三〇年三月二十日には単身マチガ沢を完登。東面のヴァリエーションルートとしては初の冬季登攀を、ソロで成し遂げた俊英である。また右の前後、東尾根をも単独で狙うが、これはシンセンのコルまでで撤退。小川登喜男らが東尾根の冬季初登に成功するのは三二年二月だから、二年早い果敢な試みだった（小林筆『山岳』第二五年第三号、一九三〇年十一月）。

その小林が一ノ倉にターゲットを絞る。三〇年五月（日付不明）、長谷部照正との挑戦。

その年の五月、小林君に随《つ》いて、谷川岳の一の倉沢に挑みましたが、岩場に取っ付いて少し登ったところで、小林君の決断で登頂を断念。雪渓を降り始めたところで私が滑ってしまい、幸い小さいクレバスがあったところでストップ。命拾いをしました。（長谷部筆『回想一高旅行部』一九九七年三月、第一高等学校旅行部縦の会）

小林の実力からして、惜しまれる敗退だ。なお早大の五十嵐俊治ら三人も天幕を張って入念に一ノ倉を偵察。五月十八日には一ノ沢をつめて東尾根に取りついたが撤退する（『関東学生登山聯盟報告』三号、一九三一年十二月）。

角田吉夫の敗退

五月十九日、早大の猛者連とエールを交わし、二ノ沢に取りついたのは法政大学山岳部の角田吉夫、島田武時、鈴木恒のパーティでした。

一ノ倉こそ初めてだったが、角田はこの辺《あたり》の精通者である。大学では田部重治の薫陶を受け、翌三一年八月には立派な研究書・ガイドブック『上越国境』（大村書店）を上梓している。当時の谷川岳における第一人者と言ってよい。十八日に充分な偵察をし、ビヴァークの用意までして挑んだのだが……。

尾根まで二三十分で達せられると思はれる所まで登つた時に、SU（遠藤註＝鈴木であろう）は草付に差し込んだピッケルが不幸にも抜けて落ちた。二回もんどりを打つて飛んで行つた。七八十米も落ちたらう。運よく岩の凹地にスポリと入つて止つた。奇蹟だ。（『上越国境』）

おそらくは二ノ沢左俣をつめ、上部の草付で墜落したのだ。もちろん登攀は中止。

川崎吉蔵の記録

思わせぶりに「意外な人物」と記したのは川崎吉蔵《きちぞう》のこと。山と溪谷社の初代社長である。世は不況、職のない吉蔵は早大卒業直後の一九三〇年五月、乾坤一擲《けんこんいってき》たったひとりで『山と溪谷』誌を創刊するが、山好きな文筆家石川欣一に寄稿を頼みにゆく。当時石川は東京日日新聞（現毎日新聞）社の外国部におり、吉蔵の依頼に応じたけれど、「そのかわり君もウチの新聞に何か書け」と宣《のたま》った（吉蔵筆『山と溪谷』一九六六年七月号）。高名なジャーナリストが大新聞に自分の文を載せてくれるという。ウブな若者はすっかり舞い上がってしまう。これは何かきわだった登山をやって、その記録を書かねばならぬと思いつめる。そこで、近頃ウワサの一ノ倉沢をめざすのです。

かくして吉蔵の記事は三〇年六月十五日付新聞に三段抜きで掲載されました。以下原文をそのまま織りまぜつつ概要を記す。登攀の日付は不明だが、五月末日あたりでしょう。

〈車中で偶然に知り合つたT氏〉と水上の旅館に泊まり、翌早朝、清水トンネル工事用の〈無蓋貨車〉に便乗して湯檜曾の本家旅館主人阿部一美を訪ねる。阿部は近隣の顔役、後に県会議員に出世するが、無類の山好きだった。小林太刀夫らすでに多くの東都岳人と行をともにしており、吉蔵もその名を知っていたのである。吉蔵の懇願に、阿部は同行を快諾。T氏と三人大あわてで支度をしていると、〈近所の床屋の親爺でこれもA氏（遠藤註＝阿部のこと）の合棒の山好きが是非一緒に行きたいといつてやつて来た〉。十時、四人は湯檜曾を出立。

二週間ほど前に早大がキャンプをした跡で飯盒を拾い、〈白蛇の様な大雪渓〉を登って、角田らと同様二ノ沢に入った。三俣下の大滝を右岸から巻き、一、二ノ沢中間稜に派生するリッジに取りついたと思われる。

中学時代から山歩きにいそしんだ吉蔵ではあるが、こんな冒険登山は未経験。床屋の親爺の力量は不明だけれど、吉蔵もT氏も岩登りの素養などありそうにない。もっぱら阿部がリードしました。

しかしリッジは急峻でヤブもひどく、登攀は捗《はかど》らない。やがて夜が訪れ、〈荷の置き場所が無いので岩角に細引をかけて上からサツクをつるす事にし、皆立つたまゝ炊事の支度にかゝつた〉。夜半雨がきて悲惨なビヴァークとなったが、翌朝は晴れる。

ほとんど垂直になつた尾根登りをする事四時間、私達はとう〳〵尾根のツメまで登つた。これから上は岩壁で、それを登ると山稜を通して谷川岳の山頂へ達せられる。

もうちょっとで栄光の初登攀だったのだが、あんのじょうと言うか、やっぱりと言うか、事故が起きてしまうのですね。先頭の阿部が墜落〈はづみを喰つてあふむけに落ちて来た。私のすぐ眼前を物もいはずにもんどり打つてくる〳〵と空間にはね上つたかと思ふと、百五十フイート下のブツシユの中へ一瞬にして落下してしまつた〉角田パーティの墜落者もさしたる傷を負わなかったが、阿部一美もほとんど無傷、ブッシュにしがみついて天助を得ている。場所が場所だけに、あきれかえるほどの幸運である。それとも、昔のひとはやたらと身体が頑丈だったのか。ともあれ、一行は苦労して往路を下り、青年社長の野望はついえた。

＊

川崎は『山と渓谷』誌に幾度もこのときの思い出を書いている。そのなかには彼らの登攀が、小島隼太郎や小川登喜男らに先駆けた一ノ倉の初登攀であるかのような記述もあり、そうなると登山史がくつがえってしまうので、私はどうしてもオリジンの新聞記事を読みたいと思った。

　一九三〇年五月の中旬以降、せいぜい一カ月の間に載っていると見当をつけたが、日付の判らぬ新聞記事を索《もと》めて、毎日新聞社を訪れる。マイクロフィルムの流れる画像を長時間眺め、ようやく六月十五日付の川崎吉蔵文を見つけたわけですが、その途上、五月二十四日付第五面に〈山岳専門雑誌　山と溪谷　創刊号発売〉の広告を拾う。ほんのちいさなスペースだけれど、私には、七十年前会社を興した若者の、必死の思いが、伝わるような気がしました。

遺稿『高みへの序曲』

登山史にまつわる諸々《もろもろ》を拾い集めた「落としもの袋」を、何かネタはないものかとひっくり返していると、黒い表紙の小冊子がぼろんと落ちた。かつて吉田二郎氏から贈られた『高みへの序曲』。一九五六年三月に遭難死した岩佐喜光の遺稿集です。そうだ、きょうは彼のことを語ろう。冬季一ノ倉沢のタブーに挑んで敗れ、もはや誰からも忘れられてしまった孤独な魂のことを……。

*

冬の一ノ倉沢中枢部が初めて登られたのは一九三三（昭和八）年十二月。高木正孝ら成蹊高校ペアによる二ルンゼの完登です。彼らは帰路を誤り、幽ノ沢の氷壁を雪崩に乗って降り（墜ち）てきたが、ともあれ驚くべき大登攀、奇跡的な生還劇でありました。

一九三四年三月、右の高木正孝とその兄文一が、今度は一ノ倉沢のど真ん中滝沢下部に挑戦し、敗退する。ところが、その次の試みがいけません。三四年四月二十九日、日本登高会の精鋭ふたりが夏でも未登の滝沢下部をみごとに突破したのだが、上部のAルンゼで滑落、ザイルに結ばれたまま高差六、七〇〇メートル、大滝下まですっ飛んでしまった。指導的な立場にあるエリートクライマーの壮絶な墜死に、登山界は大きなショックを受ける。以降一般に、冬季一ノ倉沢中枢部は不可侵領域《タブー》とされ、永い間、近づく者はいなかった。

戦後、一九四六年になって、奥山章、安川茂雄らが滝沢下部をめざしたが、天気が悪くてあっさり断念。ほかに挑む者とてなく、氷雪の一ノ倉沢はさらに十年、全き静寂を保つ。

しかし安川には、未練があったようでした。たとえ自分は登れなくとも、いやしくもアルピニストであるなら、冬の一ノ倉沢は放っておくべき対象ではあるまい。彼は五〇年二月刊の『岳人』に「積雪期谷川岳一ノ倉沢——その机上登山的考察」を発表し、詳細めんみつな研究を展開します。そして、もっとも登攀可能性の高いルートとして、南稜を特記した。

南稜は（中略）無雪期の状態と大した変化がないために可能性があると、前々から一部でいわれていたのである。

じっさいに登ってみると、冬季の南稜は無雪期と一変し、周囲のルートと比較してもかなり厳しいルートと化すのが判るのだけれど、あくまで「机上登山的考察」なのだから、安川さんを責めるのは酷でしょう。この一文は彼の最初の著作『谷川岳研究』に収録され、そいつをなめるように読んだのが、安川の四歳下、日本雪稜山岳会会員岩佐喜光だった。彼は安川に以下のごとき文面の私信を送ったという。

自分の考えていた意向を裏づけてくれたことが何より嬉しいのです。必ず南稜を登ったあかつきには報告をお送りします。

けれども、安川の許に届いたのは、報告書ではなく、岩佐の死亡通知であった。五六年三月二十五日、一ノ倉沢南稜にて墜落死。

高みへの序曲

岩佐の遺稿集のほかに、もう一冊同じ題名の本がある。安川茂雄の書いた半ばノンフィクションの小説『高みへの序曲』(一九七一年、三笠書房)。以下同書より。

確かに私の著書で述べた一ノ倉沢南稜積雪期登攀の可能性を信じ込み、墜ちたのである、そう思うと、私は彼の葬儀に参列する勇気さえもおきなかった。

安川にしてみれば、さぞやりきれなかったことでしょう。岩佐の死にこだわり、死後いくらもたたぬうちに彼を主人公とした短編を書き、十四年後の『岩と雪』一七号(一九七〇年五月)から五回にわたって長編を連載、これを一著としたのが安川さんの小説『高みへの序曲』です。だが、舞台となった暗い世相が反映したのか、みずからの後ろめたさのゆえか、この著作は主人公の輪郭もはっきりせず、高みへの序曲どころか、どうも陰々滅々としていて、とても成功作とは言えません。

さて、原本の遺稿集に話をもどす。五七年七月刊、A五判、奥付を含めて一一四頁、ガリ版刷りの小冊子。もとより私家版であり、刊行・編集委員には吉田二郎、山川淳、久間田《くまた》芳雄らの名も見える。岩佐は会報への寄稿のほかにも、大学ノート八十冊におよぶ日記をはじめ、厖大な量の未発表原稿を遺していた。

これらの遺稿を整理して遺稿集を編み、人間としての岩佐喜光の像を明らかにすることを企画した。どれほど立派な遭難碑よりも、一冊の遺稿集こそ彼にふさわしいモニューメントだと信じたからである。(吉田二郎筆の前掲書「跋」より)

安川茂雄の本も、もはや忘れられた一冊。ましてこの遺稿集を手にとるひとなどあるまいから、私なりに捉えた岩佐のプロフィル、そしてその時代の風景を、以下素描しておきます。

＊

岩佐は一九二九(昭和四)年一月五日、札幌市に生まれている。幼くして母との別離があり、十六歳のとき「産業戦士」に徴用されて上京。すぐ敗戦となるわけだが、そのまま東京にとどまって生涯二度しか帰郷せず、それもほんの数日滞在しただけだったという。家族との縁《えにし》の、いかにも淡いひとでした。

日本無線に入社し、戦後もしばらくは三鷹の寮に住んでいた。しかしやがて不況の嵐が吹き荒れて勤めを失い、三度の食事もままならぬようになる。学歴も縁故もない岩佐に、ロクな職のあろうはずがない。貧しくみじめなひとり暮らしが続きます。

しかし、何がきっかけかはわからないが、四八年頃、彼は山登りの悦びを知り、中央線沿線の山々を歩きまわるようになる。五〇年には踏跡山岳会に入会、岩登りの練習を始め、十月に谷川岳のマチガ沢を単独で登る。

五一年、先鋭的な日本雪稜山岳会に移り、憧れの一ノ倉にも登った。会には山川淳、吉田二郎らもいる。ふたりは岩佐の一歳下。ともに五八年一月に船出するＲＣＣⅡの創立同人となる未来の逸材です。とりわけ山川とはよきライヴァル、パートナーであり、五四年二月には一緒にマチガ沢に赴いた。

ところが山川が不調で引き返し、岩佐の単独登攀となります。積雪期のマチガ沢は遥かな昔、一九三〇年三月二十日に一高旅行部の小林太刀夫が単独で初登しているが、岩佐はその記録を知らず、ひかえめな筆致ですけれど、彼にとって初めての「初登攀」の悦びを会報に綴っている。

今回の私の登攀は幸運のみに頼った小さな登攀に過ぎないが現在の最大目標、一の倉積雪期に若干の資料を得ることができた。

じっさい「厳冬期」という限定を付せば、彼の単独行は初登攀であったでしょう。この時点で岩佐は、冬季一ノ倉沢不可侵説をみずからうちやぶる野望を、くっきりとその胸に抱いたのだった。

＊

遺稿集『高みへの序曲』の巻頭は、「日本自然観の系譜――登山史の背景について」で飾られている。四百字詰原稿用紙に換算すると七十枚を超す力作。古代から江戸時代まで、日本人の自然に対する情動（エモーション）のありようを追ったもので、なかなか整った論考です。当時のプロレタリアートに通有な、唯物史観の臭いが強すぎる傾向はあるとしても、岩佐の相当な読書量、勉強の跡が随所にうかがえる。

だが、「武蔵野の猫」という一文は哀しい。

仔猫はぼくの肩に前足をかけ、ぼくの顎に頬に小さい頭をこすりつけ、頭を舐め、はては唇を舐める。ザラザラの舌が汗に湿った皮膚に痛い。

社会主義活動に打ち込むが、友は少なく、職もない。必死に本を読み、何十冊ものノートを文字で埋めるが、発表の機会はない。山に惚れ、音楽に惚れ、女の子にいくら惚れても、片恋《かたおも》い。早くに母と別れたゆえか、ひたすら愛に飢えていた。せめても、捨て猫を飼ったのです。ちいさな牝猫だけが全身全霊を込め、彼を愛してくれた。岩佐は脚気《かっけ》になるほどに自分の食事を減らしても、仔猫にはミルクを買ってやるのです。しかしそれも、アパートの管理人に文句を言われ、再び猫を捨てねばならなくなる……。

岩佐の遺稿集には、かなしみがつまっている。読んでいると、あまりに、せつなくって、救われ難い気分になってしまう。一九五〇年代中葉、世間は神武景気に沸き、五五年七月、石原慎太郎の「太陽の季節」が『文學界』に載り、「太陽族」も登場するのだけれど、彼にとってはまだ「戦後」は終わっていなかった。その暗い現実をいっとき忘れるため、ささやかな誇りをとりもどすためにこそ、彼の「山」はあったのでしょう。

冬季一ノ倉沢登攀のパートナーは四歳下の久間田芳雄。いくどか偵察を繰り返し、五五年三月、最初の挑戦。久間田はかく記す。

彼（岩佐）はたゝきつけてくる風雪に大手を広げてわめいたりした。岩角にうなりをあげて来る吹雪の音を聞いたゞけでも背筋がぞく〳〵すると云った。

烏帽子奥壁の基部でビヴァーク、翌日アタックしようとしたが、久間田の弱気が出て敗北。二十年間の空白、冬季一ノ倉沢のタブーに押しつぶされたのだ。そして一年後、五六年三月二十五日、再度の挑戦。岩佐はなぜか、常ならぬ焦燥に捉われていたようです。メインザイルを着けず、補助ザイルを結んだだけで、登り出してしまう。以下も久間田の記述。

「こゝで本《メイン》ザイルを結ぼうよ」と私が云うと、「こゝぢゃ結べないからもう少し上へ登る」と彼は云いながら岩稜に取り付いてしまった。「ザイルを着けなくては駄目だ！」私は強く繰り返し云った。

だが、岩佐は応えずになおも登り、スリップした。補助ザイルはあっけなく切断、彼は黒い物体となって、本谷側に墜ちていった。以下は山川淳による追悼文から。

「淋しかったが良い仲間と悔いない青春を過した。遺体は捜索は不要。無理だ。山の中で山の土になりたい」／机の中から出てきた遺書には、こんなことが書いてあった。（中略）手の中の紙片を握りしめながら、僕は、また、なぜ、をやりかけ、止めてしまった。すると、何処からとなく激しい憤りが、どっとこみあげてくるのだった。

*

その翌年、一九五七年三月、吉尾弘、原田輝一によって滝沢が登られ、五八年には南稜も含めて、冬季一ノ倉沢の諸ルートは陸続と登られるようになる。タブーは完璧に解かれた。岩佐はほんの少しだけ、早くにやって来すぎたのです。

久間田は五六年、獨標登高会に移り、日本のトップクライマーに成長した。六〇年二月には国内登攀史上の金字塔とも言うべき一ノ倉沢滝沢スラブの冬季初登を成し遂げる。だが、六一年三月、同じ一ノ倉沢の三ルンゼで墜死。岩佐の発見されたのとほぼ同じ地点に、彼もまた、その身を横たえることになる。

「不可能神話」の崩壊

雪線を超す山こそないけれど、山国日本ではいろんなタイプの登山ができる。森、高原、岩場、渓谷。四季があるので雪山、氷壁もあり、低山ハイクから大冒険と言えるくらいのビッグクライムまで多彩なジャンルの山登りが可能。したがってさまざまな趣味志向をもつ人々が、それぞれ好みのスタイルで手軽に山と戯れている。日本の登山人口が圧倒的に多いのはこうした風土、山岳の多様性にもよるのでしょう。

ついでに言うと、この多様性という言葉を、私は宗教や文化を論ずるときの論理の要によく用います。私のキイワード、思索の核にある言葉だと言ってよい。たとえば「沙漠の宗教であるユダヤ教・キリスト教・イスラム教すなわち一神教と、森林の宗教であるヒンドゥー教・仏教すなわち多神教との相違はかなり決定的なものである。前者にはない多角的な視点、寛容性を後者は有している。つまり風土の多様性が文化に宗教に哲学に、深く影響しているのである」といったふうに……。

閑話休題。現在数百万ともいわれる登山人口のうち、数万人ほどが岩登りにうつつをぬかしている。俗にクライマーと自称する人種で、大正末期から穂高岳や六甲山近辺に跋扈《ばっこ》しだし、昭和初葉には岩ある山であれば全国的に跳梁《ちょうりょう》するようになった。総じて穏健、もの静かな一般登山者のあいだにあって、この少数種族《マイノリティ》はよく喋りよく書き派手な身形《みなり》をし、いささか五月蠅《うるさ》くけたたましい存在であった。なぜなら連中は西欧アルピニズム＝常なる上方志向を信条として登山界を位階性《ヒエラルヒー》で図式化し、そのピラミッドの頂点に自らをちゃっかりと位置づけてしまったから。

水の流れや緑の美しさ、豊穣は世界に冠たる日本の山々ですが、一方、岩場はいかにも貧しい。それでも、物真似《ものまね》誇大妄想の気がある彼らは、そのちっぽけな岩壁たちにアルプスの至上の姿を映し、いじらしくも生命を賭ける。未登のルートを追ってざっと六十年間、鎬《しのぎ》を削る。未知未踏の終焉がいくたび宣《せん》せられても、クライマーどもは目立たぬ中級山岳、低山の片隅に眠る岩場や海辺の崖まで探しだし、ひとの手の触れぬ岩肌を求めつづけてきたのです。

経済の爛熟とどこかで通じているのかもしれないが、一九八〇年代に入ってようやく未登の種がほんとうに尽き果て、パイオニアワークなどという言葉がまずは聞かれなくなった。以来、国内の岩登りは空間的な未知への探求から個々人のスポーツへとかっきり方位を転じますが、さて、以下はまだまだ初登攀が死語でなく、アルピニズムの衣裳を纏った若者たちが、華やかに檜舞台を闊歩していたころの話。

一ノ倉沢衝立岩正面壁狂騒曲

一九五六年、人類史上八座目の八千メートル峰に日本隊が登ったのを機に、空前の登山ブームが興ります。マナスルの登頂は敗戦コンプレクスをいくぶんなりとも払拭し、大いに国威発揚を促す偉大なイヴェントだった。戦争以来低迷していた岩登りもにわかに活性化し、一気に戦前のレヴェルを追い抜いて初登攀、冬季初登攀が花盛り。対象となったのは主として剱、穂高、谷川岳の岩壁たちで、いわゆる三大岩場以外の岩壁には、まだ眼が向かなかったようである。

瞬く間にめぼしいルートは夏冬ともに登り尽くされ、無雪期に壁ごと未登で残ったのは一ノ倉沢の衝立岩正面壁、コップ状正面壁、穂高屏風岩の東壁だけだった。これらはあんまり傾斜が強く、ピトンを打つ割れ目に乏しかったため、血気盛んなクライマー諸君も敗退につぐ敗退。

各山岳会入れ替わり立ち替わりの波状攻撃によって、まず陥ちたのがコップ。全国にロカビリー旋風が吹き荒れた一九五八年六月のこと。雲表倶楽部松本龍雄らの試みた新兵器、埋込みボルトの威力が成功のキイポイントとなった。ボルトを使わなければ、この壁はまだしばらく登られなかったであろう。

私が初めてコップを攀じたのは六七年ですが、その頃は松本さんの打った四本の国産第一号ボルトのうち、一、二本がまだ遺《のこ》っていた。アゴ付きの無骨な分厚い鉄塊で、文鎮に使えば勝手がよさそうだった。ほどなく、この記念碑的ボルトは誰かが抜き去ってしまったが、きっと今は、どこかの家の床の間にでも飾られてあるのでしょう。

次に陥落したのは屏風岩東壁。庶民美智子さんが美智子妃となり、安保改定阻止運動が始動した五九年四月のこと。立役者は東京雲稜会南博人。南さんは発明工夫の才があり、リング付きの軽量安価なボルトを製作。その小さな鉄片を連続的に使って初登攀の栄誉を掌中にします。

かくして、最後に残ったのが衝立岩正面壁。なにしろ目立つ壁なので、昭和初期から早くも狙う者があったそうだが、コップや屏風岩東壁とは段違いにスケールが大きく傾斜も強い。勇を鼓してむしゃぶりついた各会のエースたちも、ことごとく一蹴される。「衝立正面の登攀は不可能である」こうした神話がまことしやかにささやかれるほど、ロマンティックな存在だった。以下は五八年九月二十日、一ノ倉沢出合における一風景。

通りがかりの登山者たちは彼らの周囲一ぱいにひろげられたおびただしい登攀用具の山に目をみはった。さまざまな色をした十本近いザイル、楽に登山具店をはじめられそうな量のハーケンとカラビナ、各種のあぶみ、ツエルト。食料、そして子供のブランコのような奇妙な道具さえみつけることができた。（中野阿佐夫筆『山と溪谷』一九五八年十一月号）

ちなみに、この中野阿佐夫なる人物は奥山章プラス吉田二郎。合体した二人のペンネームだそうな。二人が中央線の中野と阿佐谷にそれぞれ住んでいたからだそうな（吉田二郎氏談）。

最新鋭キンキラキンの用具類を陳列して得々としていたのは第二次ＲＣＣのメンバー。一九五八年一月、稀代のオルガナイザー奥山章が糾合した同人組織です。奥山は有力社会人山岳会の精鋭分子に働きかけ、学生をも含めて登山界を横断するようなクライマー集団を結成したのだ。彼らは斯界のピークにあると自負していたし、創立間もないＲＣＣⅡの実力を、衝立正面の初登攀によって誇示するのが目的のひとつであった。

アタック要員は芳野満彦、原田輝一、小板橋徹。野次をとばしたり、指図したり、パイプをふかしたりするのが奥山章、吉田二郎。カメラマン二人、リポーター、さらに「追っかけ」のギャルや山岳パトロール隊員までが観客となる。

二晩を壁で過ごし、結局四〇メートルほどしか進めず敗退。芳野は一年後の『山と溪谷』一九五九年九月号に、「垂直を越えても」と題して、衝立の「不可能神話」を肯定する記事を載せています。

たしかにこの岩壁は谷川岳一ノ倉沢最後の岩壁になるだろう……。いや、もしかすると日本の岩場にことごとく人間の爪あとが残されても、この岩壁の核心部は未登を誇っているかも知れない。

そのうえ、芳野さんは剽《ひょう》げた筆致で近未来(十年後)の衝立アタックの模様を実況放送ふうに書いている。あんまり面白いので少々長い引用をゆるしてください。

数人のサポート隊に見守られ、アングルスラブの真只中で必死にジャンピングを使っている……。これは十数年以前に考案されたエキスパンジョンボルト(埋込ボルト）である。まったく非能率な作業である。――今朝からやっと三本打ち込んだ。疲れ果てて水をのもうと腰の水筒に手をかけると、ナイロンザイルに仕込んだカクシマイクよりキンキン声がきこえて来た。

「おいC登高会ではいよいよ動力を使い出したぞ。ガンバレ、オレ達はあくまでもオーソドックスな方法で完登するのだ。……東京本部からの指令があるまでボルトを打ち続けろ」

――突然ダダダァーという大音響がきこえ出した。C登高会のD君が使う砕岩機だ。彼等もナイロンザイルの中に電気のコードを仕込み砕岩機を持ってのアタックである。先週E山岳会のF君らが一ノ倉尾根旧道出合の高圧線から約三千メートル近い電線を引いてこの壁に穴をあけ出したが、盗電の疑いで検挙され、今日はこの壁のアタックに参加していない。


砕岩機ならぬ電動ドリルは今日実現したけれど、芳野氏のSF登攀記にはさらに「強力接着糊」によるハリツケ器、捕鯨用のモリなんぞも活躍する。ともあれ、氏はこう断言しました。

その正面壁をダイレクトに直登すれば、おそらくエキスパンジョンボルト数百本を使用し、十日から一カ月近くのビバーク日数を費やさなくてはならぬと考えられる。

ところが……。

あにはからんや、芳野文の載った『山と溪谷』（発売は八月半ばでしょうが、発行日一九五九年九月一日号）の二週間前に、この「不可能神話」の壁は完登されていたのだ。

登ったのは屏風岩東壁の覇者南博人と藤芳泰。二人は十五日に壁に取りつき、ハンモックによるビヴァークを重ねて、八月十八日、登攀を完成させたのです。打たれたボルトの数は詳《つまび》らかでないが、せいぜい十数本だそうです（南博人氏談）。それでも、南さんの考案した軽量ボルトが、おおいに有効だったのはたしかである。

日本全国のクライマーが注視した衝立岩正面壁初登攀の記録は五九年十月号の『山と溪谷』に載ったのだけれど、その号の編集後記には次のごとくありました。

先月号の「垂直を越えても」で「衝立岩を登るには十年かかる」と壮大なラッ

パを吹いたり、新兵器「ハリツケ器」まで登場させた芳野満彦氏が某日編集部に現われて、しきりに「スマン、スマン」という。「衝立がこんなに早く登られるとわかってたら、あんなこと書くんじゃなかったよ。いやスマン、スマン」――それから一同、この異色のクライマーをなぐさめたり、はげましたりに大わらわ。

ボルトによって衝立は登れたが、クライマーはボルトによってもっともっと大きなもの、「不可能神話」を喪《うしな》った。ひとつの時代が終ったのです。芳野満彦ら、未登の衝立正面に蝟集したクライマーたちは、再び新たな神話を求めて、三大岩場以外の岩壁を蚤取眼で捜したり、雪崩の恐怖が支配する冬のルンゼ、スラブをじいっと睨んだり、さもなければ国内の岩場を見限ってアルプス、ヒマラヤを展望してみたり、いずれにしてもあと二十年ほどはゴソゴソガサガサ、未知未踏、パイオニアワークとやらを執念《しっこ》く追いつづけることになる。

でも私は、過去の私を含めたこんな連中が懐かしく、結構、気に入っているのです。

なお、埋込ボルトはもとより日本人の発明ではない。一九三九年八月、クロッツ・デル・アルティシモという山の南壁で使われたのが起源らしいし(D・ハッセ筆、横川文雄訳『岳人』一九六一年十一月号)、第二次大戦中アメリカ軍が山岳戦で用いたとも言われている。日本に紹介した嚆矢《こうし》はたぶん『岳人』一九四九年九月号。伊藤洋平がアメリカの『アルパイン・ジャーナル』一九四九年一月号を基に解説記事を載せている。付された写真を見ると、これは南博人製のボルトと、よく似たシロモノである。

知られざる初登攀者

「日本を代表する岩壁を、ただひとつ挙げるとすれば、君なら何を選ぶ？」

「くだらん設問だ。壁に差別をつけるなんて。クライマーひとりひとりに、それぞれ自分の至上の壁があろうじゃないか」

「むろん無意味で、まったく不毛な問いだけどさ。まあ、できるだけ客観的にみて、ちょっと答えてくれよ。スケール、美しさ、登攀の内実、壁の位置、登攀の歴史、その他諸々のファクターを一応考慮に入れてね」

「ウーム、奥鐘はみばえがせんし、屏風もちょっとなあ。チンネはきれいだが小さいし。ウーム、やっぱり、衝立正面ということになるか……」

——一ノ倉沢衝立岩正面壁は、まずこのような岩壁です。比高ざっと三〇〇メートル、広く明るい衝立スラブを従えて、クライマーを威圧する三角錐。

ダイレクトカンテ、記録の空白部

一九三〇（昭和五）年七月、小川登喜男らの一ノ倉沢初登以来、幾人のクライマーがこの壁に絶望の眼差をそそいだことでしょう。ルンゼからリッジ、さらにフェースへとパイオニアたちの視線が移行し、一九四〇年七月、川上晃良《あきら》らが烏帽子奥壁を拓いたのちも、衝立岩を登攀対象と考える者は久しく現れなかった。若い不遜なクライマーの夢の中にならば、登場したかもしれませんが。

三角錐の左辺、すなわち中央稜は一九三三年九月、右辺すなわち北稜は三五年九月あきらかにされていたけれど、正面壁の圧倒的な斜度は、はなから「人類の登攀不可能」を宣していました。

しかし、クライマーの野望はとどまるところを知らない。一九五八年六月、となりのコップ状岩壁正面壁が、本邦初の埋込みボルトの導入によって陥落すると、次の（ある意味では国内最後の）ターゲットは、おのずからこの三角錐に絞られました。久《く》間《ま》田《た》芳雄をはじめ、幾人かの精鋭が試登を繰り返す。だが、なにしろスケールはコップの四倍、容易に攻略の糸口がつかめない。結局栄誉を掌中にしたのは、一九五九年八月十八日、東京雲稜会南博人と藤芳泰のペアだった。

第二登は松本龍雄パーティだが、三登以下は続々行なわれ、冬季初登も一九六〇年二月、南・藤のペアによって遂げられる。

ひとつの壁に一本のルートで満ち足りる時代ではありません。まして日本を代表する岩壁、偉大な三角錐には、当然のごとく新たなラインを求めるクライマーの熱い視線が集中した。試みに新ルートの成立情況を挙げます。資料は主として『クライミング・ジャーナル』二三号（一九八六年五月）の「一ノ倉沢登攀史年表」に拠る。

ダイレクトカンテ	一九六二年	東京都立大学
岳人ルート	一九六五年八月	細谷章夫・渡辺斉
蝸牛ルート	一九六五年九月	杉山美裕・高橋憲司・四海康二郎・難波茂
第二雲稜ルート	一九六七年六月	吉川昭男・香取征男
A字ハングルート	一九六八年五月	小暮勝義・木村憲司・久保進
ミヤマルート	一九六九年十月	八木原圀明・宮崎勉・山田正顕他三名
本庄山の会ルート	一九七〇年十月	江守武志・木村祐一郎・鹿沼文雄
左フェースルート	一九七三年七月	古門幸男
右フェースルート	一九八二年九月	木浪晋
OVER TIME	一九八六年九月	椎名一夫・宇野洋一・山家弘行

以下、現在はさらに何本かのルートが追加されているわけですが、雲稜ルートと並

んで最も古典的なダイレクトカンテに、どうしたわけか初登攀者の氏名がない。もちろん、いろんな登攀史年表にもあたってみたが成果なし。『クライミング・ジャーナル』二三号の年表製作者に問い合わせたところ、「一九六二年・都立大学」の記述は、たんなる伝聞、推測にすぎぬという。

壁の半ばで北稜に逃れてしまい、登攀距離は短いけれど、ダイレクトカンテはきれいなラインです。多くのひとが訪れる、衝立正面開拓史上第二番目のクラシックルート。しかるに記録の詳細不明とは！　いったい誰なのだろう。このルートに最初の爪跡をつけたひととは？

一九八八年三月十四日、東京工業大学の研究室で、私はそのひ、と、と、お会いしました。以下は彼のことばを引きながら、私なりに、この大きな「登山史の落としもの」をまとめたものです。

前穂東壁Dフェースから一ノ倉沢滝沢下部へ

雲稜ルートの拓かれた一九五九年ころ、岩登りに興味をおぼえはじめた青年がいた。高校時代、南アルプスの縦走などをしていたが、翻訳の山岳書を読むにつれ、「どうもアルプスでは、山登りというものは岩登りにほかならぬらしい。それなら、ひとつボクもやってみるか」と思ったのだ。

川副博司（一九三九年生まれ）は東京都立大学の夜間部に通う勤労学生。いそがしい身であったが、一九六〇年夏、穂高滝谷などの岩場に初めて触れる。一応山岳部に所属していたけれど、部員たちとの山行は少ない。指導者もおらず、岩登りはすべからく独習。小柄だがひきしまった体軀、クライミングに天与の才があったのであろう、またたく間に技術は格段の進歩を遂げる。なにより彼には「目的達成動機」とでも言おうか、なにごとにも一途に立ち向かう意志の、類い稀な強靭さがそなわっていた。

一九六一年七月、二シーズン目の穂高。旧友坂本亮二とともに奥又白の池畔に天幕を張る。目指すは前穂東壁Dフェースの新ルート。この奥又白最悪の壁は、一九五九年九月、すでに田山勝・山本敏男のペアによってフェースの右方が拓かれてはいたが、川副は一度の試登ののち、七月二十日みごとに中央部を突破してしまう。

「はじめて自分のルートを拓いて終了点に立ったとき、なんだかとっても意識がフリーになったんです。岩登りの別の世界が開けた。キザに言うと、岩壁そのものとの対話が、自由にできるようになった。何ものにも捉われることなく、山と仲良くなれて……」

開拓に際して埋込みボルトは使っていない。今の「都立大ルート」より取付点はかなり右、したがって下部二ピッチ程度は現在のルートと異なったラインである。全体に今よりはるかにフリーの度合の高いルートであった。なお、このルートも登攀史年表には「都立大ルート」とあるばかりで、初登攀者の名は記されていない。

みずからルートを創る悦びを知った川副は、その年の十月、一ノ倉沢に赴く。山岳部の先輩（年齢はほぼ同じ）宮本千春との山行である。余計なことだが、この宮本千春氏は、著名な民俗学者宮本常一の息子であり、後に『あるく みる きく』（近畿日本ツーリスト）の編集に携わった。

「気楽に行きましたね。ちいさな壁だけれど、ちょっと突っついてみようよ、といった気分で」

当時滝沢下部には「トラバースルート」しか知られていなかった。一九三九年九月、浅川勇夫・平田恭助によって完成された下部の初登ルートである。川副らは下部大滝の左側に着目、現在のダイレクトルートと同じ地点から取りつく。出だしの部分には残置ピトンがあったが、やがて途絶。ボルトを打つのに抵抗を覚え、リスもないため思いきって左方に振子トラヴァースをする。

「ガストン・レビュファの本なんかで知ってましたからね、一度やってみたかった。あれは身体をななめにして走るんですね。トントントンと駆けて、よいしょっ、とこう左に移ったわけです」

現ラインの左側を攀じたことになる。ピナクル下三、四メートルほどは再びリスがなくなったが、今度は投げ縄で解決。幾度か投擲を繰り返すと、うまくピナクルにひっかかってくれた。

「ボクは陣地だけはしっかり造るんです。死ぬのはイヤですからね。だからピナクルのあたりに打ったハーケンは、今でも残っているはずですよ」

ピナクル上の現ラインはなめらかなランペをボルト連打で直上し、落口に抜けている。だが、

「あそこはボルトを使うつもりだったら簡単でつまらないでしょう。傾斜が緩いですから」

現在のダイレクトルートを識る者には、思いもつかぬけれど、川副はピナクルからさらに左のハングを越え、右にまわり込んで落口に達したのだ。

「初めて登るひとにとっては、ごく自然なルートなんですよ。あのランペをボルト打って登るのはキレイじゃない、と思ったんですね。他人《ひと》には通用しない、ケチな美意識がありまして」

従来、滝沢下部ダイレクトルートの初登は、一九六三年六月の市村俊郎・久保博二

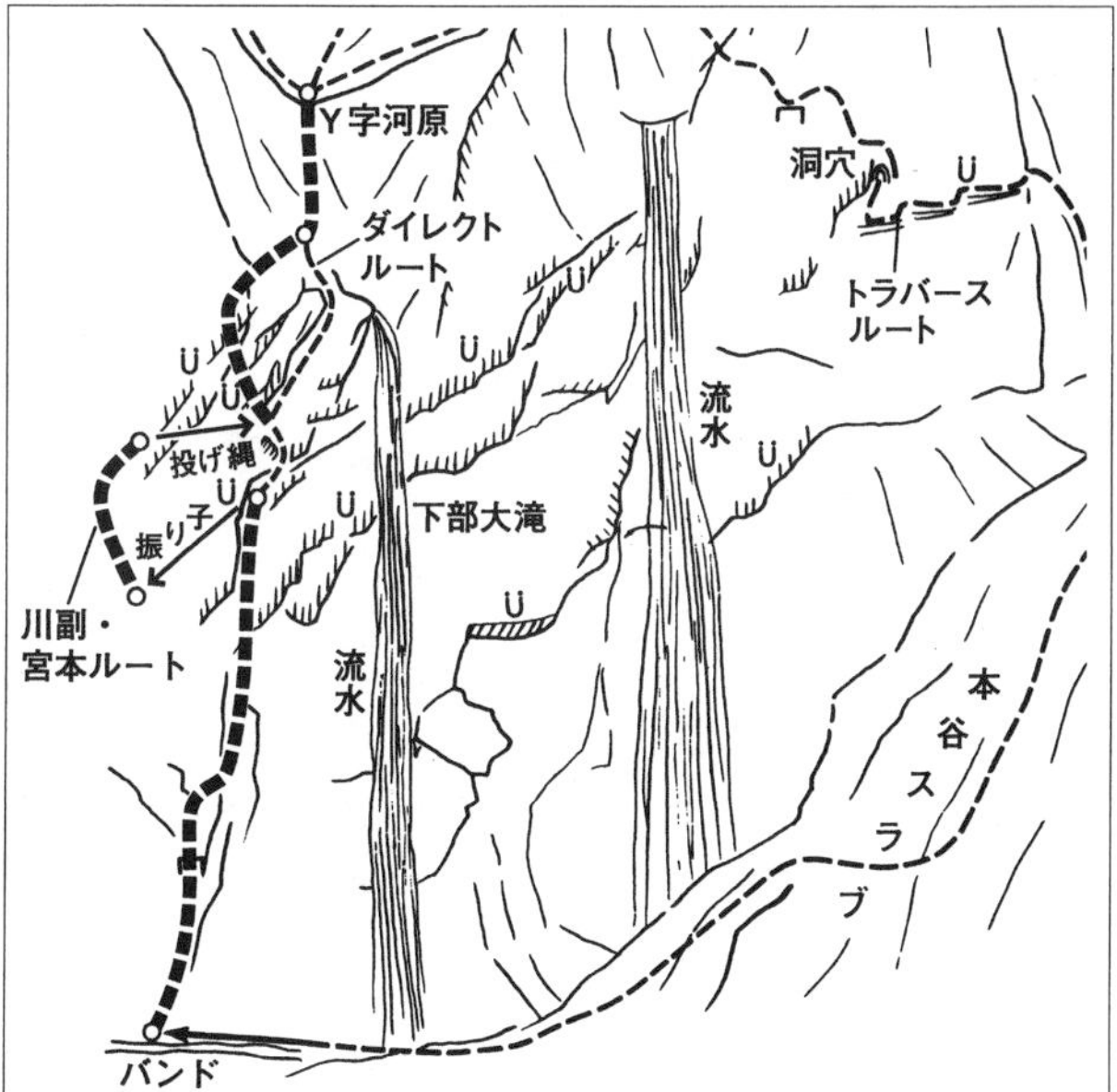

滝沢下部ルート図〈『谷川岳の岩場』（山と溪谷社，1980年）をもとに作図〉

パーティによるものとされていた。しかし、御本人の言を聞いた以上、日付は不明だが、一九六一年十月、川副・宮本パーティの初登攀と訂さざるを得ない。いずれにせよ、記録を公表しなかったのは罪な所業ではある。
「ちいさなルートだしね、まあどうでもいいようなところなので……」

*その後の調査で、同じ一九六一年の七月九―十日、つまり川副らより三カ月早く、滝沢下部の別のラインを開拓したパーティがあることを知った。これは二本の水流の真ん中をゆくラインで、これこそ「トラバースルート」に次ぐ、滝沢下部第二番目のルートである。『岳人』一一六号（一九六二年二月号）の「記録速報」欄に小さく載っているだけなので、今まで見過ごされてきたようである。登ったのは中村宏ら四人の無所属パーティ。なかには河西妙子という女性もいる。この記録も、どの登攀史年表にも出ていない忘れられた初登攀だ。

ダイレクトカンテ冬季開拓

さて、ようやくダイレクトカンテを語る段になった。そう、川副博司氏こそ、その初登攀者。驚くべきことに、彼は冬季の、ノンサポート、ノンデポによる開拓を企てた。実際には一九六三年八月に一応の終了をみることになってしまうが、大ハングの下、北稜へのトラヴァース地点まで、すなわち核心部は六二年の暮れから翌年正月にかけて突破されている。満足なビヴァーク装備もなく、七晩八日を岩壁にかじりついた執念は、並ではない。

川副の美意識によれば、このルートはもちろん衝立の頭へダイレクトに、冬季、ワンプッシュで完成されねばならなかった。それが挫折し、八月に北稜へエスケープするはめに終わったとき、彼の心に大きな悔いが残る。記録の公表をためらった理由の一端は川副固有のダンディズムのゆえばかりでなく、その辺りにもあったのではなかろうか。

パートナーは日比谷高校山岳部OB、当時は東大の学生であった実弟川副詔三（Dフェースの相棒坂本亮二は取付までで引き返す）。川副氏自身の筆になる記録は大学ノートに綴られ、二十五年間人知れず眠りつづけた。この幻の記録は『クライミング・ジャーナル』三五号（一九八八年五月）に前穂高東壁Dフェース都立大ルートの記録とともに全文収録されているが、本稿ではその引用を交えて、概要のみを綴る。

＊

川副は一九五九年八月に拓かれた初めてのライン「雲稜ルート」を二回登り、衝立岩正面壁に魅せられた。〈このとき私には、はっきりと山の声が聞こえた。「今度はお前の番だぞ」と。（中略）私は、冬にルートを創りながら衝立岩を登らねばならぬ、と感じた〉

六二年十一月、取付までの偵察は終えたが、〈我々は、前もっての荷揚げやサポートを拒否した〉ので、事前のルート工作はしていない。六〇年代初めのクライマーとしては、川副の登攀に対する理念は驚くほど高く、また、畏るべき自負の持ち主でもある。

さて、本番。六二年十二月三十日、まずは荷揚げ作業を開始する。シュラーフを持たず、一日二食に切りつめても、厖大な重量。たとえばピトン二四〇本、埋込みボルト三十本、カラビナ六十枚。これらは昨今のジュラルミンやチタン製の軽いものではない。すべては文鎮のごとき鉄塊。

六三年一月一日、前穂高東壁Dフェースの相棒坂本が体調を壊して戦線を離脱した。〈私達は互いに何も言わない。ただ手を握りあって別れた〉。これで、経験の乏しい弟と二人きりになってしまった。二日、ようやく取付のテラスにすべての荷が上がる。

一月三日、いよいよ登攀開始。〈最初の部分は微妙な動作を要求されるので、毛糸

の手袋も取り去って凍った岩と四つに取っ組む。凍った指をなめ四、五メートル登ると、やっと調子が出てきた〉
　この日は取付のテラスに戻ってビヴァークする。〈夜、冷たい風が雪を伴い、容赦なくツェルトに叩きつける。背中と壁の間に雪が入り込み、空中に投げ出されそうになる。仕方なく立ち上がり、除雪。一晩中この作業を繰り返す。文字どおり一睡も出来ぬ苦しい夜、長い長い夜を送る。滝沢は、今夜も休みなく鳴り響いていた〉
　一月四日。〈最上部の苦しい部分を詔三が突破する。雪雲うずまく中、彼はボルトを打ち込んだ。彼の手も私の手も血だらけだ。今日はここで時間切れだ。ピナクルまで下降してビヴァークする。夜は寒い。ひたすら寒い。私達は耐える。ただ耐える〉
「ピナクル」というのは、ルート中唯一の「立っていられる」ところであって、腰かけられるほどのテラスではない。彼らはテントのポール二本の間に綱を張ったブランコみたいなものに座って夜を過ごした。自作したテトロン綿入りのヤッケとズボンを着ただけで……。
　一月五日、いよいよダイレクトカンテ最大の難関、上部の庇にかかる。吹き上げる風にもてあそばれながら、ピトンを打ちつづけ、ついにハングを越えてカンテの右外側へ抜けた。再びピナクルへ下ってビヴァークする。

夜、一面の風雪がうなる。この全く孤絶した空間に、詔三と私は捕らわれている。ここを支配するのは、風と雪と闇とである。今日一月五日の夜は、私達が入山して以来七回目のビヴァークだ。何か目に見えぬデモニアックな力に引かれ私達は苦闘した。それは数カ月の思考の末の情熱に裏打ちされたものだった。しかし私達は疲れた。ツェルトに反射したローソクの光の中に浮かんだ詔三の顔は、既に人間の限界を示しているようだ。私は決断した。「明日は下ろう」。二人は吹き上げる風雪の格好のオモチャになっている。寒い。おそろしく寒い。

かくして一月六日、川副兄弟は衝立に破れ、よろめくように下山した。同年八月に、冬の引き返し地点から北稜にトラヴァースするラインを登り、兄弟は一応の決着をつけるが、川副にはルートが完成したとは思えなかった。

だが、彼にとっては未完成であっても、続登者にとってはそうではなかった。初登攀者の思惑とはうらはらに、もとより初登攀者の名前を知らぬままに、ダイレクトカンテは人気抜群のルートとなり、今日も数多くのクライマーが陸続と訪れている。

対象は変わったけれども……

一九六〇年代の初め、「あえて冬季に岩壁を開拓する」といった発想は、日本でこそ五八年三月、松本龍雄らによって一ノ倉沢烏帽子奥壁凹状ルートが拓かれた先例はあるものの、本場のアルプスにおいてはみられない。W・ボナッティのマッターホルン北壁冬季単独初登は一九六五年なのだ。いかに川副の意識が時代に先んじていたかが判るであろう。衝立登攀後の目標を問うと、

「ジャヌーの北壁を調べはじめたのです。世界の趨勢はヒマラヤの縦走か、壁に向かっていましたので。ひとのやっていないことをやりたければ、アルプスではなく、ヒマラヤへ行かねばならないはず。死ぬ確率五割はありそうでしたが、三年から五年くらいかければなんとかなると思っていました。もっとも、インターナショナルな隊でなければダメだったでしょうね。日本山岳会へこの話を持っていったら一蹴されましたよ。誰にも理解されなかった。でも、頭の中で考える分には勝手ですから」

「そのころから二者択一になってきました。勉強の方をやるか、もう職業的に山をやるか。そろそろトシでしたからね。そこでボクは、勉強を選んだわけです」

氏は八八年のインタビュー当時は、東京工業大学工学部の助教授で、非結晶材料の基礎化学を専攻されていた。門外漢には理解困難だけれど、無機化学の根本を整理す

る仕事にかかりきっているという。

「ダイレクトカンテの下に初めて立ったときにですね、なんか、これは登れないのかもしれないな、と感じました。それでね、もしもそのとき、登れるんじゃないか、と感じたのだったら……かえって行く気にならなかったと思うのですよ」

「これはサイエンスでも同じでして、あんまりちいさな問題にかかわっていたくない。こいつはダメなんじゃないか、そう思えるモノに、よけいに興味を覚えるのです」

「昔と同じでね。ただ対象がちょっと変わっちゃいましたけれど。だから山登りをやめたつもりはありません。昔と同じ意識なんですね。いまのところ、岩登りとはちがう問題を扱っているというだけで……」

クライマー＝サイエンティスト川副さんは、ちょっと遠くを見るような眼をして、それから、ニコッと微笑《わら》いました。

その後、川副さんは東京工業大学の教授をへて、退官後、同大学名誉教授となるとともに、某ガラスメーカーの特別研究室長として新しい光学素子の開発を手がけ、二〇〇二年現在も活躍しておられるそうです。

〈一九八八年五月初出、二〇〇二年三月に改稿〉

Ⅱ　山と人間

アウトサイダーの系譜

岩登りの始まり（RCCの誕生まで）

ハイキングからヒマラヤ登山まで、山登りという遊びはかなり広い間口をもつが、岩登りはその中核に位置している。「岩登りなんぞ登山のほんの一部にすぎぬ。サーカスの芸人まがいの技術をみせびらかし、得々としている輩《やから》に真の登山家はいない」とする考えも根強いけれど、より垂直的な上方への憧れ＝岩登りこそが、登山営為の本質を端的に象徴する最も重要なジャンルなのだ。洋の東西を問わず登山史に輝く大登山家のほぼすべてが、同時に、卓越したクライマーであった事実を覆すわけにはゆかない。

岩登りの起源は山登りの起源とひとしく、おおげさに言えば人類の発生にまで溯ってよいと思われる。動物学者E・H・ヘッケル先生の言を信じて、個体発生が系統発生を凝縮して模倣する傾向を肯《うべな》うとすれば、赤んぼうの立ち上がろうとするあがき、幼児のわけもなく木登りをしたくなる衝動などは、たゆまぬ上方への憧れにほかならず、岩登り（山登り）の本質と通底している。有史のはるか以前、ヒトが直立しようとする意志を抱いたときから、おそらく岩登り志向の萌芽も内在していたであろう。

ヒトの精神史を辿り得る年代になると、われわれは「山」が聖なる場所のシンボルとなるのを知ることができる。モーセは山の頂で啓示を授かり、キリストは山上で神の言葉を語り、東アジアのあまたの聖人、行者たちも山に登ってイニシエーションを受けた。上方志向が人間のアプリオリな衝動、希求であるなら、「登山」はまず宗教と結びつくのが自然であった。

山を生活圏とする人々の山登りはさておき、精神史（メンタル・ヒストリー）から観《み》れば、日本における登山、とりわけ岩登りは修験道の行者によって始められた。この宗教は空海の伝えた密教を中軸に据えるが、古来からのアニミズム、神道の影も濃く、最澄や空海帰朝以前の雑密、さらには神仙への憧憬・道家の思想も混入してその正体が把み難い。いずれにせよ肉体と精神とを弁別しない、生理と形而上とをひとつづきにする修行の場として、多くは峻険な山岳が選ばれたのだ。七世紀中葉に始まり、今もわずかにその行の一端が継がれているけれど、現代のクライマーが人工登攀でようやく攀じるような岩塔の頂にすら彼らの痕跡を見いだす例もあり、修験者のクライマーとしての意欲と力量とを、われわれも等閑視すべきでないかもしれない。困難ではあろうが、日本登山史に彼らの足跡を組み込む試みをすべきかもしれない。

さて、話は飛ぶが、明治中葉から大正初葉にかけてウォルター・ウェストンが三度来日、足かけ十六年日本に滞在して近代アルピニズムの精神をわが国に伝えた。彼は訪日以前からの登山家であり、A・F・ママリーの六歳年少、当時アルプスで擡頭していたママリズムの影響を、なにがしか受けていたと思われる。すなわち、より困難なルートを経て山頂を目指すプロセス重視の登山＝「アルプス銀の時代」の尖鋭たちに共振れしていた。

鳳凰山地蔵仏の初登頂（単独、一九〇四年七月）、妙義山筆頭岩、鏡岩の初登（一九一二年八月）、槍ヶ岳東稜、奥穂高岳南稜（ともに初登および第二登、一九一二年八月、一三年八月）などの記録を遺《のこ》すが、槍・穂の未踏の岩稜をそれぞれ二度ずつ攀じたりするのは、通常ルートからの登頂に飽き足らぬクライマーの性《さが》である。ウェストンが日本のよき理解者、紹介者なのはもちろんだが、登山界にとっての彼は、日本アルプスの探検者・登山家というよりも、ママリズムあるいはスポーツアルピニズムの日本における初の体現者・伝道師として、より大きな意味をもつであろう。

なお、一九一二（大正元）年以降のウェストンのクライミングツアーに終始同行した根本清蔵は、妙義山に参拝する人のためのプロ案内者《ガイド》であり、修験道における岩登りと近代アルピニズム下の岩登りとを、はるかに媒介する存在だったのではあるまいか？　清蔵のクライミングを描写するとき、ウェストンの筆はにわかに躍り、彼の軽やかで確実な登攀技術を幾重にも称讃して倦むことがない。上條嘉門次についてはよく知られているが、本邦初のクライミングガイド根本清蔵も、さらに語られてよい。ウェストンと槍に初めて登ったときは三十五歳くらい、没したのは一九三九（昭和十四）年十一月十一日だそうである（『黎明の北アルプス』三井嘉雄、一九八三年、岳書房《ヌプリ》）。

登山家（探検家）ウェストンの衣鉢は山岳会（日本山岳会）が継ぎ、草創期の会員たちは地元の民をガイドに仕立て、主として縦走登山に精を尽くし「パイオニア」を自負していた。だが、ウェストンの頃、ないしはそれ以前から、山林局または御料局（現在の林野庁）の署員や参謀本部の陸地測量部員らは組織的にくまなく南・中・北アルプスの主稜を幾度も踏破しており、山岳会の縦走登山をパイオニアワークなどとはちょっと呼べない。

だが一方、クライマー、ウェストンの心意気にことさら触発された者もいた。一九一〇（明治四十三）年頃、地元甲府の中学生大島隣三、内藤安城が鳳凰山地蔵仏を第二登。これは日本人による、近代アルピニズム下における最初の岩登りかもしれない。

また、慶応の斎藤新一郎は同窓の槇有恒に先んじて岩登りを志向し、一九一七（大正六）年七月剱岳三ノ窓―大窓間の初縦走を遂げ、一九年夏には、途中から撤退したけれども、未踏の大岩稜剱岳八ツ峰に敢然と取付いた。同窓の三田幸夫によれば、彼は〈みごとな口髭を蓄え、がっちりした体軀の偉丈夫で、大学生というよりもむしろ立派な教授の貫禄であった。その頃彼は既に鋲を打った登山靴を穿き、ピッケルを持ち、ヘルメットを冠っていた〉（『山と溪谷』一九五八年四月号）とある。ごく初期の後立山八峰《はちみね》キレットの通過者でもあり（一八年七月）、むろんロープを積極的に使って、意図的に困難な岩場に挑んだのだった（本書Ⅰ章「ザイルの使用事始め」参照）。

しかし、なんといってもアイガー東山稜の初登（二一年九月）をひっさげた槇有恒の帰国は大きな契機となる。槇を指導者に頂く大島亮吉ら慶応勢、板倉勝宣ら学習院勢は翌年夏穂高岳に合宿し、英国製のザイル、ピッケル、アイゼンを身に着けて涸沢周辺の手頃な岩稜にむしゃぶりついたり、岳沢の雪渓ではザイルを結び合ったまま数珠つなぎに滑落し、クレヴァスに飛び込んでケガしてみたりもする。同年春、すでに彼らは槍ヶ岳を積雪期初登頂しているし、日本の近代アルピニズムは、一般に、この一九二二（大正十一）年をもって幕開けの年とするようである。

ともあれ槇一派の動向は、密かに胎動していた岩登り志向を一気に開花させる。全国的に学校山岳部が産声をあげ、一高、三高、早大などの旅行部や山のクラブがにわかに活性化した。特筆すべきは社会人を中核とする岩登り専門の研究・実践団体RCC（ロッククライミング・クラブ）の誕生である（一九二四年）。主導する藤木九三《くぞう》、水野祥太郎らはイギリスの岩登り技術書を翻案、刊行。同じ神戸六甲山の岩場を練習場とする甲南高校の少年たちをはじめ、OKT（大阪管見社登山部）、BKV（ベルク・クレッテル・フェライン）など、学生社会人を問わず、後年日本登山界を担うことになる多くの者たちに、少なからぬ刺激をあたえた。

知られざるパイオニアたち（一九二〇年代まで）

このあたりの情況、あるいは槇や藤木の事績はつとに知られている。そこで本書では、諸書にあまり現れぬクライマーに、焦点を絞ってゆきたいと思う。登山史上に残った者とは、むろん優れた登攀を成就した人々ではあろうが、同時に、多くの記録を残した（たくさん書いた）者の謂《いい》である。めざましく活躍したひとでも、あまり「書かなかったクライマー」はしばしば忘れ去られ、埋もれてしまう。以下、粗略ではあるが、声高にもの言わなかったアウトサイダーたちの復権を試みよう。

中山彦一　一八八九（明治二十二）年頃の生まれ、一九三二（昭和七）年没。信州有明の山案内人。

一九二二年夏、槍ヶ岳に隣接する未踏峰小槍に単身登頂。後述する土橋荘三らもこの夏に登っており、どちらが初登頂だかは判らない。その後も小槍のプロフェショナルとしてお客を連れ、十数回登頂しているという。二九年七月二十二日には法大の高橋栄一郎と小出博をリードして西壁のクラックに新ルートを拓き、二十六日にも同じパーティで北面の未知のルートを下降している（『山岳』第二十七年第一号、一九三二年五月）。

二七年六月三十日、土橋荘三、高橋栄一郎らを案内して硫黄尾根の一郭を初縦走（赤岳の初登頂）。このときアプローチとした千丈沢の支流中山沢は、彼の名に因んで命名されたもの。有明案内人組合でもっとも信頼度の高いガイドであり、クライミングの腕前も抜群だったようである。

三二年三月二十九日、遭難した神戸ＢＫＶ会員の救助に山埜《やまの》三郎らと常念岳に赴き、一ノ沢上部で雪崩に埋没。これは本邦初の二重遭難。このときは三人が死亡しているが、彦一と山埜、親子ほど齢のはなれた二人の優れたクライマーは、奇しくもその臥所《ふしど》をひとつにした。両者の遺骸は仰向けに、ほとんど相接して発見されたという

（『山岳』第二七年第二号、一九三二年九月）。

なお、私の推量にすぎないのだけれど、中央アルプス伊奈川流域、東川の支流に「中山沢」なる沢があり、その名も中山彦一を称えて命名されたものかもしれない。東川の初溯行者はたぶん京大の新家浪雄だが、その一九二八年八月十二―十八日における記録（『山岳』第三〇年第二号、一九三五年十二月）をみると、〈同行者（中山彦一）〉とあり、この当時はガイド名を記す際にカッコを付すのが慣例であったから、この中山彦一が北アルプスのガイド、われらの中山彦一と同一人物である確率は高い。京大は南アのガイド竹沢長衛を北アに同伴し、残雪期の五龍岳を登ったりもしているのだ（一九二八年四月二十一日、今西錦司・四手井綱彦・長衛の記録）。

小瀬紋次郎　生没年不詳。飛驒の山案内人。

中山彦一はまだしも、小瀬《こせ》の名を知る人はほとんどいない。私も谷博の回想記（『現代登山全集』二、東京創元社、一九六一年）の数行と、慶大の記録に「人夫」として彼の名の記されているのを見ただけである（『登高行』九号、一九三五年十二月）。しかし谷の筆致から、クライマー小瀬の並ならぬ力量が、かすかに窺えるのだ。

紋次郎はおそらく一九二〇年代後半に、北穂高岳滝谷の単独溯行を遂げている。滝谷をひとりで溯った記録は一九二七（昭和二）年七月十七日に敢行された甲南高校伊藤愿《すなお》のもの（『甲南高等学校山岳部報告』一号、一九二七年十二月）が有名だが、どっちが単独初登かは判らない。いずれにせよ二五年八月十三日に同時初登となったRCC藤木九三、早大四谷龍胤《りようすけ》両パーティに次ぐ第二登か第三登と思われる。

また紋次郎は慶大や京都府医大の人々をリードし、一九三一年から三三年にかけ、少なくとも三年連続して槍ヶ岳北鎌尾根千丈沢側の岩場を数ルート開拓した。現在では忘れられたゲレンデになってしまったが、当時としては立派な初登攀である。

藤木や四谷を先導した飛驒のガイド松井憲三、今田由勝の名は藤木らが活字にしたので著名だけれど、知名度は低くとも中山彦一や小瀬紋次郎のクライミング技術と意欲が、松井、今田らに劣っていたとは思えない。中山や小瀬は「書いてくれる人」に恵まれなかっただけである。一九一七（大正六）年夏、木暮理太郎ら一行の偵察要員として、単身後立山八峰キレットを往復した宇治長次郎を除いて（稜通しの初通過）、この当時あるいはこれ以前に、剱岳や後立山山麓の案内人にきわだった岩登りの達者は見当たらず、彦一、紋次郎こそ最上級のクライミングガイドだったのではあるまいか。

土橋荘三　一八九二（明治二十五）年生まれ、一九六〇（昭和三十五）年没。松本市の洋服店主にして日本山岳会（信濃山岳会）会員。

土橋は一九二〇年七月九日、穂高村牧の猟師・案内人小林喜作らと槍ヶ岳北鎌尾根を下降（初通過）。早大舟田三郎らは二二年七月四日にこの尾根を槍のピークから独標まで往復したが、自分たちの「初登攀」を信ずる彼らは、喜作をガイドとして半日遅れで登ってきた板倉勝宣、松方三郎ら学習院OBパーティに勝利宣言をする（『リュックサック』四号、一九二五年四月）。だが、むろん喜作を通じて二年前の土橋らの足跡を知っていた学習院勢からは冷笑、無視された。

舟田ら早大勢はいくぶん過激なマルキシズムの徒であり、ブルジョワ学習院・慶応にことさらな闘志を燃やしていたために、ひとりいきんで道化を演じてしまったのだ。いずれにせよ北鎌尾根初踏破の栄誉は土橋らに帰する。ところが土橋はその山行（当時にあっては第一級のビッグクライム）を『山岳』第一五年第一号（一九二〇年八月）の会員通信欄に数行記しただけであったから、それに気づかぬ舟田らには気の毒なことになった。

土橋、寺島今朝一《けさいち》らは一九二三（大正十二）年八月二十六日、浅川博一をガイドに小槍登頂。中山彦一の単独登頂もこの夏であり、どちらが初登頂だかは微妙なところだ。土橋はすでに述べたように二七年六月、彦一と硫黄尾根を初縦走しており、黒部の先駆者冠松次郎と同時期（大正中葉）に黒部川を探ったりもしている。ガイドの助力があるとはいえ、彼の岩登りへの情熱、パイオニアスピリットは群を抜いていた。土橋荘三がもっと「書く人」であったなら、とっくに日本登山史上のしかるべき位置を占めていたであろう。

北上四郎　一九〇四年生まれ、一九五三年没。四高出身、京大理学部動物学科卒、京都府医大予科の生物学教授（旅行部部長）、戦後は熊本県立女子大に奉職。

四高時代、すでに白山で記録的な山行をしていたが、一九二八（昭和三）年七月三十日、笠ヶ岳穴毛谷四ノ沢を単身で初登攀。北上もあまり「書かない人」だったようであるが、かろうじて残された紀行（山崎安治編『日本登山記録大成』一四、一九八三年、同朋舎出版）をつぶさに読むと、このときは四ノ沢右俣の正面ルンゼを攀じていると思われる（山崎安治は四ノ沢左俣としているが、たぶん誤植か誤読）。ポピュラーではないが、現在でもそう容易《たやす》いルートではない。穴毛谷には三四年、三五年にも入り、五ノ沢、六ノ沢、七ノ沢などを単独で開拓しているようである。まさしく笠ヶ岳東面の岩場のパイオニアであった。

一九三〇（昭和五）年七月十六日には、朝方奥穂高岳ジャンダルム飛騨尾根を例によって単独で下降（初踏破）、午後にも谷博（京医大）の懇請に応じてともにもう一度同じルートを降りる。ところで、当時飛騨尾根の開拓は多くの第一線クライマーの狙うターゲットとなっていた。翌十七日に念願を果たした伊藤愿（当時京大）、田口一郎の甲南高校コンビは「どうだい、やったぜ！」とばかりに伝令を走らせ、大阪朝日新聞（六甲山における彼らの師匠RCCの藤木九三が奉職していた）に飛騨尾根初登攀の記事を送ったが、涸沢の岩小舎に同居している谷から、「あれはきのうぼくらも通ったよ」と聞き、顔面蒼白になったという。〈北上さんという方は、ニーチェばりの非常にストイカルなアルピニズムの信奉者でしたから……〉と記す谷によれば、北上は十六日の下降に際してアンザイレンすることも、ケルンを積むことも許さなかった。翌日登った甲南コンビが飛騨尾根の処女性を信じたのも無理はなかったのである（『現代登山全集』二）。

谷は北上の技倆を評して、自分が実見した中では、小川登喜男のクライミングと比肩し得ると記している。後年数々の初登攀を成し遂げた経験豊富な谷の眼である。北上がよほどの達人だったのは確かだろう。

山間の夜の寂寥は情意に凍りついて全身の血の波をせき止めようとする。ああ孤独の潭は深い。四囲の沈黙に棲む精霊は知に反して数多き物の怪をつくる。
(『日本登山記録大成』一四)

ドイツロマン派というか、大正ロマンティシズムの名残りというか、いくぶん装飾過剰な文体だけれど、北上の紀行にはあまねく清新の気が横溢している。それは山にすべてを賭して悔いぬ青年の、ピュアな情熱の放射である。彼は酒に酔うと、「俺は日本のゲオルク・ヴィンクラーだ!」と気焰をあげていたという(ヴィンクラーは一八八八年に墜死した天才的なソロクライマー)。

今日的岩登りの始動(一九三〇年代中葉まで)

偉大な先駆者なのは言を俟《ま》たぬが、ウェストン、槇有恒、大島亮吉、あるいは藤木九三らの試みた岩登りは、今日のレヴェルから観《み》ると、まあ、容易な岩遊びの域を出ない。槇のアイガー東山稜初登にしても、ありていに言えば、優秀な幾人ものガイドの力に依ると言ってよい。また、ここまでに列挙した人々の業績は、たしかに傑出した冒険行ではあるが、体力と胆力に秀でていれば、特殊な技術や用具を持たずとも不可能な登攀ではなかった。高度なロープワークやピトンを要し、相応の訓練を経ずには登れぬような岩壁登攀が一般になるのは、一九三〇年代に入ってからである。

現代最高の技術レヴェルと比較して、いささかも遜色ない技倆をもつクライマーが、この時代からボツボツ登場する。以降も、優れたキャリアがありながら比較的世に知られていないアウトサイダーたちの足跡を追って、筆圧を高めようと思う。

小川登喜男　一九〇八（明治四十一）年生まれ、一九四九（昭和二十四）年没。東京高校（七年制のエリート校。数年後輩に串田孫一がいる）から東北帝大心理学科、さらに東京帝大法科卒。

未曾有の天才クライマー小川の名はむろん知られている。しかし、東大スキー山岳部時代の同僚田口一郎、国塩研二郎（今井田研二郎）らと並ぶと、登山史上においては傍流の感を否めない。谷川岳一ノ倉沢の画期的な積雪期初登（一九三二年二月、東尾根初登―オキの耳―一ノ倉岳―一ノ倉尾根下降、積雪期初踏破）で田口、国塩らのリーダー格であったにもかかわらず。

今井田研二郎氏は日本山岳協会会長時代、私にこう語ったことがある。

「小川さんは東大が二校目でしてね、齢も上だったし（遠藤註＝実際は今井田一九〇七年生まれ、小川一九〇八年生まれ)、ぼくらとは一線を画すようなところがありました。当時は二流の山と見做《みな》されていた谷川岳なんぞに通いつめていたし、孤高というか、一風変わっていたというか……」

また、東北大時代からの無二のパートナー田名部繁氏はこう語った。

「腕力が強くてね、岩登りのセンスは抜群。すでに高校時代に小槍に登ったと聞きましたよ。ただ、ちょっと吃りの気味もあり、寡黙な男でした。闘志は凄じく燃えているのに、それを心底深くに秘めてしまう。興が乗るとフロイドのことなど、結構しゃべったりしたこともあったんですが……」(ともに一九八二年二月の聴きとり)

フロイトに関する云々は東北大在学(一九二九—三一年)当時のことであろうが、心理学専攻とはいえ最新の知識である。日本最初の精神分析家、同窓同科の先輩古沢《こさわ》平作が、フロイトを慕ってヴィーンへ留学するのは一九三二—三三年。古沢と親交があったかどうかは不明だけれど、小川はおそらく原書(あるいは英訳)でフロイトを読んでいたのだ(フロイトの著作が初めて日本語に翻訳されたのもそのころだが)。

今井田、田口兄弟、高木正孝、渡辺兵力……数多くの同僚、後輩の知名度に小川が及ばないのは、組織的な活動をしなかったためである。そして、当時最高のインテリ、文章力もきわだっていたのに、彼もまた、それほど「書く人」(発表する人)ではなかった。天才芸術家にありがちな性格、優れて求心的なタイプであった。

一九二七（昭和二）年七月、大島亮吉らは谷川岳一ノ倉沢を訪れ、あまりの難しさにさっさと尻尾を巻いて撤退。三〇年になると一高の俊英小林太刀夫をはじめ、早大の五十嵐俊治、出牛《じゆうし》陽太郎ら、法大の角田吉夫ら、同年『山と溪谷』誌を創刊する川崎吉蔵《きちぞう》らが次々と一ノ倉に挑むがいずれも撤退、あるいは墜落負傷してさんざんな目に遭う（本書I章「初登攀前夜の一ノ倉」参照）。しかしその年七月十三―十四日、青学大の小島隼太郎（小島烏水の息子）らが二ノ沢左俣を登って国境稜線に達し、ついに一ノ倉沢の初登攀が成し遂げられた。

東北大山岳部が飄然と一ノ倉沢に現れたのはその三日後、七月十七日。遠く仙台から訪れた彼らは、小島らの二ノ沢登攀を知ってか知らずか、一ノ倉沢の中枢部、奥壁三ルンゼを一撃で陥した。小川登喜男の鮮烈なデビューである。以降一九三三年頃までの短い間に、小川は谷川、穂高、剱、朝鮮・金剛山の岩壁を馳せ巡り、夥しい初登攀、冬季登攀、単独登攀をやってのけるが、ここでは彼の技術レヴェルがどれほどのものであったかを推測するにとどめておく。

デジタル表記をもって山登りの価値を決めつけるのは面白くないが、判りやすくするために困難度の「ピッチグレード」を使って語る。今日のグレード感覚からすれば、前節の小槍やジャンダルム飛騨尾根の登攀に、グレードⅢ級を超えるピッチはまずない。あってもせいぜいⅣ級どまりである。しかるに小川のリードしたピッチを現代のクライマーが、小川がそうしたようにピトンなしで攀じるとしたなら、おそらくⅤ級、もしかするとⅥ級以上を否応なく味わうはずだ。

たとえば、一ノ倉沢三ルンゼのF3、幽ノ沢右俣リンネのF1およびF2、あるいは穂高岳屏風岩一ルンゼの核心部……。私はこれらを一九七〇年代初葉にリードしているが、ためらうことなく残置されたピトンを頼りに登った。X級(5・13)以上をこなす一九九〇年代最先鋭のフリークライマーですら、確保なしで登るとなると、いささか躊躇するのではあるまいか。六十年以上も昔、小川は初見で、未踏のそれらのピッチを、ピトンを打とうともせずに登っていったのだ。

当時もピトンはあった。小川らは仙台のゲレンデ黒伏山などでピトンを打つ練習をしているし、一九三一年マッターホルン北壁を初登したシュミット兄弟の映画を観て、彼らの使った最新技術ザイルツーク(吊り上げ)を試みるために、一ノ倉沢の中央稜と南稜を拓き、総計五本のピトンを打っている(さして必要がなかったと記しているが……)。小川の技倆をもってすれば、Ⅴ級以上のピッチでさえ、あえてピトンを要さなかったのであろう。

小川の足跡は東大の後輩高木正孝や渡辺兵力らが継ぎ、一九三三（昭和八）年十二月二十八—二十九日にかけて一ノ倉沢二ルンゼ—滝沢上部の積雪期初登に成功。しかし彼らは間もなく谷川岳を去り、やがて日本山岳会の主流として海外登山を主導する立場となる。事実上小川のクライミングを継承したのは、彼と入れ替わりに谷川岳に登場する山口清秀（一九〇六—七九）、杉本光作（一九〇七—八〇）ら、登歩渓流会をはじめとする東都社会人山岳会の面々であった。

とりわけ稀代のソロクライマー山口清秀は、ＲＣＣの流れを汲むＯＫＴ北条理一（一九〇七—四五）と並んで、一九三〇年代中葉—四〇年代初葉における最強のクライマーである。学生＝エリート登山家と異なり、街の兄《あん》ちゃんであった彼らこそ、後年のＲＣＣⅡに直結する重要なアウトサイダーだが、ここでは詳述する暇《いとま》がない。

谷博　一九一〇（明治四十三）年生まれ。京都一中卒、京都府立医大に進み、外科医となる。

谷の名は一九六〇年代まで山岳雑誌に散見され、少しは「書く人」であったが、今日ではさほど知られていない。同じ関西にありながら京大、甲南、同志社、あるいはＲＣＣと交流がなく、いわば傍流の京医大出身者だからであろうか。

前述の北上四郎が、学校においても岩登りにおいても彼の師である。北上はピトンやロープの使用を好まず、記録を残すのもよしとしない登山家だったが、北上のイズムを継いだのか谷たちもまた、ピトンは極力打たず、記録の発表にも熱心ではなかった。けれども、わずかに残った彼ら自身の文章や他パーティの記録の端々を丹念に拾い集めてみると、谷の足跡は錚々《そうそう》たるものであり、これらが半ば埋もれているのは惜しい。

京都近郊のゲレンデで十分に腕を磨いた谷は、一九三〇（昭和五）年にジャンダルム飛騨尾根のほか涸沢岳東稜（単独で初登）、北穂高岳滝谷溯行（第四登、B沢の初登）などを成す。

三一年七月十九日頃、滝谷第二尾根を下降（初踏破）。第二尾根の初登は従来甲南高校田口二郎（田口一郎の弟）、伊藤新一らとされているが、伊藤の記録を読むと、〈京医大のパーティが主稜を降られてから十日ほど後僕等は主稜を下り北山稜を登った〉とあり、京医大が甲南勢に先んじているのは確実である。もとより露骨な競争《レース》ではないけれど、ジャンダルムでは一郎、第二尾根では二郎、あえて言えば、田口兄弟はそろって谷たちに敗れたわけだ。

三一年七月二十九日、下又白谷―明神岳東稜（単独で初登）。下又白谷F1下から

ともかく、稜にでるまでの登攀はそう容易ではないはずである。

三二年六月十一—十二日、鹿島槍ヶ岳天狗尾根（単独初登）。十日前、同志社大児島勘次らが初下降したルート付近を登り、一ビヴァークで北峰に達している。

三二年七月二十八日、北上らと涸沢槍東稜左リッジを初登、そのまま滝谷D沢を下降し、涸沢岳西尾根のフランケを初登。スケールはないが、二本の未踏のルートを継続して攀じたことになる。また、その翌日二十九日には滝谷第四尾根を同じパーティで登っているが、この尾根は八日前早大の今井友之助、小川猛男（小川登喜男の弟）が初登したばかりのルートである。

注目すべきは三二年七月三十一日の登攀。この日小川登喜男ら東大パーティは明神岳五峰東壁中央リンネを初登するが、小川の記した一節に〈谷博が単独にて後続、第二のハングの下から右のリッジに登る〉（東大スキー山岳部『報告一九三二』）とある。谷は核心部を回避しているが、中央リンネといえば現在でも第一級のルートである。またとない舞台の上で、東西の天才クライマーの劇的な邂逅があったのだ。谷が小川の登攀ぶりをつぶさに見、北上四郎のクライミングと比較することができたのは、この出会いがあったからではあるまいか。

三三年一月三―四日、八高の竹内進と滝谷第二尾根を冬季第三登。八日前と半日前、早大の今井友之助、折井健一らがそれぞれ初登、二登を遂げていて、谷らは一足遅れた。おまけに夜間登攀となり、二人とも手足に凍傷を負った（同日、声楽家沢智子をガイドしていた中畠政太郎らに救助される）。

三四年十一月三日、槍ヶ岳東稜（第四登？）。彼らは「槍ヶ岳バットレス」と称して『ケルン』二〇号に発表、初登攀と思っていたが、後年ウェストンがすでに登っているのに気づいた谷は『岳人』一九五一年八月号に〈ぎゃふんと参った〉と記している（本書Ⅱ章「クライマーとしてのW・ウェストン」参照）。

谷は『岳人』一九六一年五月号にも「岩場を求めて」なる一文を寄せていて、まだ試登すら受けていない明星山や奥鐘山の岩壁に言及している。先見の明もあり、数多くの優れた記録をもつ谷の名が、あまり知られていないのは不思議なくらいだ。以下、同誌より。

「谷公はマムメリズムの一偏倒だ」などとワンデルング派の連中からひやかされもしたが、私の求心的な性格は、ピークハンティングより岩に触れている方がたしかにぴったりときた。

谷も自己を外にむかって開き、自分の周囲を拡大させてゆくタイプの登山家ではない。小川登喜男と相似て、みずからの内面を凝視し、自己の最深部を渉猟する型、すなわち自己求心型＝アウトサイダーであった。

山埜三郎　一九一二（明治四十五）年三月生まれ、三二（昭和七）年三月二十九日没。

中山彦一の項で述べたが、山埜は二十歳になったかならぬかの若さで遭難死してしまう。まことに彗星のごとき生涯であった。遺された文章も今のところ見当たらず、われわれは彼の登攀を、パートナーの記録および伝聞と推測で垣間見るしかない。以下『ＲＣＣ報告』五号（水野祥太郎筆）、『登山史の発掘』（山崎安治著、一九七九年、茗渓堂）などを参照して記す。

一九二九（昭和四）年神戸二中を卒業した山埜は三〇年北大予科に入学。この年の八月北アに赴き、立山―剱岳（八ツ峰、源次郎尾根、チンネ）―内蔵《くら》ノ助《すけ》沢―針ノ木越えという山行をしているが、このときチンネ左稜線上部を単独で初登していると思われる。中学時代、すでに六甲のゲレンデでトレーニングを積んでいたのだ。

チンネの初登攀は一九二七年八月、三高山岳部の今西錦司、西堀栄三郎、高橋健治の登攀である。彼らは左方ルンゼから左稜線の肩へ出て、ダイレクトにピークへ到達すべく上部を窺ったがどうしても登れず、結局裏側を巻いて頂に立った。技術的にはほぼグレードIII級に終始するラインだった。高橋は左稜線上部を「Nose＝鼻」と呼び、（やがて登られるだろうが）〈自信はまだない〉と記す。実際このNoseは現在でもV級を付されていて、私の攀じた七〇年代初葉にはアブミを用い、人工登攀で登るのが一般だった。劔の岩場のパイオニアたちをして、自信がないと言わしめたのももっともである。

山埜の左稜線登攀が明らかになったのは、RCCの流れをくむOKT会員北条理一、笈田正雄の記録（『管見録』第一〇年第一〇号、一九三四年十月。『登山史の発掘』からの孫引き）が残っているからだ。笈田の記す彼らの左稜線登攀は、山埜の初登に四年遅れた一九三四年七月十五日のこと。

北条が一米ほど登るが二回ともだめだ。山埜氏にはまこと失礼の至りだがハーケンに足をやって、それからがだめだ。さて山埜がどのホールドへ足をやったのか不思議だ。次のホールドなんかない。裏へ逃げるのも情けない。今度は日本独特の足袋だ。北条は気合もろとも適当なハンドホールドを得たか、一瞬のうちに頭の上の岩へ消えてしまった。

当時最高のテクニシャン北条がこれほど苦闘したNoseを、十八歳の山埜は単独で攀じたのだった。たぶん、なんの確保もなしに……。

山埜はRCC傘下の小グループ神戸BKVに所属していて、同じ系統にあったOKTとの接触があったと思われる。北条らも山埜のことをなにがしか知っていたのであろう。

同年八月、山埜は錫杖岳にも足を延ばして、ラインは定かではないが烏帽子岩のピークに立ち、西肩ルート付近（?）を降り、本峰東北フェースも登っている。おそらくはひとりで、未踏のルートを拓いたのだ（『RCC報告』五号、一九三三年十二月）。

翌一九三一年七―八月には水野祥太郎らと涸沢に合宿。前穂高北尾根三峰フェースを初登し（RCCルート）、滝谷第二尾根を下降、北山稜を登る（谷博ら、田口二郎らに次ぐ三番目の第二尾根踏破?）。さらに滝谷ドーム中央稜の上部付近（?）を登った。

藤木九三の片腕、当時RCCを主導していた五歳年長の水野が、山埜の技倆を見込んで連れて行ったのであろう。水野は山埜を追悼する一文にこう記している（『登山とスキー』九号、一九三二年七月）。

山埜三郎氏は北大予科在学中であったが、岩登りにおいては関西の第一人者と称しても過言ではなく、中学時代から鍛え上げた見事なバランスをもって、向う意気の強い自信に満ちた登り方をしていた。

水野の記録を読むと、穂高におけるこれらの登攀は、すべて山埜がリードしている。滝谷第二尾根北山稜にある「水野クラック」の名は定着しているが、じつはここも山埜によって拓かれたピッチだった。だが彼は、その才能の片鱗をきらりとみせただけで、雪の常念岳の、谷奥深くに埋もれてしまった。

児島勘次　一九一〇(明治四十三)年生まれ、七九(昭和五十四)年没。
上条孫人　一九一〇(明治四十三)年生まれ、七六(昭和五十一)年没。

児島は京都西院の名家に生まれ、同志社大山岳部の草分けであり、京大にも学んだ。多くの海外登山を実践し、戦前の登山界を代表するコスモポリタンと言ってよい。一方、孫人は祖父嘉門次、父嘉代吉を継ぎ、十五歳で島々案内人組合に所属した生粋の山岳ガイドの末裔《すえ》である。この二人を並べて記述するのは奇異な感を否めないかもしれぬが、ともに後年偉大な岳人となった彼らの、若き日の出会いを書きとめておきたい。

谷博や田口一郎らがジャンダルム飛驒尾根の初登を競った一九三〇年の夏、新進気鋭のクライマー児島もまた、ジャンダルムを狙っていた。

中畠（政太郎）が若い男を連れて来た。上條孫人という者で岩登りは好きでやりたいとのこと故、傭う約束をした。所謂熟練した案内人よりもこのような者がよかった。（児島筆『関西学生山岳連盟報告』二号）

孫人のことを「若い男」などと記すが、なに児島だって孫人と同じ二十歳である。七月二十七―二十九日にかけて孫人とのコンビネーションを確認するために前穂高岳北尾根や奥穂高岳涸沢側の岩場を登り、八月五日に天狗のコル付近でビヴァーク、翌日のアタックに備える。〈孫人はマウンテン・ゴート（カモシカ）の上衣を着て足に薄い毛布を巻いた〉とある。

八月六日、飛驒尾根が先月登られたことは田口らから聞いていたので、それよりも数段難しいピーク直下の正面フェースに挑む。すでにしてキャリアの豊富な児島が先頭に立ち、ジャンダルムのピークへダイレクトに抜ける。当時としては、技術的にかなりレヴェルの高い登攀であった。

その後児島は積雪期の北ア、南アを縦横に歩き、一九三二（昭和七）年五月三十日には鹿島槍ヶ岳東尾根（荒沢側からの初登）―天狗尾根（初下降）、三三年三月に剱岳早月尾根（積雪期初登）などの国内ヴァリエーションルートを開拓、さらには北千島諸島の山々（三二年七―九月）、台湾の山々（三四年八―九月）などなど数多くの海外登山へと躍進した。有名な京大の白頭山遠征（三四―三五年）にも参加し、みずからサミッターとなっている（冬季初登頂）。

世界にはばたいた児島に対して、孫人の方は天性のクライマーだった。一九三八（昭和十三）年一月十八日、中大の永井憲治をリードして前穂高岳四峰東南面明大ルート付近の冬季初登、三九年十二月二十三日には登歩渓流会の松濤明をリードして滝谷第一尾根の冬季初登を成し遂げる。彼は積雪期の岩壁を登った初めてのガイドであろう。松濤が〈実際には彼の優れた技術に負ったところが多い〉と記すほどである。円熟の域に達した孫人の技倆が、いかに程度の高いものであったかが知れる。

生まれ育ちも、その後半生もまるで行路の異なる二人だが、青春のいっとき、彼らの軌跡は穂高の山巓《さんてん》で眩《まばゆ》く交差したのである。

アウトサイダーの系譜

日本の岩登りの歴史を概観する以上、もう少し正統的な登攀史にも触れるべきだったが、だいぶ異端に偏してしまった。もっとも、登山とはもともと非社会的な営み、異端者《アウトサイダー》の好む遊びである。そこで次のごときパラドクスを弄《ろう》して、自己弁護をしてみたくなる。

「異端中の異端であればあるほど、それは正統的な冒険であり、登山の本質に接近する」

登山営為のうちでは（なかんずく非社会的であるゆえに）継子扱いされかねぬ岩登り、その岩登り屋の中でも傍流、異端のクライマーばかりを採り上げてきたわけだが、もしかすると彼らきわめつきのアウトサイダーたちこそ、もっとも純粋な登山家ではなかっただろうか。組織化（自己の拡大）、伝達（書くこと）には無関心で、ひたすら自己求心的に上方志向をつらぬいた者たち。彼らアウトサイダーの系譜をもっと知りたくならないか？

この項は異端者たちの集合体ＲＣＣⅡの創立（一九五八年）に至るまで、彼らの足跡を辿るつもりであった。けれども、一九三〇年代を通過しないうちに予定の紙幅が尽きてしまった。

登山界の主流＝極地法（組織的な登山メソード）を批判し、きわめて個人的、求心的な実践を厳しく追いつづけた小谷部《おやべ》全助（東京商大、一九一四―四五）、その弟分である佐谷健吉（浪高―東大、一九一九―七八、本書Ⅰ章「パンとおソバと山と」参照）、あるいは登歩渓流会山口清秀らの後継者川上晃良《あきら》（一九一九―）、松濤明（一九二二―四九、本書Ⅱ章「アルピニスト松濤明再考」参照）……、そのほか幾人もの語るべき人々がいる。

生と死との狭間に一瞬の光芒を放った彼ら、今回筆の届かなかったクライマー＝アウトサイダーたちの肖像は、また描く機会もあるだろう。


〈一九九八年十月筆〉

クライマーとしてのW・ウェストン

ことの始まり

それは『岩と雪』三号（一九五九年二月）の渡辺浩志氏の一文を読んだことから始まった。五八年三月二十一―二十四日にかけての、槍ヶ岳東稜積雪期初登攀の記録である。

私はここ数年日本の岩場の登攀記録をたんねんに拾い集め、整理する仕事をしている。東稜の記録に当たったのもその作業の一齣《ひとこま》だが、以下のフレーズに眼がとまったのだ。

槍ヶ岳頂上より天上沢へ、一直線に落ち込んでいる岩稜を望んで、大いに登行（ママ）欲を唆られた。しかしこの尾根は北鎌尾根、東鎌尾根に挟まれ、両鎌尾根が、あまりにポピュラーな為か忘れられ、文献、その他を調べた調査が十分でないためか記録がなく、正確な名称すら知り得なかった。

東京雲稜会のエース南博人と渡辺浩志のペアは天上沢を溯り、めざすリッジの上部でビヴァーク、翌朝首尾よく槍の頂上に立つ。「槍ヶ岳東稜」の名は、彼らの与えたものである。

この記録を読みおえ、いつものようにコメントを添えた情報をカード化し、何気なく机の引き出しにしまったとたん、フッと記憶に小波《さざなみ》が立った。

「まてよ、こいつは、どこかで読んだ記録と似ているぞ……」

山崎安治他編の『日本登山記録大成』三巻を調べると目当てのものがすぐにみつかった。京都府立医大旅行部堀江正義の筆による「槍ヶ岳バットレスの登攀」。一九三四年十一月三日、谷博、堀江、尾花の三人は、東鎌尾根から天上沢源流に下降、降雪をついて無名のリッジを攀じ、槍のピークのわずか南側に抜けている。南氏らの記録と読み比べると、頂上付近の一部のラインは異なるものの、同じリッジを登っていることは明白である。

この登攀を主導したのは谷博であろう。ほとんど記録を発表しない岳人だからあまり知られていないが、谷博は天才小川登喜男と同時代に活躍したクライマー、小川と比肩し得るほどの技倆をもっていた。一九三四年七月三十一日、小川ら東大スキー山岳部の四人は明神岳五峰東壁中央リンネを初登するが、その報告文に谷博が単独で後続し、別ルートを登っていったという記述がある。五峰の中央リンネは、今日でもたやすいルートではない。達人谷博たちこそ、まぎれもない槍ヶ岳東稜の初登攀者であった。

埋もれた記録を見いだすたび、してやったりとニンマリするのが常なのだが、どうしたわけかこのときはそれほどスッキリしなかった。なにかまだ、小骨のようなものが喉のあたりに引っ掛かっている。数日後、ふとしたはずみに、またしても遠い記憶に巡り当たった。

「おい、待てよ。谷博らの東稜登攀、こいつもどっかで読んでいなかったか？　もっと、ずっと昔の、もうすっかりセピア色にくすんだ、懐かしい文章で……」

銀の時代のアルピニスト

周知のごとく、ウォルター・ウェストンは明治の日本、とりわけ古きよき日本の田舎を英語圏の国に紹介してくれた。民俗学の徒としても相当な力量を示したし、日本について著した四冊の書物（そのうち三冊が邦訳されている）はすべて好意的、おおむね精確なものであったから、日本国には得難い恩人である。なかんずく登山家にとっては、日本近代登山の産みの親として、その事績はあまねく知れ渡っていて、山崎安治、三井嘉雄氏ら優れた研究者も数多い。

ところが、ことウェストンの岩登りに関しては、案外に語られていない。鳳凰山の地蔵仏（オベリスク）、妙義の岩場、奥穂高岳南稜、そして槍ヶ岳北鎌尾根の上部を初登攀したことが漠然と知られているにすぎず、その登攀史上の位置づけや、実際の岩場と、彼の登ったルートとの同定すら定かならぬのが実情である。

大登山家と称される人のほとんどは、同時にクライミングの達人である。岩登りというジャンルが近代登山のエッセンスだとしたら、ウェストンの岩登りにももっと照明があてられてよい。じっさい、日本アルプスの探検や登山をしたといっても、外国人としての初登頂がいくつかあるだけで、彼は人跡未踏の地を歩いたわけではない。ウェストンの日本における登山の白眉は、その一連のクライミングにこそ求めるべきであろう。

登山記録を読みこみ、先人の足跡を再検証する作業に専念していると、それこそ山のように登山史の空隙、あるいは誤謬の存在するのが判ってくる。研究しつくされたはずのウェストンの事績にも、そうしたエアポケットがあるかもしれぬ。屋上屋を架するきらいがないでもないが、先行する諸本を頼りに、まずはウェストンの時代の、本場アルプスの登山状況から語り始めよう。

　彼は一八六一年十二月二十五日、登山の先進国イギリスで生まれ、一九四〇年三月二十七日に死んだ。一八八八年に宣教師として最初の訪日をする以前、すでに二度マッターホルンを登り、ブライトホルンやヴェッターホルンなどにも登った生粋のアルピニストである。そのころのアルプスは高峰の初登頂時代（金の時代）が終わり、高度は低くとも困難な未踏峰やヴァリエーションルート（主として未踏のリッジ）が次々と開拓されつつあった時代、すなわちアルプス銀の時代に相当する。

　マッターホルンのツムット稜（一八七九年）、グランシャルモ（八〇年）、グレポン（八一年）などなどあまたの初登攀を記録したイギリス人A・F・ママリーが銀の時代の旗手であったが、より困難、より挑戦的登山を標榜するママリズムは、権威ある山岳会《アルパイン・クラブ》（英国山岳会）の主流からいくぶんか疎まれていた。いつの時代も、体制は保守的なものである。しかし若手アルピニストたちの意欲はとどめられない。後世から観《み》れば、ママリズムは必然的な動向であり、当時にあっても、登山界全域に底流していたと思われる。ウェストンはママリーの六歳年少、未知や冒険への希求の強い彼が、アルパイン・クラブへの畏敬、恭順を表したとしても、ママリズムに魅せられなかったとは言えない。

一八八八―九四年、一九〇二―〇五年、一九一一―一五年、彼はつごう三度、足かけ十六年日本に滞在したが、その間延べ十二年以上は故国にあり、本場アルプスの登攀に精進している。

一八九七年八月、アイガー氷河からアイガーヨッホ（メンヒとのコル）に至る氷壁を攀じ、九八年に新ルートからのアレッチホルンの縦走、一九〇二年にはミッテルホルン東北稜を登った。ダービィ校時代一マイル競争で学校記録を樹立（四分四十七秒）したほどで、もともと体力抜群であったが、アルプスで充分な経験を積んだ彼は、二度目の訪日のときには、もはや一流のクライマーだったと言ってよい。一八九五年に刊行されたママリーの『アルプス・コーカサス登攀記』なども、当然眼を通していたであろう。

ウェストンの日本におけるクライミングは二度目の訪日以降に始まる。一九〇二年八月、大樺沢から小太郎尾根に出て北岳に登った際、東面の岩場[*1]をうかがったりもしているが、注視すべきは一九〇四年七月十五日の鳳凰山地蔵仏初登頂。修験道の行者やそれに関連する一部の案内者を除けば、本邦初の記念すべき岩登りの記録である。[*2]

案内人ヤスジロウ（深沢安次郎説、ウェストンの記憶ちがい説など諸説がある）がピッケルを押さえつけ、その上に立ち上がったウェストンは、石塊をくくりつけた二四メートル長ほどのロープを投げ上げる。半時間の徒労の末、やっと引っ掛かったロープ頼りにチムニーを攀じ、途中からはフリーソロとなって岩塔上に達した。彼にとっては生まれて初めての初登頂であり、驚喜している。下りは岩の突起にロープを巻き懸垂下降をして、無事にヤスジロウの待つ地上に降り立った。ユーモアに富んだ人であったから、ウェストンはこの印象深い登攀の模様を次のごとくに締めくくる。〈安次郎は葬式ではなくて、宴会の手伝いをひょっとしてするようになるとわかって、何とも名状し難いほどほっとしていた〉（岡村精一訳『極東の遊歩場』一九七〇年、山と溪谷社）

「やった、ウェストン様」

ウェストン三度目の槍ヶ岳行[*3]は、一般に北鎌尾根上部の初登とされている。だれが最初に言い出したのか定かでないが、山崎安治著『穂高星夜』（一九五八年、朋文堂）にこうある。

その北面の登路は、いわゆる北鎌尾根上部の槍ヶ岳頂上にいたる主稜線より僅か東に寄ったところではないかと想像される。いずれにしても、一部であるにせよ、槍ヶ岳の北鎌尾根にはじめて足跡をしるし――。（傍点は遠藤）

この傍点部分のフレーズが、有名な北鎌尾根の名にリードされて一人歩きを始めたのではあるまいか。もっとも、労作「W・ウェストン年譜」（『山岳』第八二―八五年、一九八九―九〇年）の作成者のひとり三井嘉雄氏だけは、さすがに「天上沢源流」あるいは「間ノ沢」の登攀としている。

だが、ウェストンは沢を登りたかったのではない。槍ヶ岳の未踏のリッジを登ろうとしたのである。彼は槍のことを「日本のマッターホルン」と称していたが、ママリーが本家マッターホルンのヴァリエーションルート、ツムット稜を開拓したように、彼もまた「槍のツムット稜」、すなわち槍ヶ岳東稜をめざしたのだ。そもそも、槍ヶ岳東面のめぼしいルートと言えば東稜しか存在しない。北鎌尾根の槍肩から貧弱な支尾根がもう一本天上沢に落ちてきているが、クライマーの眼を惹くようなものではなく、ウェストンもメインリッジ、東稜に的を絞ったと考えるのが自然である。

以下『極東の遊歩場』（岡村精一訳）、『日本アルプス再訪』（水野勉訳）、『日本アルプス登攀日記』（『極東の遊歩場』と『日本アルプス再訪』の原形、三井嘉雄訳）、「W・ウエストン年譜」（川村宏、三井嘉雄、安江安宣編）などを見比べつつ、ウェストンの登攀の概要を記す。

一九一二年八月二十一日、快晴。六時四十五分、ウェストン一行四人は槍沢の坊主ノ岩小舎を出発。三十分ほどで東鎌尾根に達する（現在ヒュッテ大槍の建っ辺りか？）。眼前にめあての岩稜が聳えている。六日前、妻フランセスらと燕岳に登った折、充分に登路を見定めていたにちがいない。四人はアプローチルートとなる急峻なクーロアールを、天上沢源頭に向かって下り始めた。

チーフガイドは根本清蔵。同じ八月の初め、ウェストンは妙義山の筆頭岩を攀じたが、その折に素晴らしいクライマーを見いだしていた。八月七日再び妙義に赴き、その男清蔵とザイルを結んで鏡岩（筆頭岩の隣にある岩塔）を初登。[*4] 若く、ほっそりとした清蔵は天性のバランサー、絶妙のクライミングを披露した。彼は猟もしただろうが、岩場の多い妙義山の信仰登山をする人たちのための案内者であったから、自然と岩登りの名手となったのだろう。もの静かな妙義の案内人にすっかり惚れ込んだウェストンは、その場で彼を誘った。これから向かう北アルプスの冒険行へ……。ウェストンの最も信頼するガイドは上條嘉門次であったが、すでに六十六歳（数え齢）、少々老いてもいたし、槍のヴァリエーションルートを狙うとしたら、どうしても清蔵の助力を得たかったのだ。

嘉門次は陸軍参謀本部測量部との先約で来られず、パーティのあとの二人は強力無双の上條嘉代吉（嘉門次の息子）と谷口音吉。初めは嘉門次すら登っていないルートへの同行を拒否していた二人だが、当日、勇を鼓していっしょに行くと申し出たのである。

クーロアールは相当な斜度で天上沢に落ち込むガレである。慎重に谷底に降り立ち、天上沢の詰めにあたる雪渓をトラヴァースする。経験豊富なウェストンがリードし、キックステップス、あるいはカッティングの技術を教えながら渡る。嘉代吉、音吉も次第に上手になったが、清蔵は抜群で、こうした堅雪は未経験であろうのに、初めからみごとな技をみせた。

トラヴァースを終えるとすぐに岩場に取り付く。ピークまでの高度差は約三〇〇メートル。彼らが起こした落石がルンゼへ落ちてゆく描写があり、ルンゼではなくリッジを攀じているのは明らかだ。最後の四五メートルのチムニーはきわめてスポーツ的な登攀となる。嘉代吉、音吉がザイル操作に馴れていないため、あえてロープは結ばなかったが、清蔵は完璧なクライミングをみせる。ウェストンは彼の勇気、敏捷性、バランスにあらためて驚嘆し、あふれんばかりの讃辞を贈っている。

八時四十五分（九時とされた資料もある）、ピークに到達。清蔵らは「やった、ウェストン様」と叫び、繰り返し歓喜の声が挙がった。

以上、登攀の模様、コースタイム、記された高度差などを勘案すれば、彼らが槍の東稜を攀じたのはほぼ確実と思われる。なお、ウェストンは、妙義の岩登りでそうしたように、木綿底のクレッターシューズを履き、*5 二〇メートル弱の長さの絹のザイルを持参していただろう。

九時五十分に頂上を辞し、槍の肩を経由する「一般ルート」を通らず、直接槍沢に降りるが、これもウェストンのヴァリエーション志向によるものである。どこを通ったかは判らないが、さして難しくないはずだ。徳本《とくごう》小屋（現在の明神付近）で嘉門次と十八年ぶりに再会。清蔵と嘉門次、稀代の名ガイド二人の、初の出会いでもある。

上高地でゆっくり休養したウェストンは八月二十四日、嘉門次、清蔵、加藤惣吉（上高地温泉の主人）と奥穂高岳南稜を初登することになるが、このクライミングは諸書に詳しいので、ここではその後の槍ヶ岳東稜登攀に筆を進める。

われ山に向かいて……

第二登は翌一九一三年八月八日、ウェストン自身によって成された。同行は妻フランセス、清蔵、嘉門次。途中までは嘉代吉もいっしょだが、八日の登攀時にはいないようである。フランセスのために布団二枚を担ぎ上げているが、ベースにした赤沢岩小舎までのポーターを務めたのであろう。

この登攀はウェストンの微笑ましい稚気と言おうか、自分の拓いた会心のルートを、愛妻と旧友嘉門次に見せたくて敢行したのではなかったか？　彼の妻、英国貴族の娘フランセスは当時三十八歳ぐらい、本場のアルプスで経験を積んだ女性アルピニストである。赤沢岩小舎発五時四十五分、ほぼ前年のルートを踏襲して十二時十分頂上着。今回はアンザイレンし、ウェストンがリードする。つまりガイドの王嘉門次を彼がガイドしたことになる。槍ヶ岳の女性初登頂にもなったし、幸せな登攀であった。なお、嘉門次の愛犬、黄色の小犬「コゾー」も四番目の同行者だったが、岩場の取付あたりで賢明にも「作戦的撤退」をしたとある。

意気揚々と上高地に降りたウェストンは、八月十一日夜、隣室で声高に騒いでいた高村光太郎（智恵子との婚前旅行中）、茨木猪之吉、窪田空穂らに文句を言ったり、二十六日に嘉門次と霞沢岳に登ってエンゲルヘルナーの岩場を憶い出したり、二十九日には、またしても奥方に見せたくなって、嘉門次、清蔵、内野常次郎とともに奥穂高岳南稜の第二登をしたりもする（奥穂の女性初登頂）。

槍ヶ岳東稜の第三登は一九一八年八月十四日、W・H・エルウィン、W・H・M・ウォルトンの登攀かもしれない。『山岳』第一三年第一号にエルウィンの書いた英文の記録があるという。原文が入手できず、確実なことは言えないが、『穂高星夜』の山崎安治の要約によれば、ウェストンのルートとほぼ同じとあり、東鎌尾根を乗っ越してから右に北鎌尾根に向かって対角線上を攀じ、頂上直下の急なチムニーを登ったとある。案内は内野常次郎が務めたが途中で登れなくなり、例のコゾーのごとく彼だけ「作戦的撤退」をしたようである。じっさい、内野は上高地の住人だったが、ガイドの業はあんまり得手ではなかったようである。

四番目の記録は、先に述べた谷博らの一九三四年の登攀まで見当たらない。だが、後になって次のフレーズを見いだした。谷による「北アの未登攀ルートその他」なる解説文。

槍の東壁　東鎌と北鎌の間、浅いクーロアールを抱いて、天井沢《ママ》の上に垂れ下った尾根ともいえるこの斜面は加藤泰安も目をつけていたが、落石をおもって態々《わざわざ》十一月に登った後で、ウェストン氏が大正五年かに（遠藤註＝正しくは大正元年と二年）ここを通っていることがわかったときはぎゃふんと参った。東鎌を眼下にみおろすファイナル・ピークの東面は祠裏の西北面とともにたしかに面白い岩場である。（『岳人』四〇号、一九五一年八月号）

宣教師として訪日したのに、ウェストンの著作には不思議と宗教色が稀薄である。だが石川欣一がロンドンで手に入れ、やがて大町、対山館の主人百瀬愼太郎にわたった自著 *"Mountaineering and Exploration in the Japanese Alps"*（『日本アルプス 登山と探検』）には、サインのほかにめずらしく聖書の文言を記している。もっとも、それは次のごとき引用だそうである。

I will lift up mine eyes unto the Hilles, from whence cometh my help.（われ山に向かいて眼を挙《あ》ぐ、わが扶助《すくい》いずこよりきたるや）

ウェストンは隻眼の視力しかなく、片眼が茶色、もう一方が灰色だったという。たぶん茶色の方の眼を山に向かって挙げたのだろう。だれよりも日本を愛した彼だけれど、まあ相当の変人牧師、きわめつきの山狂《やまきちが》いだったのはまちがいない。

〈一九九八年九月筆〉

補遺・北岳への接近路

一九〇二（明治三十五）年八月、ウェストンは北岳に立っている（外国人第二登？「ウェストン年譜」によれば、Lucian Drouart de Lezey なるフランス人がウェストン以前に登っていたとする資料があるという）。同行は芦安《あしやす》の住人清水長吉、マサオ、「清水オジサン」。「清水オジサン」は広河原で待機し、三人で大樺沢から小太郎尾根に上がり、北岳の登頂を果たしたわけだが、芦安からどの道を通って広河原に達したか、つまりアプローチルートがかねてから不明とされていた。

たしかに『日本アルプス再訪』（水野勉訳、一九九六年、平凡社ライブラリー）の記述だけではルートを特定できない。まさか、夜叉神トンネルを想起しはすまいが、われわれはすぐに夜叉神峠コースを思い浮かべてしまう。だが、明治のころにこのルートが拓かれていたとはかぎらないのだ。じじつ、ウェストンの記述を読むと、少なくとも夜叉神越えではなさそうである。

ところが『山岳』第四年第三号（一九〇九年十一月）の野尻正英による「白峰北岳登山記」を読んでいて、はたと思い当たった。野尻の北岳登山はウェストンの登山のわずか七年後である。アプローチは同じコースを辿ったと考えてよいのではないか。

幸いなことに、野尻正英（ペンネームは抱影。以降抱影と呼ぶ）は「星の文学者」として知られる科学的思考をもった書き手であり、この登山記も、古図を写した詳細な地図の付された精確にしてすぐれた紀行、民俗学的な配慮の施された記録でもあった。

抱影ら三人は芦安村で案内人名取耕、ポーター古屋正蔵（村役場の小使）を雇い、一九〇九年七月二十六日に芦安を出発、広河原で一泊した後、大樺沢経由で北岳を往復している。

さて、問題のアプローチだが、地図があるので抱影らの行程は明白。現在ではおよそ考えもおよばないルートである。夜叉神峠近くまでゆくのだが、その下から大崖頭の方向に進み、杖立峠を越えて、鳳凰三山西側の山腹を下り気味にえんえんとトラヴァースし、シレイ沢出合で野呂川に降り、広河原に達するというもの。

この道は、じつは抱影らの案内人名取耕の祖父、芦安村のかつての村長名取直江が一八七一（明治四）年に拓いた道。宗教的な「北岳開山」の道であった（前宮、中宮を示す鳥居のマークも付されている）。木暮理太郎も『山の憶ひ出』下巻（一九三九年、龍星閣）で〈芦安の名取直江といふ人が明治四年に開いた白峯北岳は登山者がないので間もなく荒廃したといふが〉とわずかに触れている。

現在の地図と見くらべると、この道はたしかに、芦安から広河原への最短距離を結

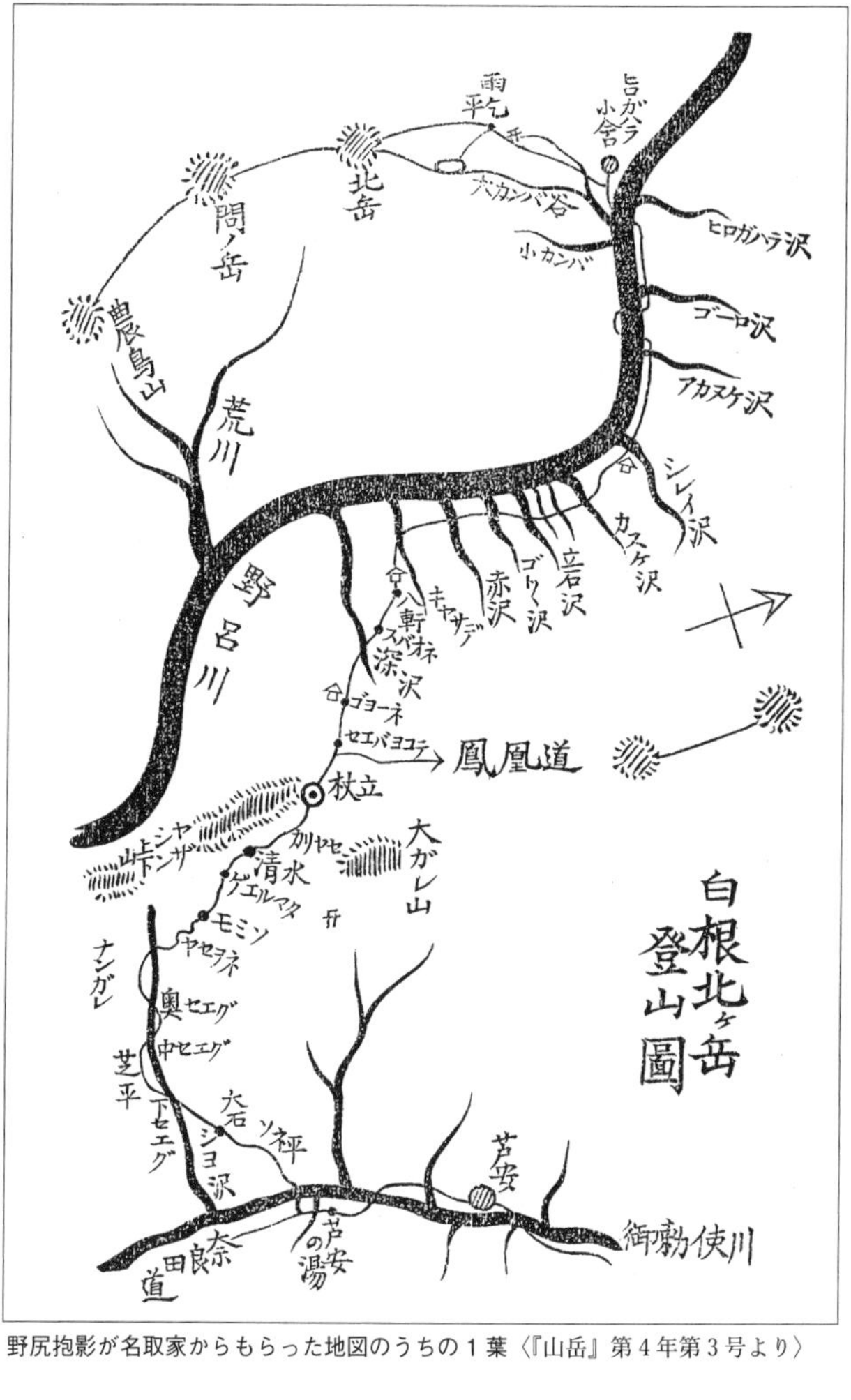

野尻抱影が名取家からもらった地図のうちの１葉〈『山岳』第４年第３号より〉

んでいる。木暮は間もなく荒廃したと記したが、抱影の北岳登山のころまでは、まだメインコースであったのだ。もとより、その七年前、ウェストンの雇った芦安村の清水長吉らが、同村村長名取直江の拓いた道を、通らぬはずはないのである。

〈二〇〇一年八月筆〉

註

*1――岡村精一訳『極東の遊歩場』（一九七〇年、山と溪谷社）に「扶壁」なる訳語があり、バットレスとルビが振ってある。おそらく原文もbuttressなのであろう。なお『日本登山記録大成』一八巻の解説に〈この岩壁を初めて北岳バットレスと呼んだのは小島烏水で〉云々とあるが、小島はウェストンの語彙に倣ったのではないか？

*2――三井嘉雄訳『日本アルプス登攀日記』（一九九五年、平凡社）にウェストンはJ・P・ファラー（アルパインクラブ前会長）から聞いた話として一八九九年十一月十日に東京帝大のウェスト教授が妙義山筆頭岩に東側から登頂した旨を記している。これも近代アルピニズム下における岩登りであろうし、ウェストンの地蔵仏より、一足早いが、はっきりした記録は未見。

*3――一八九一年八月四日には槍の穂の途中まで登ったが撤退。翌九二年八月十二日に

初めて登頂した。

＊4――日本初の岩場での「アンザイレン」かもしれない。五五フィートの絹製ロープを使ったとある。

＊5――八月二十四日の奥穂高岳南稜登攀の記述中に、クレッターシューズがボロボロになったとあり、槍の東稜でも当然使用したであろう。

アルピニスト松濤明再考

電気仕掛けの鬼 あるいは天性のトリックスター

松濤裕《まつなみゆたか》にとって七つ齢上の兄はケムッタイ存在だった。暴力こそふるわないものの、いつも偉そうな言を吐き、すこぶる短気で、なにかというとすぐに怒りだす。その日もしかつめらしい顔で、弟たちに訳のわからぬことを命じた。二階に行って何がいるか見てこいと言うのである。

幼い兄弟が手をたずさえて階上の一室を覗くと、薄闇の底に人形《ひとがた》をしたものがうずくまっている。頭部に禍々《まがまが》しい角がおっ立ち、牙のごときも生えている。どうやら鬼を模したものらしい。おそるおそる近寄ると、にわかに、鬼は赤光を放ち、ウオーッ！　とてつもない声を発して吠えついた。

胆《きも》をつぶした幼い者ども、犬の仔みたいに階段ころがり、生命からがら逃げてゆく。そのとたん、大きな兄明《あきら》の哄笑が炸裂、東京港区麻布の松濤家に響き渡った（松濤裕氏談）。

ところで、ユング派（A・サミュエルズら）のイメージする「トリックスター」とは、およそ以下のごとき性《さが》を有する人格である。


悪賢い冗談や、ひどい悪戯を好むこと、姿を変える力、二重の性質（半獣、半神）、困難や責め苦に身をさらす絶え間のない衝動、さらには救済者の形姿に近似する点などである。完全に負の英雄だが、トリックスターは、その愚かさによって、他の者が一所懸命の努力にもかかわらず達成できなかったことを成し遂げてしまう。（『ユング心理学辞典』一九九三年、創元社）

硬直した現実に風穴をあけ、思いもよらぬ世界を世に知らしめる者——トリックスターはいつの時代にも潜在している。われわれはその顕現を半ば怖れ、半ば切望しているのだが、太平洋戦争をはさんだおよそ十年間、マンネリ化した（衰退した）登山界に新風を運んだこの男こそ、トリックスターと呼ぶにふさわしい存在だったのではあるまいか。

すべての装飾を取り払っても、松濤明は日本登山史上最も重要な人物のひとりである。しかしながら案外にその実像、彼の記録のもつ意味は明らかにされていない。もとより知名度抜群、遺著『風雪のビバーク』（一九六〇年、朋文堂）は洛陽の紙価を高騰させ、テレヴィドラマに登場し、小説のモデルとなったが、それは専ら彼の壮絶な死と、稀代の遺書の及ぼす感傷主義的《センチメンタル》なムードに依拠するのであって、彼の成し遂げた登山によるのではない。その最期があまりにもドラマティックであったために、登山史家を含むすべての観客は悲劇のヒーロー松濤明に陶酔・充足してしまい、公平な評価を受くべき彼の事績、もしくは登山史上の存在理由《レゾンデートル》を、ともするとなおざりにしがちであった。

そこで本稿はまず第一に、主要な登攀に関しては可能な限り精確に彼の足跡を辿り、登山史上のその位置を再確認しておきたい。そしてできることなら、天性のトリックスター松濤明の内面にも、少しばかり測量の錘を降ろしてみたい。

ルーツ あるいは山との邂逅

明の父高橋菊五郎（一九四五年十二月、六十歳で没）は水戸藩の儒者の裔《すえ》である。一高から東京帝大（英法）に進み、逓信省（郵政省）の官吏となる。きわめつけのエリートと言ってよいだろう。浄土宗の寺家の娘松濤孝子と結婚、松濤姓を継ぎ長男博

（夭逝）、長女喜久栄を授かる。しかし孝子は若くして亡くなり、その妹信子（三女）と再婚。この後妻信子が明の母である。二人の間には明を頭に六人の子が生まれたが、三男進は夭逝。したがって明には異母姉喜久栄、妹春江、それに裕（二九年―）、靖（三一年―）、孝男（四〇年―）の三弟、計五人の兄弟姉妹がいたことになる。

一九二二（大正十一）年三月十日、明は父の任地仙台で生まれた。転勤に伴い一時広島に暮らすが、ほどなく松濤本家の寺がある東京麻布に転居。明は南山小学校に入学する。やがて目黒区柿木坂に自家を設けることになるが、父には友人の運用してくれる持ち株もあって一家はかなり裕福であり、通りのはす向かいには嫁いだ喜久栄も住み、明はにぎやかな、恵まれた環境の下に育った。

エリート一家の後継ぎ、一身に期待を担う彼は英才教育を施され、名門府立一中（後の日比谷高校）に進む。裕氏（東大工学部卒、日本航空勤務を経て現在フリー）によれば、御多分にもれず父は厳しい人だったが、明ときたら相当のきかん坊で、およそ従順の欠《かけ》らも持ち合わせなかった。母信子も負けず嫌いで気性が激しかったという。明は母の遺伝子を、より多く培《つちか》っていたのだろうか。

当時の家長は権威絶大であり、後継者への教育もさぞかし峻烈であっただろう。明の反抗は、フロイト風に解せば典型的なエディプスコンプレクスの発露、強い父への短絡的、ごく普遍的な反応にすぎまい。もし彼が「山」と邂逅しなければ、大多数のエリート子弟とひとしく、反抗期が過ぎた頃には平凡な秀才となって、父と同様に一高―東大コースを辿ったやもしれぬ。

しかし、彼は山と出遭ってしまった。明のヘソが急角度に曲がりだし、トリックスターの資質が顕《あらわ》になるのは山を知ってからである。父（峻厳で退屈な現実）からの逃避、あるいは反抗し得る場として山は恰好の舞台であり、ひとたび山を見いだすと、彼はそれを二度と手放そうとしなかった。不可避な侵犯である戦争と、父の死＝反抗する対象の喪失による一時的な放棄を除いては……。

明の山との邂逅に関与したと思われる近親に母信子の弟、松濤誠道がいる。この叔父は東京農大農学部の教授であり、フィールドワークに長けていて、登山にも多少の造詣があったらしい。明が小学五年の秋、奥多摩の御岳山に登り、中学入学以降足繁くハイキング、縦走に赴くようになった機縁は、幾許《いくばく》か彼がしつらえたものかもしれない。

けれども、一九三六年に山行二十回（十四歳）、三七年には三十回（十五歳）、それもアルプス縦走に満足せず一ノ倉沢や本格的な冬山の単独行へエスカレートするとなると、もはや叔父の影響とは言えぬ。生来一途で、確固たる自我の所有者だった。おそらくは誰の教唆も受けずに、松濤明は猛烈な速度でアルピニズムの世界に傾斜していった。

エリートの天下り あるいは「二重の性質」

旧制中学は五年制だが、優秀な者には四年時での高校受験が許されていた。明も四年で受験を試みようとする。だが、目指すのは父のコース一高ではなく松本高校。当時の松高山岳部が最先鋭のエリートクライマー集団だったからである。一九三一年八月、国塩研二郎(今井田研二郎、後の日本山岳協会会長)らが前穂東壁を初登して以来、松高は神戸の甲南高校と並んで各大学山岳部と充分に伍し、穂高の岩壁におけるパイオニアワークを担っていたのだ。

三八年三月、明は穂高行の帰途松高を受験するつもりであったが、悪天候で下山できず、受験日に間に合わなかった。翌年も、今度はまともに受けて不合格、結局松高への進学は断念する。しかし、これは落ちるのがあたりまえであって、受験勉強に専念すべきこの年、夏は一カ月穂高に入りっ放し、そのほか谷川岳、八ヶ岳、南アルプスなどなど、山三昧の日々だった。

そして三八年六月五日、明は一ノ倉沢四ルンゼを単独登攀中、川上晃良《あきら》と運命的な

である。

当時の社会人山岳会と学生登山家との間には越え難い溝があった。金も暇もない街の登山家たちは、山行の幅も狭く、世間は彼らを学生登山家の下位に置いた。ブルジョワとプロレタリアート、すなわち階級的な対立の、登山界への敷衍《ふえん》である。じっさい、登山界の先端付近を占めるのはほぼ学生に限られ、社会人との山行レヴェルの差は歴然としていたのだ。

そして、谷川岳の岩場に通い、自信を深めつつあった社会人団体は、そうしたコンプレクスの裏返しとしてことさらに学生に敵愾心を抱き、エリートを排斥する傾向が顕著であった。一九二九年頃の創立、本格的な山岳会としては東都で最も早く発し、最も強力な登歩渓流会でさえもその弊を免れず、表向きは学生の入会を禁じていた。

だが、自らも中学生の身で会員となった川上の推輓《すいばん》によって、松濤は三八年六月にめでたく入会（中五、十六歳）。会の総帥杉本光作は記す。〈「杉本さん、僕は松高を落ちたけど、登歩渓流に入れた方が嬉しいんですよ」とニコニコしながら話してくれた。

これは会や私達に対するお世辞ばかりではなかったらしい。彼は心から登歩渓流会を慕い、愛しているようだった〉（『風雪のビバーク』）

人好きのする紅顔の美少年だったらしい。階級的な反発を超えて、杉本らは温かく彼を迎える。貴種降臨と言ったらおおげさだが、三九年十一月には平田恭助（慶大生、伯爵内務大臣平田東助の孫）も入会。社会人山岳会の雄、登歩渓流会には、それだけの実力と魅力があったのだ。

あるいは、こうも言える。一九三〇年代末葉、登山界における階級、社会的棲息分布が崩れ始め、川上や松濤、平田らは学生と社会人とを媒介する存在であった、と。わけても松濤はそのキイパーソンであり、トリックスターの資質のひとつ「二重の性質」を秘める個性であった。四一年、東京農大入学と同時に、登歩渓流会会員のまま山岳部にも所属するのは、そうした彼の「中間者的性格」を示す恰好の指標である。

戦後、学制の改変などもあって、学生登山家の実力が後退し、一方、社会人は力を蓄え、登山界における階級《ヒエラルヒー》は逆転し、崩壊する。一九五八年に創立するRCCII（第二次ロッククライミング・クラブ）は、学生、社会人を横断する組織となったが、松濤などは、セクトにとらわれぬRCCII的、今日的なクライマーの魁《さきがけ》と言ってよいだろう。

一九三八年の松濤 あるいはおそるべき十六歳

会に入って間もない夏、松濤はひとりで穂高岳に向かう。会員のほとんどは社会人であり、彼のように長期の休みがあるわけではないし、すぐには会になじめなかったのかもしれない。すでに冬山も岩登りも経験していた彼は、穂高岳で思う存分、自分の実力を試してみたかったのであろう。

八月二日から二十八日にかけて入山。涸沢にテントを張り、三峰フェースを皮切りに次第にレヴェルを上げ、孤独なクライミングに没頭した。注目すべきは滝谷第四尾根の単独登攀である。一九三二年に初登され、三四年に積雪期の登攀も成されていたが、ドーム西壁やグレポン、C沢右俣奥壁などにルートがない当時、第四尾根はクラック尾根と並んで、滝谷における最高難度のルートであった。松濤以前に単独で登った記録は、いまのところ見当たらない。

松濤の単独登攀は穂高の岩壁にとどまらない。松濤が足繁く通った頃の谷川岳一ノ倉沢は、ルンゼを登攀するのが一般であった。烏帽子沢奥壁などは未登であり（一九四〇年七月、川上晃良と丹羽正吉が初登）、すでに拓かれていた南稜、中央稜、北稜などのリッジも、ルンゼよりワンランク上の高度なルートと見なされていた。

または滝沢上部の本谷というべきAルンゼは、B、C、Dルンゼなどより難しく、高木文一ら初期の開拓者たちも、数度の敗退、転進の後、一九三四年八月にようやく初登している。登歩渓流会の中村治夫、山口幸吉、杉本光作が同年九月に第二登。松濤は三八年十月にひとりで攀じたが、これはおそらく単独初登であろう。

入会そうそう単独登攀のめだつ松濤だが、登歩渓流会の重鎮山口清秀は日本登山史上に輝くソロクライマーだし、杉本光作も単身一ノ倉二ノ沢右俣を拓いている。会として単独登攀を異端視する傾向は、さしてなかったとみてよい。松濤といくつもちがわぬ川上晃良や丹羽正吉はもちろん、女性会員笹淵奈美子すら単独登攀をしており、かならずしも松濤だけが突出していたのではなかった。用具や確保技術の未発達な当時、ソロに対する認識は、現在とは異なっていたようである。

松濤の冬季登山はどうであったかというと、一九三七年一月（中学三年、十五歳）の富士山は七合目までで敗退しているが、三八年三月には西穂高岳、唐松岳―五龍岳などの山行をしており（おそらく単独）、この分野においても早熟であった。

三八年暮れに行われた八ヶ岳行は、十二月二十―二十三日の甲斐駒ヶ岳―仙丈岳単独行とひとつづきの山行で、まず二十七日に一度赤岳山頂に立つ。二日おいて二十九日早朝、ひとり赤岳鉱泉を発ち、硫黄岳―赤岳―編笠岳と縦走、夕刻に小淵沢に至っている。年末とはいえ、昨今のように登山者が列をつくる冬山ではない。すべてワカンをつけての孤独なラッセルワークを強いられる。相当な体力、持久力がなければできないスピーディーな単独縦走だ。

この年穂高の滝谷や一ノ倉沢でソロクライミングをこなし、冬季の縦走においても存分に力量を発揮した。おそるべき十六歳。

一九三九年の松濤あるいは滝谷第一尾根の冬季初登

実際は、愛憎半ばしていただろうが、登歩渓流会は第二の家族となった。明は嬉々として仲間たちとの山行を重ねる。

家族的な集団の長、杉本光作はかく記す。〈学校当局から親達に呼び出しがくることも再々で、母親が会にきて松濤君の山行をやめさせてほしいと言われたのもこの頃である〉(『私の山谷川岳』一九八一年、中央公論社)

弟裕氏はかく語る。

「図太く、ズウズウしい人でしたね。山へ行く費用でしょうが、父に隠れて母親から金をせびりとる。ほとんど威すようにして。ぼくらにとっては、本当にオソロシイ兄貴だった」

中学四年の入試につづいて、五年時、再度の松本高校受験にも失敗した松濤は、表向き浪人。一九三九年は三度目の受験に備うべき、大切な一年である。しかし、もはや高嶺に魂を奪われていた彼にとって学業は眼中になく、今流に言えばフルタイム・クライマーとなる。

一方、世相は戦争に向けて悪化の一途を辿っていた。彼のおびただしい山行は、時局がら設けられていた会の山行制限を超えてしまい、一時的に会をやめざるを得なくなる。半年そこそこで復会するのだけれど、休会中の記録は当然のことながら『会報』には報告されず、したがって従来の『風雪のビバーク』（朋文堂版および二見書房版）にはほとんど収録されていない。

だが、この五月から十二月にかけて、すべての束縛から解き放たれた彼の山行は、自由ゆえの不安、焦燥もあっただろうが、最も充実していたと思われる。とりわけ五十日に及ぶ夏の涸沢生活は実り多かった。その頂点を画すのが滝谷第一尾根Cフェース初登攀（おそらく現在の右ルート付近）。

一般に滝谷第一尾根の初登は一九三二年の甲南高校伊藤新一、伊藤収二パーティによるものとされている。しかし、その記録『関西学生山岳連盟報告』四号（一九三三年六月）を読むと、〈I尾根の下部二個のワンド《（ママ）》は我々の技倆の外に見えたのでこれをオミットし〉とあり、上部のA、Bフェースしか登っておらず、第一尾根の核心部であるCフェースには手を触れていない。松濤はこの未登のフェースに目をつけ、七月二十九日、大島郁彦（本書I章「松濤明のパートナー」参照）と組んで第一尾根の完全登攀に成功した。

パートナー大島は当時松高山岳部二年部員。七月十日から二週間の奥又白合宿を終えた後、そのまま涸沢に居を移して、涸沢に暮らす松濤と邂逅したのだ。大島は七月二十二日、恩地裕と組んで前穂高岳北尾根五峰正面壁を初登攀したばかり。強者ぞろいの松高山岳部にあっても、クライミング技術は抜群と評されていた。松濤の場合と同様、大島にとっても部外者との山行なので詳しい記録はないが、山岳部部報『わらぢ』六号に二十行ほどの大島の手記が載っている。

憧れであった松高山岳部員との初登攀。松濤にとっては、会心のクライミングであった。大島ら松高の面々は七月末に下山してしまったけれど、彼はさらに涸沢に残り、ジャンダルムの飛驒側を集中的に攀じたり、大島が初登した前穂高岳北尾根五峰をはじめ、奥又白の岩壁を駆けめぐっている。年譜に記されただけで記録がないため委細不明だが、そのほとんどは単独行であろうし、ジャンダルムでは、おそらく新しいルートを拓いていると思われる。

ともあれ、この穂高生活で松濤の自負は大いに高まり、自らの初登した滝谷第一尾根の冬季初登攀を新たなターゲットに据える。九月、十月には谷川岳の幽ノ沢に赴き、三ルンゼ（第二登?）、一ルンゼ（第二登?）、右俣リンネを登るが、一ルンゼは会の杉本光作、丹羽正吉と攀じており、公式にはクビの身であったが、なかば公然と、会員たちとの親密な交流はつづいていた。

だが、冬季の滝谷ともなれば、退会中の身で会員を誘うわけにはゆかない。むろん松高部員は対象外である。結局、その年の暮れに予定している第一尾根のパートナーには、島々の名ガイド上條孫人に白羽の矢を立てた。

孫人は上条嘉代吉の息子、すなわち彼《か》の上條嘉門次の孫。一九三〇年に同志社大の児島勘次とジャンダルムの正面壁を初登して以来、クライミングガイドとして腕をふるい、三八年一月には中央大学永井憲治をリードして前穂高岳北尾根四峰東南面を攀じた。この登攀は奥又白における本格的な冬季登攀の嚆矢《こうし》である。当時孫人は円熟の二十九歳、地元の案内者としては異色の強力なクライマーであった。松濤にとって、これほど頼りがいのあるパートナーは他にいないだろう（本書Ⅱ章「アウトサイダーの系譜」参照）。

一九三九年。この年以前の冬季岩壁登攀はごく限られている。一ノ倉沢では二ルンゼー滝沢上部、北岳バットレスでは第一尾根および第四尾根、穂高岳では屏風岩ニルンゼ、前穂高東壁・北壁、滝谷第四尾根、および前記した孫人らの登攀などが主なもの。技術的難度からして、松濤の狙う滝谷第一尾根に匹敵するフェースのルートはまだ登られていない。初めて冬季の岩壁に挑む十七歳（満年齢）の少年にとって、第一尾根は大きすぎるターゲットだったかもしれない。

だが、松濤は慎重であった。自分の力量を冷静に測り、だからこそ孫人をパートナーに選んだのだし、十月にはルートを知らぬ孫人のために、もう一度第一尾根登攀をともにした。ところが、このとき、夏に攀じたCフェースの岩盤が剝落して登れなくなっているのを発見。その左方に新しくルートを拓いた。これが現在、私たちの親しんでいる第一尾根ノーマルルートのラインである。

そして、本番。この詳しい記録は『会報』には発表されず、朋文堂版『風雪のビバーク』には洩れてしまい、戦後になって『山小屋』一五六号（一九四六年二月）に載り、二見書房版『風雪のビバーク』にようやく収録された。また、登歩渓流会の『会報』（一九四〇年二月刊）には、第一尾根をはさんで行われた第二尾根（冬季単独初登）、第三尾根（冬季第二登?）、第四尾根（冬季第三登?）の記録も載っていた。メモ書き程度の短い文章だが、過去に例のないビッグクライムの前後にすら登攀をもとめずにはおれぬ松濤の、貪欲なほどのファイトには、いささか驚かされる。

第一尾根の登攀では、孫人の膂力《りょりょく》に依るところがあり、また完璧主義者ゆえに、滝谷出合からでなく頂稜にベースを設けたことをいくぶん韜晦《とうかい》しているが、会心の登攀だったのはまちがいない。

一九四〇年冬―春の松濤 あるいは卓越した文章力

松濤らが冬季初登を果たした滝谷第一尾根が再登されるのは一九五八年三月。十八年間の空白。もちろん戦争があったからだが、ひとつには松濤らの意欲、登攀能力の高さが時代に抜きん出ていた証左でもある。第一尾根において、松濤はクライマーとして絶頂にあったと言える。だが、彼は岩登りのスペシャリストにとどまってはいなかった。

一九四〇年二月七―十一日にかけての甲斐駒ヶ岳から大岩山への縦走は、もうひとつのジャンル、苦難の多い冬季単独縦走への新たな展開である。単独でなくとも、この縦走を冬季に行ったものはたぶんいない。意図したものではなかろうが、これはおそらく冬季初縦走の記録。食糧が尽き、飢えにさいなまれた山行でもあった。

登歩渓流会は谷川岳の岩場の開拓者グループとして有名だが、松濤の入会した一九三八年五月には『谷川岳』（六藝社）の改訂版を刊行し、谷川岳研究に一応のピリオドを打った。

会として次のターゲットと定めた山域は八ヶ岳であった。同年秋の集中登山を皮切りに、会員たちは八ヶ岳のヴァリエーションルート開拓へと活発に動き始める。

松濤もその一翼を担い、同年九月、山口清秀らとともに立場川流域の蟇滝《がまたき》沢を溯行（おそらく初登）、そして四〇年、同じ沢の冬季登攀を狙うのである。パートナー川上晃良は松濤の二歳年長。経験、実力ともに抜群で、急速に力をつけつつある松濤のよきライヴァルであった。山口清秀、杉本光作の次代を継ぐ川上、松濤は、先輩ふたりとともに渓流会のみならず日本登山史上に輝く巨星である。この蟇滝沢冬季初登の記録は、当時の日本最強のコンビによる登攀だったと言っても過言ではなかろう。一九四〇年二月十八日早朝、ふたりは富士見駅を出発し、蟇滝沢出合近くでビヴァーク。十九日、アイスピトンを打ちつついくつもの氷瀑を越え、権現岳のピークに立った。

また、この登攀は、氷壁の乏しい日本において、アイスクライミングを学ぶため、意識して冬の谷に入ったところに価値がある。日光の雲龍渓谷などでわずかに試みられていたし、例外的に幽ノ沢滝沢、屏風岩二ルンゼなどの氷壁登攀が行われてはいたが、冬の沢溯行とアイスクライミングとを結びつけた山行は、彼らの登攀以前にはほとんどみられない。

川上はその後、氷雪の広河原沢や地獄谷権現沢などに着目し、多くのすぐれた記録を残すが、松濤も四七年一月に狼火場《のろしば》沢の冬季初登、四八年三月に権現沢左俣の冬季初登、これは夏だが、四二年八月に広河原沢本谷三ルンゼの初登などを果たす。松濤は八ヶ岳においても重要なパイオニアのひとりであった。

八ヶ岳や甲斐駒ヶ岳―大岩山の縦走で、冬季単独縦走の分野においても実力を蓄えてきた松濤は、その集大成とも言うべき大きな山行を志す。すなわち易老岳―聖岳―赤石岳―東岳の縦走。加藤文太郎という群を抜く先達を除くと、かつてこのような三千メートル峰を結ぶ積雪期の大縦走を単独で試みた者はいない。

それまでの南アルプス南部の積雪期登山は、ひとつふたつの山頂にパーティを組んで登頂した例は一九二〇年代からいくつもあるが、松濤の踏破した行程に比肩するスケールの大きな縦走は、慶大山岳部の北岳―赤石岳（一九三四年三月二十八日―四月十一日）、静岡高校山岳部の聖岳―易老岳（一九三七年三月二十八日―四月二日）といった記録が目立つくらいである。むろん、彼らの山行は地元の案内人、ポーターを雇用した万全なものであった。

一九四〇年三月二十三日―四月二日、松濤は縦走に成功するが、この記録「春の遠山入り」は、ページに余裕のある登歩渓流会『年報』に書かれたもの。したがって、彼は字数を気にせずに思う存分筆をふるっている。おおよそ「山の文学」、なかんずく先鋭的な登山家の文章はロクでもないものが多いのだが、「春の遠山入り」の文学的なレヴェルは相当に高く、これに匹敵する文章はちょっと思いあたらぬくらいである。十八歳になったばかりでこれほどの筆力。彼が若くして逝かず、文学的才能を開花させたとしたら、どれほどの果実を成したことであろうか。

一九四〇―四三年の松濤 あるいはトリックスターの本領発揮

平田恭助が登歩渓流会に入会したのは一九三九年十一月。平田はその九月、北アルプス烏川のガイド浅川勇夫にリードされて、すべてのクライマーの懸案、一ノ倉沢滝沢下部を初登攀した。慶応の学生、きわめつきのエリートであったが、謙虚、あるいは賢明にも自分の実力の乏しいことを認めていて、谷川岳の権威である下町の山岳会に入門したのだった。

しかし、一九四〇年五月十二日、慶応モルゲンロートコールの藤田器三郎とともに一ノ倉沢で消息を絶つ。山仲間は懸命に捜索し、六月十五日、ようやくαルンゼで平田の遺骸を発見するが、その収容中に雪渓が崩壊、モルゲンゲン会員ら三名が死亡。悲惨な二重遭難となってしまう。松濤は渓流会の若頭として捜索、収容の先頭に立った。だが、二度にわたる死亡事故に、会としてはその後の山行を自粛せざるを得ず、彼も一九四〇年後半はおとなしくしていたようである。

一九四一年、松濤は東京農業大学に入学。叔父松濤誠道が農大教授であり、その縁故によって無試験で入った。時代は次第に切迫してきて、徴兵猶予の特典を得るための入学である。彼は入学早々たびたび山岳部を訪れ、やがて入部する。登歩渓流会とのかけもちであり、自他ともに認めるキャリアからして、一般部員とはかなり距離があった。

しかし、有元克己らと入部直後から山行をともにしているし、山岳部の事故に際しては、できるかぎりの尽力を惜しまなかった。六月二十二日、山岳部平野文次郎、上村公一郎は一ノ倉沢二ノ沢右壁を登攀中に墜落死する。同日、同じく二ノ沢に向かっていた松濤と渓流会丹羽正吉がふたりの遺体を発見。収容が困難な岩場なので、松濤は北アのガイド上條孫人、大和《おおわ》由松にも救援を依頼し、二十五日には力を合わせて、ふたりの遺体の搬出に成功している。

その後も谷川岳に通い、八ヶ岳や穂高の岩場も登攀しているが、一九四一年の収穫は北岳バットレスの概要を知ったことである。登歩渓流会の『会報』に彼の報告はなく、したがって過去の『風雪のビバーク』には収録されていないが、この年八月、彼はバットレスの主要な既成ルートをすべてトレースした。九月には未登の中央稜に着目。頂上から単身第四尾根を下降してトラヴァース、中央稜の上部を登攀している。つまり、充分な偵察行を果たしたのだった。

一九四二年七月二十五日、松濤は念願の中央稜初登を鈴木健二（農大山岳部）と成し遂げるのだが、この記録は登歩渓流会『会報』一九四三年十二月号に掲載されたにもかかわらず、朋文堂、二見書房いずれの『風雪のビバーク』にも収録されなかった。会員外との山行なので登攀当時の『会報』に報告されておらず、二度におよぶ編集作業の際にも見過ごされてしまったのであろう。

一九四一年十二月八日、真珠湾の攻撃以来、戦争は刻々と熾烈な様相を呈してきた。せっかく徴兵猶予に与《あずか》っていた松濤も、四三年十二月、学徒動員によって一兵士となる。その入営直前に、前年の登攀を回顧して記されたのがこの中央稜初登の記録。いわば遺書ともいえる重要なテクストだ。松濤は万感の思いを込めて山々や仲間たちへの別離を、以下のごとくに告げている。

北岳がほんの身近にあるのを感じます。いな穂高、槍、八ッ、谷川、その他多くの懐かしい峰々はすべて私の中に在ります。それらを左右に従えて、松濤は勇躍出陣いたします。／諸兄の御自愛、御健闘を祈ります。バッキャロー。

また、この稿が『風雪のビバーク』に洩れたために、戦後の記録（松濤自身による第二登）ばかりが目立ってしまい、一般には中央稜の初登が戦後の一九四八年七月と思われていた。

時代はいよいよ暗く、配給制度による食糧なども制限の度が加えられていった。そんな世相のもと、松濤はまたしても大きな山行を企てる。前年の南アルプス南部の冬季単独縦走は技術的に困難なものではないが、今度の硫黄尾根は氷雪に覆われた岩稜であり積雪期に縦走を試みた者はいない。

さて、一九四一年。四月とはいえ、満足な装備、食糧もなく、単独でこの長大な岩稜を踏破しようというのは松濤ならではの大胆なプランである。実際、かなりにきわどい登攀だった。厳冬にひとしい風雪のもと、雪洞によるビヴァークを重ねて頑張りぬき、槍ヶ岳へ到達。

硫黄尾根の積雪期第二登は、一九五七年一月、福岡山の会によるものである。十数名を擁し、極地法を駆使して縦走している。時代を考慮に入れると、松濤の硫黄尾根縦走は極限的な単独行だったと言えるであろう。松濤は穂高、谷川岳、八ヶ岳で多くのソロクライミングをしているが、彼の単独行の真価はとりわけ積雪期の単独縦走において発揮された。積雪期の縦走はもっとも忍耐を要する登山形式である。ユング派の言う「困難や責め苦に身をさらす絶え間のない衝動」、積雪期単独縦走こそ、トリックスターの性向を満たすのにうってつけのジャンルではなかったか。

陸軍少尉松濤明　あるいは山への復帰

一九四三年十二月一日、松濤は学徒動員十一万余のひとりとなって帝国陸軍に入隊。『会報』（一九四三年十二月号）の編者植松大三はこう記している。

M（松濤）が自信ありげな面持で征途についていつた。その面差しには何処か子供気の抜けきらぬ可憐さが漂つてゐた。／茲《ここ》数年間彼の印した足蹟は極めて大きい。年齢の点で未完成な時代に数々の仕事を一つ〳〵純粋に成し遂げてゐる。そして最近では山に入る若い会の連中の面倒をよく見てゐた様だ。／種々な点で彼は、昨年十月軍務についたK（川上晃良）と好一対な存在。Kを「鉄火の熱情」にたとへれば、Mは「冷酷な意志」そのものであつた。（カッコ内は遠藤の註

記）

弟裕氏によれば、入営して当初の一年から一年半は習志野の戦車隊に属していたが、幹部候補生に志願して少尉となり、群馬県太田市の飛行隊に移籍。四四年には南方に送られ、最終的には特務機関員になった。諜報、宣撫が専門の特務機関だが、かなり異例な軍歴である。

四六年四月にスマトラから帰還。父は前年の暮れに亡くなっており、明は知らぬ間に松濤家の家長となっていた。四八年十月、新穂高温泉で親しくなった芳田美枝子は〈松濤さんは南方での死線をさ迷う苦労から脱して生き帰り〉と記し、「南方での怖い話」を聞かされているが（朋文堂版『風雪のビバーク』）、裕氏も杉本光作も口をそろえて明の性格が戦後はがらりと変わったとしている。きかん気、激情、親不孝者が一転、温和な落ち着いたものごしを身にまとい、とりわけ母に優しくなった。兵士と囚人はおしなべて母を聖母視するようになるそうだが、南方の死地から生還した彼もまた、母への限りない思慕を新しく胸奥に点《とも》したのだ。

復員後半年ほどは、家長になった手前もあり、さすがに山のことなど念頭になかった。しかしやがて虫がうずきだし、四六年に登山を再開、四七年には第一線に復帰してしまった。八月には会の総帥杉本光作と、かつて杉本自らが拓いたルート、一ノ倉沢二ノ沢本谷を、仲良くふたりだけで登っている。

一九四八年三月に八ヶ岳の権現沢左俣を権平完と積雪期初登、同年七月には宮沢憲と北岳バットレス中央稜を再登（よりダイレクトなルート＝現在のルートから）、九月には錫杖岳に赴く。

北岳バットレスもそうだったが、それまであまり知られていない岩場への目配りを、松濤は欠かさなかった。錫杖岳は一九二五年八月、ＲＣＣの藤木九三らによって登攀価値が見いだされ、一九三一年八月に主要な岩壁の一部も登られていたが、訪れるクライマーは少なかった。しかし、登歩渓流会では三九年八月に山口清秀が単独で烏帽子岩に登っており、松濤は山口から情報を得たのであろう。当時の錫杖岳には未登の岩壁がいくつもあり、新鮮な魅力にあふれていた。

四八年九月、彼は単独で烏帽子岩東肩ルートを登り、そのまま東尾根を辿って本峰に至っている。東肩ルートは山口清秀に次ぐ第二登であろう。十月に権平完と拓いたのは前衛フェースの裏側にあたる北東フェースであろう。松濤らは左端にあるルンゼ付近を登っていると思われる。

ちなみに、北岳バットレスの「ヒドゥンガリー」は松濤の命名だが、錫杖岳の「烏帽子岩前衛フェース」という今日定着している呼称は松濤の記述以前に見当たらず、それまで「東尾根岩壁」と呼ばれていた。もしかすると「前衛フェース」の名も松濤があたえたものかもしれない。

なお、この山行のベースとした新穂高温泉で、彼は温泉宿に勤める芳田美枝子と知り合った。芳田は翌年一月、北鎌尾根から下山するはずの松濤を迎えるべく、上高地ではかない待ち合わせをした女性《ひと》である。彼女は松濤の死後上京して井上皓司（松濤の私淑していた登歩渓流会の先輩。例の「遺書」にも井上の名が記されている）の店「神《かん》茂《も》」に就職し、渓流会にも入会。数少ない女性クライマーとして一ノ倉沢や穂高岳で活躍した（本書I章「知られざる山女たち―3」参照）。

錫杖や穂高の登攀行から十月十日に帰った松濤は、同月十六日に谷川岳に赴く。このときは、有元克己らと、一ノ倉沢の三ルンゼと一ノ沢を登っている。有元は松濤の一歳年下。一九四一年、松濤と同期に農大予科に入り、四四年十月に出征。四五年に復員復学し、四七年に卒業している。四一年、山岳部に入って間もなく、何度か松濤と山行をともにしたが、四七年十一月には登歩渓流会にも入会。四八年当時は農林省の農事試験場に勤務している。山岳部時代は穂高の涸沢に入り浸り、チーフリーダーも務めたほどで、岩登りの経験も豊富であった。渓流会では『会報』の編集・ガリ版切りを手掛け、一九四八年十月二十日刊の号では、編集後記に次のごとく記した。

冬山の第一歩は踏み出された。アイゼンのツァッケは尖っているか！　オーバーシューズの繕いは出来て居るか！　氷と雪との殿堂・吾等のゲビートに会の全力を挙げて、さあ突進だ!!

松濤と志をひとしくする極地法否定論者であり、間近に迫った彼との北鎌尾根行に、猛烈なファイトを燃やしていたのだ。彼らのプランはこうである。北鎌尾根をアプローチとして槍ヶ岳に至り、ついで穂高連峰、さらには焼岳までの縦走。それもノンサポート、ふたりだけで行おうというもの。

稀代の遺書　あるいは飛翔するリアリズム

サポートを拒否したふたりだが、この長丁場をこなすには、さすがにノンデポというわけにはゆかない。松濤は単身北鎌尾根Ｐ２付近への荷上げに赴く。問題の手記はその出発日、十二月十一日から書き始められている。

目的の荷上げを果たして十七日に帰京した松濤は、十二月二十一日、あらたに運命の登攀に向かう。有元に先立つひとりきりの出発。二十三日にP2へ達したが、翌日から時ならぬ豪雨に見舞われ、二十六日にP2で合流するはずの有元とも会えなかった。二十八日、友の身を案じて下山中にようやく邂逅。いったん調整池に下る。雨に濡れて凍った天幕は使用不能。以降の行程をツェルトと雪洞で強行することにした。三十日、快晴。登高再開。

いまだに語り継がれるほど、一九四九年の正月に北アルプスを襲った風雪は猛烈なものであった。山は大晦日に荒れ始めたが、彼らは元日に北鎌沢のコルに達し、翌日まで停滞。装備も身体も濡れ、登るか下りるかの岐路に立つ。だが、ふたりは偽りの好天に欺かれてしまう。三日、独標手前の雪洞泊。四日、大風雪のもと、独標を越えてビヴァーク。五日、有元が滑落。登り返す力がないため松濤もともに千丈沢へ下る。絶望的な退却。そして一月六日の記述が松濤最期の言辞となった。

松濤明の「手帳」は長野県大町市にある市立大町山岳博物館が所蔵している。

今はガラスケースに収められているのだろうが、手帳の実物を手にとる機会があった。表紙は失われたが保存状態はよく、形状は一一〇×六〇×四ミリである。冒頭にその年の曜日が印刷され、ハンディーダイアリーを兼ねたごくふつうの手帳。じっくり見た。有元の記した数行の文字は、切迫した情況を反映してチアノーゼを呈し、今にも消え入りそうなつらなりであったが、松濤の鉛筆で刻んだ文字はすべからく筆圧が高く、死に臨む昂揚すら感じられた。狂いの欠《かけ》らもない強烈な自我の、毅然たる死であったのだろう。

1月4日　フーセツ
天狗のコシカケヨリ　ドツペウヲコエテ　北カマ平ノノボリカゝリデビバーク。カンキキビシキタメ有元ハ足ヲ第二度トーショーニヤラレル．セツドーハ小ク、ヤ中入口ヲカゼニサラハレ　全身ユキデヌレル．
テング○：（8・15）―ドッペウ（11・00）―小○：（15・30）

1月5日　フーセツ
SNOWHOLEヲ出タトタン全身バリバリニコオル、手モアイゼンバンドモ凍ッテアイゼンツケラレズ、ステップカットデヤリマデユカントセシモ㊒千丈側ニスリップ　上リナホス力ナキ
（四頁空白）
タメ共ニ千丈ヘ下ル、カラミデモラッセルムネマデ、15時S．H．ヲホル

1月6日　フーセツ
全身硬ッテ力ナシ．何トカ湯俣迄ト思フモ有元ヲ捨テルニシノビズ、死ヲ決ス
オカアサン
アナタノヤサシサニ　タダカンシャ．一アシ先ニオトウサンノ所へ行キマス。
何ノコーヨウモ出来ズ死ヌツミヲオユルシ下サイ．
ツヨク生キテ下サイ．
井上サンナドニイロイロ相談シテ
（二頁空白）
井上サン
イロイロアリガタウゴザイマシタ　カゾクノコトマタオネガヒ．
手ノユビトーショウデ思フコトノ千分ノ一モカケズ、モーシワケナシ、
ハハ、オトートヲタノミマス
有元ト死ヲ決シタノガ　6・00．
今　14・00　仲々死ネナイ．

漸ク腰迄硬直ガキタ、全シンフルヘ、有元モＨＥＲＺ　ソロソロクルシ．ヒグレト共ニ凡テオハラン．

ユタカ、ヤスシ、タカヲヨ　スマヌ、ユルセ、ツヨクコーヨウタノム．

（十四頁空白）

サイゴマデ　タゝカフモイノチ、友ノ辺ニ　スツルモイノチ、共ニユク．（松ナミ）

父上、母上、私ハ不孝でした、おゆるし下さい
治泰兄、共栄君　私の分まで　幸福にお過し下さい
実態調査室諸士、私のわがまゝを今までおゆるし下さいましてありがとうございました
井上さん　おせわになりま（六頁空白）した
荒川さん　シュラフお返しできず　すみません　　有元
我々ガ死ンデ　死ガイハ水ニトケ、ヤガテ海ニ入リ、魚ヲ肥ヤシ、又人ノ身体ヲ作ル

個人ハカリノ姿　グルグルマワル　　　　　　　松ナミ
（十二頁空白）
竹越サン　御友情ヲカンシャ・
川上君　アリガトウ（松濤）
（杉本光作註＝この頁に鉛筆を挟みあり）
有元
井上サンヨリ　2000エンカリ　ポケットニアリ、
松濤
西糸ヤニ米代借リ、3升分、

（遠藤甲太編『新編・風雪のビヴァーク』二〇〇〇年、山と溪谷社）

一九四九年一月四日から六日にかけての「手記」。われわれはこの種の文章を、ひとつの文学作品として読むほかないのだけれど、私の知るかぎり松濤の遺書は、自衛隊員・マラソンランナー円谷幸吉の遺書と並んで、もっとも衝撃的な文学上の奇蹟である。円谷書が自死する哀しみの至純さにおいて言語を絶しているとすれば、松濤書はその対極。あくまで死と闘い、ついに倒れんとする瞬間の圧倒的な臨場感《リアリティ》において、やはり言語を絶している。

水泳中に溺れ、はからずも臨死体験をしてしまった吉本隆明は〈「死」についての装飾の仕方は様々で、文学は文学なりに、哲学は哲学なりに、宗教は宗教なりに装飾を施しています〉(『遺書』一九九八年、角川書店）と語るが、刻々と迫りくる自己の死、究極的な現場にあって、松濤の遺書に施された「装飾」は、みごとというもおろかである。

我々ガ死ンデ　死ガイハ水ニトケ、ヤガテ海ニ入リ、魚ヲ肥ヤシ、又人ノ身体ヲ作ル

個人ハカリノ姿　グルグルマワル

抹香臭いものを嫌ったリアリスト明にしても、ここに至って、代々お寺さんであった松濤家の血脈が露呈し、輪廻本体論への祈念諦観がおのずから迸《ほとばし》ったのだ。徹底的なリアリズムの、はるかなる飛翔。

何トカ湯俣迄ト思フモ有元ヲ捨テルニシノビズ、死ヲ決ス

元農大山岳部員宮沢憲氏は、〈これを有元の遺族が見たらどんな思いがするでしょうか。松濤にはそういう心配りがなかった――あの時の雪で一人で湯俣まで下れるはずがない〉と語っている（『別冊太陽』一〇三号、一九九八年十月、平凡社）。

しかしながら、未曾有の悪天候であったとしてもそのときの状況を推断するのは不毛だし、北鎌よりランクが上の硫黄尾根を悪条件下に単身初縦走している松濤のキャリア、絶大な自負を、軽視すべきではなかろう。

また、当時の社会的なパラダイム、コンセンサスといったものも視野に入れておかねばならない。戦時の記憶がまだ新鮮な頃、〈軍律きびしい中なれど、これが見捨てて置かりょうか「確《しっか》りせよ」と抱き起こし――〉（日露戦争時代の軍歌「戦友」）、戦意を殺《そ》ぐとして南京攻略の頃には陸軍が禁じたほどに愛唱されたこの歌が、まだ巷に流れる時代である。〈有元ヲ捨テルニシノビズ〉すなわち「戦友に殉じる美学」を、殉死する者もされる者も、それを観《み》る者もすべてを了承し、共有していたのではあるまいか。むろん、遺族の心の陰影は、微妙に揺らいだではあろうけれど。

西糸ヤニ米代借リ、3升分、

「遺書」はここで尽きる。

極北のリアリズムと極北の哲学（宗教）が奇蹟的な邂逅を果たした地点。分析心理学的に言い換えれば彼の「内向」と「外向」が一致した場所。

ともあれ、よくもまあこんな遺書を残してくれたものだ。肝をつぶしてしまったよ。〈悪い冗談や、ひどい悪戯を好むこと〉、負の英雄、トリックスターの面目躍如といったところか。だがわれわれは、彼の幼い弟たちのように遁走するわけにはいかない。松濤明の作った「張りボテの鬼」と、勇気を出して対面しなければならない。

補遺・西糸ヤニ米代借リ、3升分、

松濤の、あの「手記」の最終行〈西糸ヤニ米代借リ、3升分、〉は、それがまさしく最期の一行だけに、気になるフレーズである。ふつうは「なんと律義な男だろう。たいしたことじゃないのにさ……」と読みとばしてもよさそうなものなのに、なにゆえか、どうも不安な、不安定な余韻が胸奥に澱む。私の編集した『新編・風雪のビヴァーク』が刊行された後も、なんとなく釈然としなかった。

上高地、西糸屋の御主人奥原教永氏に『旅の空』（一九九八年、私家版）という著書がある。もはや著者の手許にもほとんどなく、容易に読める本ではないが、雑誌『山の本』の編集者島本達夫さんがその本を入手し、当該箇所をコピーして送って下さった。一読して、おお、納得！　松濤の最期の一行には、戦後生まれのわれわれがともすると忘れがちな、とてつもなく重たい現実があった。奥原様、どうか長い引用をお許しください。

わが家にとって、常に消えない痛恨事は、この遺書のいちばん最後、命の尽きる寸前に「西糸ヤニ米代借リ、三升分」と松濤さんに書かせたことである。子、孫、曾孫を含め、戦後の食料難を体験しない次の世代のために、当時のわが家の苦境の状況を記しておきたい。人の死の直前まで、わずかな米代を請求したかのような強欲な父母と錯覚されかねないためにも――。

田んぼはおろか雑穀ひとつ取れない島々では、戦後の食糧不足は深刻だった。たまたま母の実家が農家であって、たまには白米が届いたが、母の兄を通じ父は何か所からも借金をし、母もそうそう実家を頼れなかった。配給の雑穀やら山菜など、口に入るものは何でも米と混ぜて雑炊として、飢えを凌いでいた。金さえあれば闇米も手に入ったろうが、わが家は最悪の状態で、とてもそんな余裕はなかった。

（中略）加えて十二年から病床についた兄と、二十年から病魔につかれた姉の、保険診療でない当時のこと、松本の伊東医院、波田村三溝の上条医院のタクシー往診による医療代が、入山者の途絶えた終戦前後の上高地の収入では、家計を圧迫していた。

そして決定的なピンチがわが家の一階埋没である。終戦直後の昭和二十年十月十日の水害によって、土砂が流れ込んだのである。急遽、物置としていた二階を仕切り、汚れた畳と茣蓙を敷き、部屋として暮らしていた。もちろんガラス戸はなく、古びた障子で、天井板などのない、薄暗い部屋だった。そのうえ、視力の落ちかけた祖父と腰を曲げつつ介護していた祖母は、離れてつくられたバラックの小さい小屋で、一代で築いた家屋敷を土砂に埋められ、災害を恨みつつ哀れな日々を送っていた。

こんな状態の島々の家に松濤さんがやって来たのである。二人の病人と年寄りにさえ十分の米が入手しにくいとき、あの世渡りの下手な父がどんな工面をして白米・餅を手配したのかと思うとその苦悩が察せられる。

（中略）上条孫人さんが松濤さんのガイドであったから、案内組合の事務所であるわが家には松濤さんも戦時中から出入りしていたことだろう。その松濤さんが、わが家の苦境を知っての糧秣依頼であって、「米代借リ」の「借リ」は、父母の好意、人情の「借リ」を表現したのではないか、と私は思っている。

本稿中彼のおいたちや軍歴そのほかは松濤裕氏にうかがった。また、関賢治氏（五一年登歩渓流会入会、元同会代表）には貴重な『会報』をお借りした。おふたりに深甚な感謝を捧げる。

〈一九九九年一月初出、二〇〇〇年三月および二〇〇二年二月に改稿〉

失われた記録——立田實の生涯

ひとは何のために過去を語るのだろう。何のために、おのれの踏跡を書きのこすのだろう。われ知らず夜の夢に反芻し、甘美な追憶にとめどなく浸るが、それでも足りずにひとは過去の体験を永遠の現在《いま》にとどめようとする。写真やテープに残すか、ノートに走り書きして済ますこともあるが、ときには、めんみつに来し方を地図になぞって記憶を揺りもどし、詳らかな軌跡を文字にゆだねる。

心に映じたことどもを言葉にし、文字化する作業には、アプリオリに伝達への希求が宿っている。このやみがたいいとなみは、まずは時間《とき》の風化に抗して、体験を自らの裡に定着させるためなのだろうが、すでにしてそれを他者と共有したい衝動とあきらかに通底している。まして体験が特殊で、感動が大きく質の高い場合は、心の部屋にかくしておくのが難しい。

登山家に筆まめな者の多いのは、だから容易に納得される。無為平凡な日常に没しがちなひとびとと比べ、彼らははるかに刺激的な体験の所有者なのだから。「航海日誌」を別とすれば、「山日記」のごとき記録帳の、これほど普及しているスポーツはほかにあるまい。

ところで「記録」を辞書にあたると、第一項に「のちのちに伝える必要から、事実を書きしるすこと。またその文書」とあり、第二項に「競技などの成績・結果。レコード」とある。さしずめ「山日記」などは第一項に該当する文書だろうが、登山の記録云々を語るとき、第二項にも留意せざるを得ない。すなわち、初登頂、初登攀、ないしそれに準ずる「記録＝レコード」の謂《いい》である。

登山の須要《しゆよう》な魅力に、未知、未踏といった要素が含まれるとすれば、「記録」に熱い眼差しのそそがれるのはあたりまえ、第一級のクライマーならずとも未踏の頂稜、未登の岩壁に憧れを抱く。

おまけに、そうした「記録」にはつねに栄光、なにがしかの名誉がともなう。アキレウスの選択とひとしく、富と栄光のうちいずれかを選べと命ぜられたら、まよわず栄光をゆびさすのが高嶺の渇仰者たちの一般である。世間的な名利とは縁遠いはずの登山家だけれど、自己のうち樹《た》てたレコードに愛惜の情を抱かぬひとは稀だ。

かくして、彼らは個の体験を普遍化させるべく筆を執る。

だが、ここにひとりの、ふうがわりな男がある。

一九五〇―七〇年代、彼はけたはずれの情熱をもって「山」に対した。四十五年にみたぬ短い生涯のうち、おそらく五千日ほどを山行に費やした。日本の山岳、岩場を無尽に縦横したのち、世界中の山々を巡り、岩壁を攀じた。

アコンカグア南壁に挑んでパタゴニアに足跡を印し、フォークランドから南極近辺まで彷徨した。

アラスカのローガンを、ヨセミテのビッグウォールを攀じた。

アルプスに渡れば、アイガー、グランドジョラス、マッターホルンの北壁群を、ドリュの西壁を、多くのシャモニ針峰群をアタックした。

ある年は、外国隊にまぎれてエヴェレストのサウスコル上まで達し、禁断の地チベットからブータンへ潜入、ビルマ、タイに到った。

そのほか、数え挙げるのが億劫なほど、たとえばスピッツベルゲンの山を六峰、サウスジョージアの山々七峰、ナンガ・パルバート偵察、ダウラギリI峰偵察、ケニア山、キリマンジャロ……。

そのほとんどが単独行であった。

厖大な山行はごく一部を除いて発表されることなく、そして——死病の床で、彼は自らの手によってノートを焼き捨て、記録をあまねく抹消した。

やぶからぼうに絢爛たる山々、岩壁の名がうちならび、読者諸兄は面喰らったに相違ない。「ははん、こいつは小説かしら」と思ったやもしれぬ。だが、あらためて述べよう。本稿はフィクションではない。

それでもあなたは言うだろう。「誇大妄想狂なんぞめずらしくもない。もっとも、ドン・キホーテ、葦原将軍クラスなら面白いけどね」

あるいはこうも言うだろう。「登山家は夢多い生き物だからな。あんまり地図を眺めているうち、実際に行った気分になっちまったんだ。悪気はないんだろうけれど、そんなのに踊らされて人騒がせはやめにしなよ」。そして結論するだろう。「百歩譲って事実としてもだ。証明できなきゃ何の意味もないさ」と……。

さもありなん。筆者もはじめはそう考えた。列記した経歴は、いまのところほとんどが、友人たちによる伝え聞きでしかない。しかし、彼の周囲を手さぐりするにつれ遅疑が生じた。彼が嘘言症者の対極にあるのが明らかとなった。まごうかたなく優れたアルピニスト、冒険家であった。

ならば、たとえ記録が失われていようとも、でき得るかぎりに傍証を固めてその実像にせまるべきではなかろうか。さらには、なにゆえ意図的に記録を破棄し、死後に残る栄光さえも拒絶したのか。そこに至る心理、背景を知りたくなった。

誰かれかまわず伝法な口調でもの言うひとだったらしい。しかし、くちぎたなく罵りつつも、ひとなつこい笑顔をたやさなかった。いま筆者には、半ばはにかみ、半ば本気で怒鳴る彼の声が聞こえてくる。

「うるせえやつらだな、登ったか登らないかなんて、どっちでもイイじゃねえか。オレは好きかってに生きただけだい。バッキャローメ」

山への目覚め

立田《たつ》實《たみのる》は一九三七（昭和十二）年八月十九日、東京江東区の大島に生まれた。いわゆる下町を故郷にしたことは、彼のその後の生と無関係ではない。

酒造問屋を営む父高次郎は一代で財を築き、「五分利屋」の屋号は近隣では知れわたっている。現在でも實の兄弟たちが錦糸町、白山、亀戸にそれぞれ酒類卸、酒店、食糧品店、薬局などを何軒か持ち、手広く商いを続けている。恵まれた家庭に育ったと言える。

彼は十人兄弟の六男で、長兄とは十六ほどの年齢差がある。いたずらの過ぎるところもあったがきわめて悧発、とりわけ感性ゆたかな子供だったから、兄姉、両親にこよなく愛された。母は深川の出身、下町固有の人情家であり、實の性格の多くは、彼女より受け継いだものであろう。

小学校にあがるころ、首都にはしだいに戦火がせまり、兄姉とは別れわかれに疎開を余儀なくされる。父の本家静岡県清水市に移った彼は、一九四三年から四五年にかけて興津《おきつ》の海辺に暮らす。

思いやりは深かったが、相当にきかぬ気の少年で、「土地のヤツらに負けてなるものか」と勉学にはげんだし、野山を駆け巡って身体を鍛えた。後年、強靭無類と称された肉体は、このころから徐々に培われるのだ。

「国民皆兵」「鬼畜米英撃ちてしやまん」……戦時教育の徹底していた時代だから、江戸っ子気質の純情少年が愛国心をひと一倍鼓舞されるのもやむを得まい。清水軍港に向かうB29を、けなげにも石つぶてをもって迎撃したという。世界を股にかけるようになってからの逸話だが、サンフランシスコの金門橋で、日の丸の鉢巻をむすび敢然とダイヴィングを試みた。いかにも無鉄砲、いくぶんユーモラスなエピソードだけれど、少年の日の天衣無縫な愛国心の敷衍《ふえん》したものかもしれない。もっともこのときは、「たんなるトライアルだよ」との弁明にもかかわらず、市警察に拘留されてしまう。自殺志願者とみなされたのだ。

さて、大戦はようよう終焉し、無事古巣へ帰った少年だが、彼がいつ山登りを知ったのかさだかでない。四男卓夫の記憶によれば、たぶん中学生になってのちである。尾瀬ヶ原、雲取山、白馬岳などに連れて行ったという。

だが、實は早くも尋常ならざる脚力を顕す。雲取山では歩き出したとたん、この元気な少年はとっとと先に行ってしまい、兄卓夫が標準タイムの八時間をかけて小屋に着いたところ、彼はなんと五時間前に先着していた。

肉体も精神もきわめて早熟であった。一九四八年、父が亡くなり、兄たちが父親のかわりを務めるが、デキのよい、いわば家族の寵児であったために、年長者たちは少年に英才教育をほどこす。潤沢な財は当時の庶民に無縁な家庭教師の雇用をゆるしたし、ことさらに名門中学への転校を強いた。レヴェルの高い進学高校、そして東大へ。エリートコースに乗せるのが兄たちの願いであった。

過重な期待はときとして逆効果を生む。天性の資質を持っていたとしても、せっかく慣れ親しんだ学校を理不尽に（彼はそう感じたであろう）移らされた結果、なんらかの心的傷害を被るのは予想に難くない。転校を機に、少年は勉学に身が入らなくなる。三男泰三は語る。「以来、しきりに山へ出かけるようになりました。無理に転校させたのが悪かったのかもしれない」

環境の変化による抑圧から、不良化したり、ノイローゼに陥るにはあまりにも健康で、しっかりした性格の持ち主だった。多少の厭世家にはなったかもしれないが。おそらくその代償として、立田實は山を選んだ。エリートコースに背を向けたとき、すべてを賭して悔いぬ登山という行為に邂逅したのだ。中途半端を極度に嫌う男である。稀代の野性児、アルピニストが誕生しつつあった。

緑山岳会の門をたたく

東京緑山岳会は一九三八（昭和十三）年創立、谷川岳の岩場開拓、ないしは同岳における数多くの遭難救助、遺体収容で名を馳せた。往時の会長寺田甲子男は半世紀近くを経ていまだ健在、一線を退かずに会長職を務め、会員の尊崇の的である。典型的な下町の山岳会だから気風《きっぷ》のいい兄《あん》ちゃんが多く、現在もにぎやかに活動を続けているし、同会から巣立った名クライマー、また分派した有力山岳会は数知れぬ。

だが、緑山岳会の最も充実していたのは、一九五八年の一ノ倉沢コップ状正面壁開拓前後であろう。義理人情に厚く、善くも悪しくも江戸っ子のクライマー連が、寺田親分のもとに集った。彼らは「山岳サルベージ」と称し、ドクロの旗を掲げ、おそろいの緑色のザックを背負って谷川岳を闊歩していた。あまりにヤクザっぽい言動がたたって、ありていに言えば登山界に顰蹙《ひんしゅく》をかった時期もあるが、ひとのいやがる遺体収容を率先した彼らは、とりあえず称讃を受くべきであろうし、特異な社会人山岳会として、日本登攀史上にかっきりとその名をとどめている。

立田實が寺田の門をたたいたのは一九五三年。深川の寺田宅は、日毎夜毎山男のたまり場となっていたが、ここ二年ほど、ひとりの妙な子供がうろついている。ついにある日、

学生服の少年が、山岳会に入れて下さいと我家に訪ねてきた。「君何歳《いくつ》」と問いただしたところ「一五歳です」と答えた。まだ子ども子どもしたその顔。「君、山岳会という所は大人ばかりで、しかも緑という会は危険な山を登ることが多いから、もう少し大きくなったらいらっしゃい」と、その時は帰ってもらった。

(緑山岳会の立田實追悼誌より)

体よく拒絶されたけれど、それくらいで諦める男ではない。翌五四年二月、再び参じて首尾よく入会を許される。ときに十六歳、中学を転校してから一、二年たってい

るから、その間ひとり近郊の山々をしゃにむに歩きまわっていたのだろう。単身で成し得る限界を悟り、同じ下町の名門山岳会の指導を受ける気になったのだ。果敢なばかりでなく、慎重な一面もうかがえる。

都立の高校に通ってはいたが、もはや山しか眼中になかった。その年型どおりの雪上訓練をこなし、丹沢の沢溯りや北アルプスの縦走などで力をたくわえると、翌五五年からがぜん頭角をあらわす。冬の八ヶ岳、一ノ倉沢五ルンゼ、四ルンゼなどなど、いならぶ猛者をしりめに山行日数は会随一の七十二日。翌年も谷川通いはもちろん、北海道、伯耆大山と範囲を拡げ、山行一四七日を記録、早くもサブリーダーに推される（「緑山岳会会報」、以下同じ）。高校生の野外活動としては異常というほかない。もとより出席日数は不足して（進級には三分の二以上の出席が義務づけられている）、卒業した事実こそあるものの、たぶんに母や兄たちの奔走によるのではなかったか。

しかし、いつ受験勉強をしたのか信州大学に入学。いちおう植物学を専攻したのだけれど、由緒ある「山の大学」に憧れたのだろう。もっとも、すぐに日本大学の獣医学部に転じている。この辺の事情は兄たちに訊いても判然としない。いずれにせよ卒業には至らなかった。なにしろ山へののめり込みはエスカレートするいっぽうで、五七年にはなんと二〇六日の山行を遂げている。

父が存命であったら、これほどの勝手は赦されなかったかもしれぬ。だが母は、学費を大学へ直送する程度の方策しかなさず（本人にわたしたら山行に費やしてしまうのが眼にみえていたのだ）、息子が山へ出かけるつど、こっそり米をあたえるようなひとであった。また兄たちも、強くいさめることをしなかった。よほど憎めない人物だったのであろう。山仲間たち、先輩も、家族も、未亡人も口をそろえて言う。「彼は可愛い男だった。すべてを容《ゆる》さずにはおれなかった」と。実際、彼は死にいたるまでこれといった仕事につかず、経済的にはすべからく兄たちに依存した生を生きる。

厳冬の知床岳、春の一ノ倉沢単独行

けして狷介《けんかい》孤高の天才ではない。むしろ、お道化て周囲を明るくする才能さえ持っていた。だが、自己の山行については、きわめて寡黙な男であった。

緑山岳会の統制は厳しく、山行計画、入下山届けのチェックは入念なはずである。しかるに、彼だけは例外だった。会長がカミナリを落としても、そのつど詫びはいれるがあいかわらず無断山行を犯す。それでもクビにならなかったのは類い稀な人徳の所以《ゆえん》としか考えられぬ。わけても山行の報告は、それが重要な記録であるほど、めったに口にしなかった。

そんな彼が、ある日の集会の席上、例によってサブザックを背負った登山姿で現れ、「ベンちゃん、これ書いてみた」と言って分厚い原稿を差出した。珍しい事もあるなと思いながら原稿を受取り、その原稿を読み終わって私は思わず腰を抜かした。（山本勉筆、追悼誌より）

一九五七年、立田實は瞠目すべき山行で十代の青春を締めくくった。ことごとくおのれの踏跡を抹消しようとした男だが、例外的に残されたふたつの貴重な記録である。まず一月二十五日から二月十五日にかけての、「厳冬の知床岳」と題された一篇。いまでも冬の知床半島は秘境と言ってよい。登山が目的ともなれば、よほど屈強なパーティにのみ許された世界である。立田以前の記録としては、一九五三年に京大の山岳部、五四年に札幌山岳会が入山、例外的に異才川上晃良が一九五三年三―四月に単独で入山した記録はあるが、当時はまさに探検登山、国内におけるエキスペディションであった。北海道学芸大学隊が全山縦走を果たし、真冬の知床の全容をあきらかにするのは一九六三年なのである。

なかでも知床岳（一二五四メートル）はアプローチが長く、きわめて困難な登山。

マイナス三〇度、烈風吹きすさぶ陸の孤島である。五〇キロ近い荷を負って、ただひとり七〇キロの歩程をゆく少年を想像できるだろうか。

こんな時不思議に、来てよかったと思った。ルソーが「自然に還れ」と云った事が、この苦しみの中で自然に痛感された。何か得がたいものを得、一歩大人に成った気がした。

急峻な壁はピトンを連打し、稜線では髪や睫に無数のつららを垂らしつつ、二月七日、ついに登頂成功。僥倖ではない。知床はすでに四回訪れており、充分な偵察を果たしている。

記録はリリカルで無駄が少なく、年齢にそぐわぬ文章である。松濤明の『風雪のビヴァーク』と通う文体だ。そういえば、松濤とは境遇といい志向した山行といい、非常に近似な資質を感じる。彼の書架にはもっとも旧い朋文堂版の『風雪のビバーク』があった。十五歳年長の夭逝した岳人（一九四九年没）を、彼は常人以上に意識したのではなかったか。

一九五七年は、谷川岳登攀史の上で記憶されるべき年である。三月三十一日、吉尾弘らが一ノ倉沢滝沢を完登し、「冬季登攀時代」の開幕を告げたのだ。昭和初期から容易なルンゼや尾根には積雪期の記録もみられるが、一ノ倉沢の中枢部を突破したのは吉尾らをもって嚆矢《こうし》とする。わずかに遅れた四月七日、松本龍雄らが滝沢右稜を登り、翌年には南稜、中央稜、烏帽子奥壁などが次々と陥落する。谷川のみではなく、剱、穂高、北岳においても同様で、冬季初登攀が華々しく競われる。吉尾らの登攀はコロンブスの卵となった。

ターゲットのひとつ、一ノ倉沢南稜は、一九五八年二月に南博人らが初登の栄誉を受けるわけだが、そうした登攀界の趨勢を知ってか知らずか、立田實は五七年の早春、一ノ倉沢にひとり赴く。四月四日から九日にかけての「春の一ノ倉沢」と題された記録。

このとき彼は一・二ノ沢中間稜と南稜を登るが、注目すべきは八日に行われた南稜の単独登攀である。好天つづきで壁から雪氷が落ち、冬季登攀の範疇には入らないけれど、上部のチムニーや草付壁の登攀はこの時期そう甘くない（現在は上部もリッジ沿いに登るのがノーマルだが、そのころは上部は六ルンゼのチムニーを登るのがふつうであった）。

ルンゼ内は雪がギッシリ詰まっている。少休後南稜どおしに取付いてみたが、上部草付の状態がモロに悪いのではないかと思いやめる。チムニー状の雪の中を、注意深く雪をけりながら登る。右側のビショビショの壁にルートをとり、強引に登攀。エボシ岩の見える不安定な急傾斜の上に立った。時十二時半。草付が所々出ており、グシャグシャのヌルヌルの中をビクビクしながら登る。雪に手をかけたその時、五十貫ぐらいの雪塊がズルズル落ちていった。思わずほっとする。雪の上をコソ泥の様に登る姿は、きっと滑稽であったろう。草付野郎をケトバシたくなる。腫物にでもさわるような登攀が続く。うんざりする頃、時一時半、一ノ倉尾根に出る。

立田の南稜登攀の前日、雪崩をかいくぐって滝沢右稜を完登した松本龍雄は立田の単独登攀を評して〈恐ろしい後輩——年下というだけでしかないが、立田君の存在に刮目せざるを得なかった〉（追悼誌）と記し、八日前滝沢本谷の覇者となった吉尾弘は、「立田さんか。あの人は凄い、実に凄いひとだ」（筆者による聴き書き）と嘆じた。南稜にせよ、一・二ノ沢中間稜にせよ「単独初登攀」にちがいあるまい。しかし彼は勲章を必要としなかった。この記録も長い間報告せず、こともあろうに会の同僚が面目を潰される。南稜の冬季登攀を狙ってひたすらトレーニングにはげんでいた大野栄三郎は、次のように語る。

万一自分のアイゼンテクニックで駄目な所があっても一ピッチぐらい、よしワラジを持って行くと云う様なところまできた時、立田が来て、ポソッと「岩場は悪くないよ。お前なら楽に登れるよ。それより最後の草付が恐いよ。大きく雪崩れるかも知れないから右に思いきって巻いて登れよ」と口を出してきました。

（追悼誌）

追及したところ、「十九歳と別れる歳となったので、青春を一人で祝って、厳冬の知床を登り、四月初めに一ノ倉をやったんだ」と白状した。大野はコップ状正面壁の開拓者（一九五八年）だが、会のエースもかたなしである。

知床岳と南稜の登攀によって、立田は登山界にデビューした。あらゆる処女作には、その人間のすべてが込められているという。彼の処女作を重くみたい。知床岳行には極地指向、耐久力を要する登山、旅への憧れが認められる。南稜登攀には垂直指向、それに「記録」への無関心が顕著である（山行を数日ずらせば三月中の登攀となり、冬季初登攀の記録になるのだ）。共通なのは、単独行者、放浪者（ひとつの頂、あるいはルートに執着しない）のイメージ。いずれにせよ凡人には測り得ぬスケールを感じる。圧倒的なヴァイタリティーを……。垂直にも水平にも強い男。孤高の影を曳きながらさすらう旅人。まだ二十歳に満たぬ若者は、やがて世界を駆けめぐる運命にある。

さびしがり屋の単独行者

一九五七年、峻烈な単独行で十代の山を締めくくった立田實は、六五年の海外渡航自由化を機に世界の山々へ飛翔する。だが、まずはそれ以前の国内における動向に触れておくのが順序であろう。

追悼誌の年譜は夥しい山名を列挙する。利尻から屋久島までくまなく巡り、縦走、沢溯行、岩壁登攀、冬季登攀とまんべんなく渉猟している。いわゆる「日本百名山」などは、そのほとんどを早いうちに登り尽くした。

しかし彼は、当時最先鋭と目されていた人工登攀に興味を示さず、批判的ですらあった。にもかかわらず、緑山岳会を挙げてのルート開拓、一ノ倉沢コップ状正面壁

（五八年）、黒部丸山東壁（六五年）には参加している。嫌いなボルト打ちにあえて協力したのは、野放図な自分を容《ゆる》してくれた仲間たちへの忠愛ゆえにほかならない。生粋の単独行者でありながら、友情には人一倍篤かった。

六四年二月から四月にかけて、森田勝、青木敏が屏風岩東壁をかわきりに、穂高—槍—烏帽子—鹿島槍北壁と継続した。過去に例のない大きな山行だが、この折も立田はふたりの後輩をサポートして、槍—鹿島槍間の縦走をともにしている。ただし、登攀史上幾重にも名を刻んだ青木と森田、お山の大将が三人寄ったものだからすぐさま衝突、てんでんばらばらに歩いたという。協調性の欠如には負けず劣らずの三人である。

「立田さん、オレより朝飯一杯よけいに喰ったんだから、その分ラッセルやってもらうよ。当然だろ！」

「バッキャロー！　ホキ勝（森田のこと）がそんな口たたくのは十年早いや」

といった他愛のない喧嘩ではあるけれど……（佐瀬稔著『狼は帰らず』一九八〇年、山と溪谷社）。

悲運にして山に殉じたが、森田勝は伝説的な日本のトップクライマーである。その森田も立田に怒鳴られ蹴飛ばされつつ成長した。六七年二月、会の許しを得ぬまま一ノ倉沢第三スラブを攀じたのが祟って退会したが、その後も親交は続き、海外遠征のたびに多額の援助を立田より受けている。蹴飛ばしたのも、金を差し出したのも立田流の友情表現であっただろう。

ここで気づくのだけれど、実力ナンバーワン、長く会のチーフリーダーを務めながら、彼は常に脇役に甘んじている。合宿に参加しても、テントキーパーをしていることが多かった。さびしがり屋で仲間を求めるのに、生命がけの登攀を友と分かち合う悦びを知らなかった。稀にザイルを組んだときは、なぜか一歩退いてリードをパートナーに委ねた。

「立田とザイル組んで登ったことあるかい？　俺は、一回きりだったなあ。幕岩のCフェースでさ、当時は、屈指のヴァリエーションだった。立田に、いくかいって聞いたら、「おっかないから、やだ」ってんだ」（山本勉）

「俺も、一回しかない。長次郎の六峰Cフェースだった。いけ！　ったら「やだ」ってんで、ザイルたたんで登れるところまでいった」（古谷辰二）

「立田は、自分しか信用しないやつだったね。一人が好きだったんだ。一人なら、自分がミスしなければ、大丈夫なわけだから」（山本）

「あいつとザイル組むときは、「お前がトップを登れよ」って約束させるんだね。「俺がトップをやんならやだよ」ってんだ。困っちゃうんですよ」（大野栄三郎）

「ホントは、彼にトップをやってもらえば、一番安心なんだよね」（山本）

「だからさ、僕がトップを登らされて、彼に後ろ見られてるって思うと、ビビッちゃって、よけい登れないんだよね。でホキホキしてるうちに、ノーザイルで、横からスルスルって登って、上から「おーい、早くこい」って首をだすんだから、弱っちゃうんですよ」（大野）

以上は追悼誌中の座談会から抜粋抄録したが、立役になるのを好まぬ心理、性格とともに、単独行者固有の人間不信、一種のエゴイズムも窺える。

ついでながら「ホキホキしてる」という表現は緑山岳会の隠語であって、原形はホキ＝保喜（名詞）。とにかくマイナス、ネガティヴなイメージを指す（寺田甲子男談）。

さて、いよいよわれわれも、立田の足跡を追って世界へ旅立つときが来たようだ。

汎地球的放浪者

くりかえし述べたように、彼はすべての記録を発表せず、自らの手で焼却した。すべてが未確認だけれど、とりあえず友人たちの証言を聞いてみよう。

▼「立田がホキなことしたってのは、国境警備の兵隊にホールドアップされたって話かな」（大野）

「俺は、共産圏だと聞いたような気がする。山に登って、下山ルートを間違えちゃって、チェコかどこかに降りてきちゃったんだよ。それで、兵隊におどかされちゃってさ、けっきょく登山客だと判ってもらえて、兵隊さんにオートバイで、国境まで送ってもらったんだよ。で、オートバイに乗るとき、しっかりつかまっていろと言われて、後ろからお腹のあたりに、しがみついたんだって。そしたら、もっと上をしっかりつかめっていわれて、手を相手の胸のとこにやったら、これが女の兵隊でさ、「よかったぜ」なんて話してた」（古谷）

▼「セロ・トーレにも行ってんだ。アコンカグアの帰りだよ。頂上直下二百メートルまでいって「あんなスラブ登ってもしょうがない」って、やめちゃった。そのあと、イタリア隊がドリルでボルトばしごを打ったんだ。「ばかなことしやがって、あいつら」っておこってた」（寺田）――この逸話はかなりあやしい。セロ・トーレは当時としては頂上直下までだって難しすぎる。なお、イタリア隊は一九六九年のチ

エザーレ・マエストリの登攀を指す――。

▼「アルゼンチンの軍隊と仲よくなったのもその頃かな。やつは確か二回エベレストにいってて、一回はイタリア隊、もう一回は、アルゼンチン隊と一緒だったと聞いたな」（大野）――アルゼンチン隊は七一年ポストモンスーン、八二〇〇メートルで敗退。隊長H・トローサ、隊員十八名。イタリア隊は七三年プレモンスーン、登頂成功。隊長G・モンジーニ、隊員六十四名。仲間たちのウワサが事実だとしたらこのときのこと。立田は無酸素、単独でサウスコル上部に達したか？　もとより隊員名簿に名はなく、シェルパに紛れ込んでいたのか――。

「シェルパと一緒に寝たり食事したりして仲よくなったそうなんです。だから、自分が登るときになったら、白人のとき以上によく働いてくれたそうです」（未亡人）――立田宛ネパール語の来信一通あり。菲才《ひさい》にして筆者には読解できず。シェルパの友よりの便りか？――。

「当人は『サウスコルから、ちょっと登っただけだよ』なんていってたけどね。本人、ヤバイんだよね。こういうことが大っぴらになると」（大野）――八五年四月、クスム・カングルー遠征の途次エヴェレスト街道を通った黒沢孝夫にあらかじめ調査を依頼しておいた。数人のサーダーに立田のことを訊ねたそうだが反応なし。歳月がたっているのでやむを得まい——。

▼「立田は水泳には自信を持ってたな。いつだったか、マラッカ海峡を泳ぐとかいってた」（小俣徳造）——未亡人の言によれば、伊豆八丈島と八丈小島を横断したのは事実である——。

「その頃かな、ヨセミテにも確かいってるんだよ。どこの岩壁だか、とにかく六〇〇メートルくらいの岩場を、あらかじめ懸垂下降して偵察して、単独で登ったたって。そして上に着いたら、そこがバスの駐車場になってて、帰りは車に乗ってきた」（寺田）——グレーシャーポイント（比高五〇〇メートル）の頂上にはバスが走っているが同定不能。なお、このとき五〇〇メートル長のワイヤーを使って懸垂下降したとの証言あり（鷹觜勝之談）——。

▼「ドイツ人とパーティを組んで登ったときのことをちょっと聞いたんですが、口でいうほど、よく登れなかったって。このときは敗退しちゃったそうなんですが、パートナーがいなければ登れたって」（未亡人）——六九年、アイガー北壁への一回目アタックを指す。パートナーが負傷して撤退。二度目の挑戦に関しては後で触れる——。

▼「亡くなるほんの一年くらい前、入国許可書をとっておくからって、一緒にさそわ

れたんです。僕は六〇〇〇メートルまでで、あとは無線の応答をしてくれればいいからってね」（佐久間博）
「それは、ボニントンと、コングール山にパーティを組んで登るときの話じゃないかな。結局中止になっちゃったんだよね」（寺田）——八一年七月のコングール峰遠征を指す。ボニントン隊は登頂成功。立田はボニントンと親交があったという。家業は輸入品も扱っており、商売上の関係もあったらしいが委細不明（兄卓夫談）——。

▼「ビルマの黄金デルタ地帯で、兵隊が麻薬栽培をやっているのも見てきてるんだよね」（大野）

▼「まだ行ったことのない国は、オーストラリアとニュージーランドと、北朝鮮と台湾だけだって言ってました。どこの国へ行っても、寝る時間を惜しんで全部見てきちゃうんです。東京にいても、時々ブラッといなくなるときは、いつもくたくたになって帰ってくるんです」（未亡人）

追悼誌中の「座談会」からアトランダムに抽出、わずかに整理したのが以上だが、感嘆したり、怪しんだりしていても仕方がない。われわれはもっと先に進まねばならぬ。たとえ不毛な試みだとしても、可能な限り彼の足跡を追ってみよう。

失われた記録を求めて―1

とはいえ、これは容易な作業ではない。立田の「書くこと」への拒否は徹底していて、焼却したノートを除けば、「文字を書くのは年に数回、必要上自分の名前を書いたくらいじゃないかしら」(未亡人談)といった具合で、日記はおろか、かろうじて遺《のこ》された私信もわずか十六通。何から手をつけてよいやら……。重複するが、まずは次の資料を見ることから始めるしかなさそうだ。

(立田加寿子筆、日付なし。ペン書き)

アコンカグア南壁完登〈註1〉

グランドジョラス北壁、頂上下三五〇メートルにて敗退(単独)〈註2〉

マッターホルン北壁完登〈註3〉

モンテアニール北壁完登

アイガー北壁、パートナードイツ人怪我の為敗退(翌年完登　単独)〈註4〉

ナンガパルバット南壁偵察(単独)

ダウラギリ南柱状岩稜偵察、その後後輩登頂する。〈註5〉
スピッツベルゲンの山六峰（単独）
サウスジョージア三〇〇〇メートルの山七峰（単独）
世界五大州の三〇〇〇メートル以上の山登頂五〇を超す。
アラスカ・ローガン
アフリカ・ケニア山など八峰
アルゼンチン南端（チリを含む）一〇峰程登攀
チベット入国一カ月（ラマ僧といっしょに）、ネパールよりブータンを経てビルマに至る。この記録は今だないと思う。

立田　實

「亡くなる一年ほど前かしら。山の話なんかいっさいしないひとだったのに、どうした風の吹きまわしか「これだけは言っておくから書いておけ」と申しまして、どこの山だかも判らないまま言われるままに書いたのです」

晩年の立田はかなり荒んだ生活をしていた。心身ともに病んで、自死をほのめかすことさえあったという。失意の底にあって、妻に書き取らせた記録である、口述筆記とはいえ無視し得ぬ資料と言えまいか？　泉下の立田の意にそぐわぬ所業で心苦しいけれど、以下、幾許かの検証を試みる。

註1：アコンカグアに関しては比較的容易。緑山岳会隊としての遠征なので記録が残っているのだ。メンバーは立田を隊長に青木敏、野崎正矩、大橋武三郎、増山直義の五名。六六年十一月に横浜を出港し、翌年二月十一日、南壁のフランス稜を完登している。ところが記録（野崎筆『山と溪谷』六七年六月号）を読むと、他の四名は南壁よりの登頂を果たしているが、立田のみ別行動をとっている。ルート工作には加わっているし、立田自身山頂を踏んでいることは確かなのに……。

立田の登頂は書簡〈二月十一日全員無事南半球の最高峰アコンカグアに登頂出来ました。僕は三月よりパタゴニア地方のフィツロイ山附近に行ってきます〉（兄卓夫宛、二月二十四日メンドーサ発）や、山頂の写真（突き差したピッケルが被写体で、単独登頂を思わせる）によって明らかである。他のメンバーが所在不明で、この間の事情を訊くことがかなわず、隊長としてあえてサポートにまわったのか、アタック時に体調が悪く後日あらためて単独登頂したのか判らない。どちらにしても謎の多い行動である。組織的な登山になじめぬ個性の顕れと解しては牽強付会であろうか。

註2：加寿子夫人による口述筆記は二通あり、若干の異同が認められる。（夫人自ら

が、技術的に可能かどうか新たな疑問が生じるけれど。

註3および註4については次項で述べる。

註5：文中の後輩とは雲稜山岳会会員の雨宮節である。所属は異なるが、雨宮は立田を偉大なクライマーとして尊敬していた。七五年、七八年と二度にわたるダウラギリI峰遠征隊を指揮し、七八年の挑戦で南柱状岩稜からの登頂を成功させた人物。雨宮は追悼誌に一文を寄せている。〈僕が青木敏と一緒にマナスル西壁に遠征した時、氏は僕に餞別をくれました。その中にはこう書いてありました。「僕（立田氏）が行けない八千メートル峰に、一生懸命挑戦して来い。そして全力でアタックして来い。登れなければそれも良い。だが登山は、どんなことがあっても登れなければ登山ではない」。その後、僕は機会がある度に、この言葉を若い人達に伝えて来ました〉（抜粋）

はげましの言葉としても、ずいぶん厳しいトーンだ。立田はかなり登攀の成否にこだわるタイプらしい。黒白をはっきりさせねば気のすまぬ性格である。してみると雨宮の記述は、この資料の信憑性を高める傍証と言えるかもしれない。立田は登っていないのに登ったなどとはとても言えぬ人間なのだ。

しかし、いかにしても傍証は傍証にすぎぬ。決定的な資料は他にないものか。いささか荒っぽいが立田宅に押しかけ、家捜しさせてもらうことにする。加寿子夫人はすでに転居し、現在誰も住んでいないが、写真を含めて相当量の遺品が蔵されてあるという。

夫人の案内で、亀戸の旧立田宅を訪ねる。十一階建て公団住宅の最上階である。

「やっぱり高い処がいいのね。山がよく見えるので気に入っていたようですわ」

最も期待していたのは写真だったが、まずは三部屋の壁を埋める書棚に驚かされた。山の本のオンパレード、新しいものはもとより、容易には手に入らぬ古書も並んでいる。おそらく千冊は超えるであろう。洋書も豊富で"*Der Bergsteiger*""*Alpinismus*""*Mountain*""*Montagne*"など各国の山岳雑誌がかなり揃っている。素人の鑑定だけれど、稀覯本も幾点か見うけられた。山岳図書の愛好家として知られる水野勉氏(日本山書の会会長)や望月達夫氏(日本山岳会の重鎮)の書架に比べて遜色ない。このまま立田文庫ができそうである。これだけの蔵書家が一丁の字も遺さなかったとは!

だが、"*Michelin*"など旅行案内書は豊かなくせに、意外にも岩場のガイドブック、地図の類はほとんどなかった(ルート図に朱線や書き込みが施されてあれば有力な手がかりになると思ったのだが）。胸ときめかせてページを繰った数冊の山日記もすべて空白。ノート、メモいっさいなし。

写真は厖大な量であった。未整理のものを含めるとゆうにアルバム五十冊分はある。丹念に見てゆく余裕はなく、口述筆記の山歴を証すもののみをめあてにする。アコンカグア南壁登攀中、および頂上の写真はすぐに発見（裏面に場所の記載があった）。フィッツロイ遠望、空撮と思われるマカルー山群、ユングフラウ、アイガーなどアルプスの山々を撮ったもの多数、たぶんノルウェーの山々と思われるもの、どこだか見当もつかぬ氷河や氷雪の針峰群……（『クライミング・ジャーナル』誌の武川俊二も見たのだが、ふたり合わせてネパールヒマラヤとカラコルムの一部、モンブラン周辺、マッターホルン周辺くらいしか実見していないのだから、見るひとが見ればさらに同定可能であろう）。

いずれにせよ登攀中の写真はアコンカグアのみで期待は報われなかった。考えてみれば、単独登攀にカメラを持つ余裕はなかろうし、立田には自らの登攀を証明する意志も必要もなかったのだ。

コンクリートの天井にボルトが打ち込まれ、山の道具、山の本に埋って、山男のすみかにふさわしいにおいをとどめていたけれど、主を失った部屋部屋には温もりがなく、侘しかった。

失われた記録を求めて—2

残る唯一の手がかりは私信。こうした調査の際、手紙は日記などより上位の資料とされている。

一九六七年のアコンカグア遠征中と、それに続く旅先からの便りは八通。山に関した部分のみ要約すれば、アコンカグアの登頂に成功したこと（前掲）、三月九日にプラタ山（アコンカグアの南東五五キロにある山、標高五八五〇メートル）にアルゼンチンの登山家と登ったこと（メンドーサ発）、フィッツロイへ行ったこと（四月四日、リオガジェゴ発）、パイネ山にこれから行くこと（四月五日、プンタアレナス発）、オリボス山（オリヴィア山の誤記か？　オリヴィア山は一二七〇メートル、フェゴ島南部にある。日本人による記録は六六年三月二十六日、石原国利他）に明日登るつもりであること（四月二十一日、フェゴ島ウスアイア発）などである（すべて兄卓夫宛）。難峰フィッツロイやパイネは、むろん偵察にすぎないだろうが、軍人をはじめ多くのアルゼンチン人知己を得たことが記されている。七一年のアルゼンチン隊のエヴェレスト遠征に加わるきっかけとなったかもしれぬ。

ソヴィエトからはナホトカ、モスクワよりそれぞれ一通ずつ（卓夫宛、いつのことだかスタンプ読めず不明）。東ドイツから一通（卓夫宛、年月日不明、ベルリン発）。カルカッタから一通（立田淳美宛）。この手紙のスタンプも判読不能だが、〈元気な赤ちゃんが生まれた事でしょう〉の文面から、卓夫の次女誕生のころ、すなわち七一年十一月ごろの便りと知れる。なお、宛名の立田淳美は卓夫の長女で当時四歳、手紙の読めるはずもない。経済的に非常な負い目のある兄に、直接物言いしにくい立田特有のテレである。以下善高（卓夫の長男）宛もある。

ネパールから一通（淳美宛、年月日不詳、ポカラ発）。チューリヒからの一通はドイツ人パートナーとの連絡がとれず、単独によるユングフラウの登頂を報《しら》せたもの（善高宛年月日不明）。

パリからの一通には〈モンブラン山塊より下山、今夕ストを《(ママ)》終りパリ祭近い町並に入りました。アルプスの最高峰等ポピュラーな山々を楽しく登って行きます〉とあり、年月日不明だが、文面からして夏の初め（パリ祭は七月十四日）のアルプス行と思われる（卓夫宛）。なお、遺品にマッターホルン登頂者だけがもらえるメダルがあり、たまたま初登頂百年記念メダルなので、立田が六五年に登頂しているのは明らかである（ウィンパーの初登は一八六五年）。

現存する私信十六通のうち、右の十四通はさして眼を惹く便りではない。しかし、残りの二通が面白いのである。

まずシャモニ発淳美宛の絵葉書。

作日《（ママ）》一般ルートヨリモンブラン頂に登りました。明日カラドリュー正面に攻ゲキシマス。今日、最悪の壁と思イマスガ？　ダメダト思う。小鳥エサヤル事　実（全文）

日付はないがスタンプは「19H6―3 1971」と明瞭に読める。日本流に読み直せば、一九七一年三月六日十九時となり、登攀の成否はともかく、冬季のドリュ西壁ないし北壁をねらったのは確かである。ひらがなとかたかなが混然とし、つまらぬ誤字もあって、登攀前の緊張、興奮が窺える。

最後の一通に進もう。グリンデルヴァルト発善高宛の絵葉書。

今日夕方フランスのシャモニーヨリ雪の降るアイガー北壁の下に来ました。天気が悪く一昨年登った地点迄行けない様に思います。サヨナラ　実（全文）

これも日付なし。スタンプはかろうじて判読できる「10—3. 71—7」。さて、これをどう解すか？　スイスの郵便事情を識る黒沢孝夫に教示をあおぐと、七一年三月十日七時とのこと。

ここで前項の口述筆記「註4」を思い出していただきたい。

アイガー北壁、パートナードイツ人怪我の為敗退（翌年完登　単独）

手紙に一昨年とあってスタンプも七一年なのだから「翌年」は「翌々年」の誤記であろう。してみると、右の口述筆記の一行があらためて重みをもってイメージされはしないだろうか？

こうなると「註3」も「六五年マッターホルン北壁完登」と日付を入れたくなる（六五年といえば芳野満彦らが日本人として初めて北壁を攀じ、センセーションを惹起した年である）。

むろん否定的な見解もぬぐい去れない。トニー・ヒーベラーの“*Matterhorn-Von der Erstbesteigung bis heute*, 1976”と“*Eigerwand-Von der Erstbesteigung bis heute*, 1980”にはそれぞれマッターホルン北壁、アイガー北壁の登攀者名すべてがリストアップされているのだが、立田の名はないし、だいいち両壁とも露出度が高く、本人に報告する意志がなくとも誰かが登攀を見ているはずである。しかるに、シャモニ在住十五年の斎藤和英にウワサの有無を訊ねたところ、それも徒労に終わった。入手し得た資料はあまねく提示した。彼の足跡を追うわれわれの旅もついに行き止まり、謎は謎のまま依然として眼前に横たわっている……。

「わが青春に悔い無し」

折にふれ妻に広言、あるいは独語した立田だが、その晩年は苦悩に充ちていた。ブラームスの四番をこよなく愛し、アルプスの冬季岩壁に挑むに際して小鳥の給餌を案じる男である。ナイーヴで傷つきやすい心を持っていた。山ひとすじの生ゆえに、肉体の衰えには敏感に反応しただろうし、四十歳を過ぎてなお、肉親に寄食せねば生きられぬおのが身を厳しくさいなみ、苦しんだに相違ない。

並はずれたバーバリアンは、えてして高度にナーヴァスな一面を併せもつ。若い頃から酒にはめっぽう強かったが、最期には浴びるように呑んだ。身体をこわして入院。せっかく退院しても、自虐的な飲酒、再入院のくりかえし……。

妻や肉親、山仲間たちの愛に恵まれていたにもかかわらず、彼の魂はつねに彷徨《さまよ》っていた。異端者のかなしみ――彼はいつも、ひとりだった。
八三年七月十三日、江東区アソカ病院にて死去。享年四十五。

自己表現の彼方へ――

『星の王子様』ばかりがめだつけれど、冒険家ないしその予備軍にサン・テグジュペリのファンは多い。山の詩人といわれたガストン・レビュファなどはきわめつけで、彼の文章はモティーフから文体までこの作家にそっくり似てしまった。

サン・テグジュペリについては多言を要すまい。自ら勇敢なパイロットで、とりわけ単独による夜間飛行を好んだ。アンドレ・ジッドは『夜間飛行』に跋文を寄せ、〈恋愛と同様に、人は自分が勇敢であることを隠したがるものだ〉（堀口大学訳）と、碩学キントンのエピグラフを引いて作家を称えた。

サン・テグジュペリはかく謳う。

　今日も黙せる生活者よ、お前のかなしみをいとおしむがよい、理解をもとめぬがよい、同情をもとめぬがよい、お前の深い胸のうずきを、物識りの聴診器にふれさせぬがよい、黙って、こらえて、お前ひとりの生活の雨風に曝しておおき。

（詩篇より、宮本正清訳）


たしかに、かつてから「堪えて語らぬひと」「孤高のひと」は世に感銘をあたえてきた。賞讃、喝采を誘うやもしれぬ。

だが、意地悪な理屈屋は問うのだ。

「ねえ、サン・テグジュペリさん。〈黙って、こらえて〉いるのを善しとするなら、なんであなたはそれを語り、本にして出版したの？ 黙っていることに堪えられないから、聞いてくれるひとを大勢欲しいから、あなたは書いたんじゃないの？」

世間に知られた単独行者とは記録、紀行を残し、なんらかの自己表現を為した者に限られる。『単独行』を書かなかった加藤文太郎を、どれほどのひとが知り得ただろう。


勇敢な人間は、金持がその慈善を隠すと同じく、その行為を隠す。彼らはその行為に変相させるか、でなければそれを詫びたい気持になる。（前掲ジッドの跋文より）

プロの表現者サン・テグジュペリに捧げるより、遺著一冊しかもたぬ文太郎に、さらには行為を隠しおおせた立田實に、より以上にぴたりとはまるエピグラフではないか。文太郎もそうだったが、立田も純情可憐、テレ屋で小心の勇者といった風情がある。

もっとも昨今では、「ぼくは臆病な人間です」などなど堂々と書き、よく語り（そいつをゴーストライターが感動的なドラマに仕上げる）、フィルムに撮らせ、講演するのが冒険者の一般である。

江戸中期以降の「日本的美学」は、露わな表現行為を嫌い、それに伴う金銭の授受を賤しむ傾向にあったが（講演のギャランティを「お車代」などと称すのはこの名残りではないか？）、いまや黙して語らぬことは美徳の範疇に入れ難い。自己顕示への恥意識が薄れ、冒険に商品価値が高まるにつれて、クライマーにも恰好の遁辞が用意された。

「オレは次の遠征資金を得るためにテレヴィと契約したんだ。なにもオレの登攀を宣伝したいわけじゃないんだが……」

資力のない登山家が幾度も海外へゆくためにはやむを得ぬ仕儀ではあるし、ましてプロを自認する者にとって、表現行為は必須であろう。彼らの仕事は自己の華々しい山歴を公に認めさせねば成立しない。

けれども、他者の介入を拒否し、ことさらに孤絶を求める単独行者が、おのれの孤独を衆目に誇示するのには、いささかげんなりする。

真の単独行者は、おそらく表現行為の彼方を歩き、表現行為の彼方に攀じる。

立田實はダンディな男であった。自己を他人に知らしめる所為は彼の美学に適《かな》わず、ほとんど完璧に他者に対する意識を閉ざした。自己の解放は山においてのみ行われ、単独者の純粋性を保つことに成功した。ひとりよがりの馬鹿なやつ。誰にも理解されぬ、さみしい生……。彼の理想とした人間は尾崎放哉や種田山頭火だという。ともに俗世を捨て、托鉢、流浪の生涯を送った俳人である。

やっぱり一人がよろしい　雑草
やっぱり一人はさみしい　枯草　（山頭火）

表現者であるという先験的な自家撞着からは逃れられぬとしても、こんな句には誰しも屁理屈を弄《ろう》する気になれない。山頭火のつぶやきは、孤独者の二律背反の、あまりに直截な投げかけである。まずしく、至純な単独者の魂を文字にゆだねるとしたなら、これ以上の帰納は無理だろう。
立田實は生まれながらの単独行者だった。
真実の美を損なうのを惧《おそ》れて、ついに一行も書けぬ詩人であった。
〈一九八五年七月筆〉

人間・小西政継

一九六〇年代中頃から七〇年代、一般の社会情勢、イデオロギーの変遷にともなって、登山界も学生（エリート）対社会人（プロレタリアート）といった上下対照図が塗り替えられ、ヒエラルヒーは逆転ないし無化した。急激な転機にあって、そのキイパーソンを一人だけ挙げるとすれば、彼である。

同時期、国内での自己完結を脱したクライマーは海外、国際レヴェルの登攀に視野を広げ始めるが、その代表選手を一人挙げるとすれば、やはり彼である。この選択に異論は少なかろう。小西政継の登山史上における位置は、ほぼ定まっている。

筆者は小西の十歳下。岩登りを知った時期が早かったのでその差は縮まるが、四、五年先に突っ走る彼の背を見ながら、ほそぼそと自分の路を歩いてきた。集団主義に抵抗があるので、畏敬はしたが憧憬はなく、ことさらな関心もなかった。挨拶を交す機会はたびたびで、その親し気な語り口と微笑に好感を抱きはしたが、個人的接触はほとんどなく、まして利害関係もない。温度、湿度は高からず、距離にしても近すぎぬ、おそらくはかなり冷静に、彼を観《み》る地点にいると思う。

小西という人間を知りたければ、彼の友人知己にあたる手もあった。そのうちの幾人かは筆者の親しい友人である。しかし、今回は客観度を高めるため、その方法を採るのをやめた。

小西は「書く人」である。共著を除いても九冊の自著をもち、雑誌、報告書などにあまたの筆跡、座談を遺《のこ》す。その上、本田靖春による伝記、池田常道らの精密な論評もあり、文字のみを頼りに彼の人間像に迫るのも、あながち不足の試みではあるまい。

漫然と読んでいては途方もないので、眼についたフレーズをピックアップ、カード化した。いわば彼の言行録である。一五〇枚ほどのカードを見渡すと、六八年に書かれた処女作から三十年、彼の心情、性格にさしたる変化が認められない。優れて一貫性があるとも言えるし、金太郎飴のごとくでもある。そこで編年性《クロノロジー》にこだわらず、漠としているが該当しそうな見出しを振り、カードを幾束かに分けてみた。そもそも恣意な選択にすぎないし、こうした分類分析で彼の全体像を把握できる由もないが、やがてどなたかが書くであろう本格的な小西論の、何ほどかの基礎資料となればよい。

本田はおおよそ社会学的な面に焦点をあてて接近し、池田は日本および世界の登攀史上における小西の位置を確認しているが、筆者のカードは、主として彼の心理的側面を抽出しているようだ。

なお、引用に付された年代は必ずしも当該書物の刊行年を指さず、その事柄が起きた時点を示した場合が多い。参照した文献と省略記号は以下の通り。

マ　『マッターホルン北壁』一九六八年、山と溪谷社／七九年、中公文庫
グ　『グランドジョラス北壁』一九七一年、山と溪谷社／八一年、中公文庫
凍　『凍てる岩肌に魅せられて』一九七一年、毎日新聞社／九八年、中公文庫
ロ　『ロック・クライミングの本』一九七八年、白水社
北　『北壁の七人』一九八一年、山と溪谷社
山　『山は晴天』一九八二年、中央公論社／九八年、中公文庫
砂　『砂漠と氷雪の彼方に』一九八三年、山と溪谷社
ジ　『ジャヌー北壁』一九八七年、白水社
ボ　『ボクのザイル仲間たち』一九八七年、山と溪谷社　（以上は、小西の自著）
栄　『栄光の叛逆者』本田靖春著、一九八〇年、山と溪谷社
喬　『喬戈里峯登頂記』日本山岳協会登山隊＋ＮＨＫ取材班編、一九八二年、日本放送出版協会

精　『精鋭たちの挽歌』長尾三郎著、一九八九年、山と溪谷社
シ　『シシャパンマ』一九九六年、Y・M・Sタートル倶楽部編刊
岩　雑誌『岩と雪』
溪　雑誌『山と溪谷』

夢・計画性・訓練・自負・ヴィジョン

一の倉沢を眺めて、私もこの壮大な岩壁をぜひ登りたいと思った——私の岩への目覚めは、この瞬間であったような気がする。（凍、五七年）

職場の人に連れられ、時折丹沢の沢などへ出かけるようになって一年弱、十八歳の五月のこと。同志会入会はその年の九月。

僕が登山というものを激しく追求する出発点となったのが、この登攀である。惨めさとくやしさを山への熱狂的な情熱に変えた二十一歳の冬のことである。（岩三〇号、六〇年）

意欲のない先輩に撤退を強いられ、惜しいところで滝谷グレポンの冬季初登を逸したときの言。負けず嫌い、反骨精神の芽生えがみられる。

夢にむかってつき進む——これは実にすばらしいことだ——長い人生の中で、一

度くらい自分をひとつのことに賭けてみるのも有意義なことだと思う。（ロ、七八年）

ぼくはまもなく四十歳になろうとしているが、十年先の五十歳までの自分が歩むこれからの登山のレールをきちんと敷き――。（ロ、七八年）

僕はもう計画的だから。18歳から45歳まで山学同志会でやってたでしょう――45歳で、一生に一度ぐらいは働いてみようという気になってさ、でもそのときは仕事を10年やったら、また山へ帰ろうと決めていたんですよ。（溪、九五年十二月号）

誰しも夢くらいは描く。だが彼は、それを実現させるためのプラグマティズムを十全に持ち合わせていた。夢に到る一条の軌道が常に見え、その上を走るにふさわしい自己であるべく、かたときも切磋琢磨を怠らなかった。

私は、別に辛いビバークを好むわけではなかった。ただ三〇〇〇メートルの山頂で、烈風吹きまくる酷寒な夜を体験し、耐えぬく自信を得たかったのだ。（凍、六二年）

北岳、槍ヶ岳、富士山、滝谷で繰り返し行われた意図的なビヴァークは、マッターホルン山頂での苛酷な夜を耐えた力に直結している。

まったく無名であるにもかかわらず彼は『岩と雪』誌を訪れ、誇大妄想と思われかねぬ冬季マッターホルン北壁計画を売り込むが、夢の現実化に強烈な自信、厳しいトレーニングに裏打ちされた自負のあったことが知れる。このとき編集長岩間正夫は〈いささかマナーの点でひっかかるものがあったが――とにかく話を聞くことにした〉（渓、九六年十二月号）と、当初は懐疑を抱いたけれど、しまいには本の出版を確約している。若者の情熱にほだされたというよりも、小西の着実な行動力・目的達成能力を見抜いたのであろう。

――冬の北穂高滝谷で素手になって岩と氷を掴み――短パン一枚の裸・裸足になって都会の夜明けを走りまくった。（凍、六五―六六年）

寒風をきって突走っていたとき、ふと見上げた夜明けの空に、巨大な白い山が幻のように瞼に浮かんできたことがあったのを覚えている。（同前掲）

肉体の酷使、精神集中の果てに顕現したこのヴィジョン（幻視）については幾度も語られる。『岩と雪』一一号（六八年）の座談会では、上田哲農の「アルピニズム発狂論」を理解し得なかったようだが、彼がたんなるプラグマティストでなかったのはたしかである。

――凝視した眼が北壁からとかれた瞬間、僕の顔は笑っていた。確信に満ちた笑いで

あった。この時、北壁登攀の半分が僕の心の中で終っていた。(マ、六七年)
トレーニングのさなかに幻視した北壁と、現実のマッターホルン北壁とが、このとき彼の裡にぴたりと重なったのだ。

勤勉・読書・研究・書く人

入社してから三年間、私は無遅刻、無欠勤で会社から二回表彰された。その後――逆に会社で「最も欠勤する男」となってしまった。(凍、五四―七〇年)
彼は十五歳で大手の印刷会社に入社、エヴェレスト本隊の出発時、三十一歳で退社している。皆勤と最多欠勤との境界にはむろん山との邂逅があるわけだが、対象は異なろうとも、きわめて勤勉なのは確実である。

知識不足なら毎晩夜中の一時、二時まで勉強し――。(ロ、七八年)
彼の著書のうち唯一の技術書中の若いクライマーへの督励の言だが、この本には自身の読書に関する記述も多い。H・ハラー、E・ヒラリー、J・ハント、L・テレイなど主としてヒマラヤニストの著作を耽読し、翻訳のない本は丸善で仕入れて、辞書と格闘しつつ幾夜を徹したという。そのきっかけとなったのは六二年十一月の十二指腸・胃潰瘍発病(胃の三分の二を切除)、および翌年夏、リハビリを急ぎすぎたためのヘルニア発症、つごう三年近くの療養生活にある。本田靖春は、中学卒の経歴が小西の好運であったとし（栄、八〇年、傍点遠藤）、階級的・社会学的なアプローチから小西の自己形成過程を説いているが、本田の語彙を借りて「この病こそ小西の好運だった」と言えぬでもない。実践至上の猪武者が山行を封じられ、その勤勉さゆえに机上登山（ベッド登山）にのめり込んでいったのだ。この内的充実、夢の育成期間を、彼の軌跡のターニングポイントとして重視したい。

> 退屈の末、山の本でも読むかとなるのが自然の成り行き——以来、給料の大半をつぎこむくらい本好きになった。アルプスやヒマラヤへの夢がわき、是非実現しようと考えたり、スケールの大きい国際的な登山の感覚を身につけられたのも、この本狂いのおかげである。（山、八二年）

読書への傾倒は、おのずと「書くこと」への志向に接続する。彼の研究熱心は、まだ見ぬヒマラヤの登攀ルートを解説し（岩一四号、六九年）、五冊の登山記にはそれぞれ詳細な登山史が付され、ときにはさらに拡大してその国や民族の地史が語られる。もっとも、『ジャヌー北壁』に記されたチベット自治区の歴史的な紹介文などには、彼の認識の深度を少々疑いたくなる部分もあるのだが……。いずれにせよ彼の得た知識は、しっかりと実践の場にフィードバックされる。

そして、挫折・失意からの甦り、より強大になって再生するパターンは、グランドジョラスで足指手指十一本を失ったり、愛する仲間を失うたびごとに繰り返された。いずれも小西の個性化に至る軌道上の、ドラマティックな里程標《マイルストーン》である。

家族主義・組織者・教育者・父権

同志会というところはなあ、クラブじゃなくて、俺は大家族だと思っていつもやってるんだ。いやなこと、辛いこと、損をすることは親が黙ってやってやり――。
（ボ、六九年）

アイガー北壁直登隊から星野隆男が離脱しようとしたときの言。お前を兄貴と思って慕う隊員たちのために残れ、と説得したのだ。合理主義者小西が大改革を施したものの、同志会の本質は緑山岳会などと軌を一にする下町の山岳会。義理と人情のしがらみは、善きにつけ悪しきにつけ現在も引き擦っている。創立二年目に入会、生粋の会員である彼はどっぷりとその世界に浸っている。個性を認めるのとは別のチャンネルで、会員、同期生にはある種のセクト主義がある。それはプロレタリアート至上主義にも通底して、へたをすると盲目的な党派・階級的排外思想に短絡しかねぬ一方、内に向かっては家族を愛しむのと等質の、理想的な仲間意識を育んでいる。

僕はリーダーとして、まず第一に遠藤、星野両君にできうる限りトップのチャンスを数多く与えてやりたかった。(マ、六七年)

全員平等に登頂の機会を与え、登頂させる努力を払うことは、僕にとって一つの義務とも思う。(ジ、七七年)

同志会では逆に食当から食器洗いまでリーダーの仕事とした。キスリングの重量もリーダーの方がはるかに重い――辛い仕事を、笑顔でこなすリーダー達の姿に新人は感謝の念や、兄貴分としての親近感を抱くと同時に、次に自分がリーダーになった時、彼らは新人達にこれと同じことを受け継いでくれるのだ。(山、八二年)

もとより、彼は父権者としての厳しさも十全に発揮する。

チームを乱す者、仲間以外の人々とザイルを組んで山に出かけた者はためらいなく即座に首にした。(ジ、七三年)

ジャヌー計画のさなか会員五名を雪崩事故で失った際も、〈今の僕には流す涙がなかった〉(同前掲)とあり、三カ月間で事故の処理を終えると、すぐに遠征の準備を再開している。目的達成への持続力、峻烈非情な父性は、容易にはゆるがない。

僕はサーブとシェルパ、キッチンの全員が、仲間というより、ジャヌーの大家族

――になるよう努力するつもりです。（ジ、七六年）

もっとも、キッチンレヴェルに届く彼の家族主義も〈ポーターが事故で死亡した場合は百万円ぐらいの出費が義務づけられているので、いくら遅くても安全が第一である〉（同前掲、傍点筆者）とポーターのところにまでは及ばず、一般のユマニズム、博愛とは異なる。まあどこかで非家族との線を引かねば父親としての立場はないが……。

――いちばん好きなのは人材の育成分野である。昔、山学同志会の若者たちを一人前に育てた充実感が今だに忘れられず、ひとりの男を一人前にして、独立させる道楽はやりがいがある。（溪、七五年三月号、傍点遠藤）

右は自分の会社を創ってからの言。

――一時はなんでこの歳になって両足がない障害者までつれてゆかねばならないんだ！　とも本音で思ったが、なりゆき上、これまたしょうがねーやーであった。

――（ジ、九五年）

ミニヤコンカから生還し世の祝福・称讃を浴びた松田宏也を、かつて『砂漠と氷雪の彼方に』でたんなる失敗者と断じ、〈僕の胸にはおめでとうの一言も湧きあがってこなかった〉と手厳しく批判した当人が、再起した松田を「温かな辛辣」をふりまきつつシシャパンマへ同道するくだり。度量の広い人間である。

蛇足だが、数多い彼の遠征報告書を読むと、小西の文才が自前であるのが知れる。ゴーストライターや編集者の大幅な手入れによる有名登山家の著作もあるそうだが、報告書の類にまではプロの筆先も及ぶまい。小西の筆跡をすべて清書していたという郁子夫人の存在は別として……。

――ぼくが若い頃思った夢というのは、本当に全日本とか日本山岳会の最強メンバーとして――本当の意味で最強の遠征チームというのを作ってほしいと思います。

（岩三四号、七三年）

原真、加藤幸彦らとの座談会中の発言。翌年エヴェレスト南西壁に挑むＲＣＣⅡ隊を視野においての言種だが、最強とはとうてい認めぬＲＣＣⅡ隊への揶揄を込めつつ、将来自分が真のオールジャパンを組織してみたいという野望がほのみえる。実際その八年後、日山協からチョゴリ遠征隊を委ねられ、彼の夢は実現した。偶然・運命といったものより、筆者はそこに小西の目的達成動機の強靭さをみる。夢を冷静に、計画的にたぐりよせる彼の膂力《りょりょく》を。

――（会の後輩に）ほかを絶対振り向かせない盲目的な追従を強いたし、ためらうことなく僕のいうままに黙々とついてくる彼らが可愛かった。（グ、七一年）

自ら最強のクライマーでありたかったのはもちろんだが、彼はそれ以上に優秀なオルガナイザー、教育者、すなわち理想の「父」になろうとした。

――私のお嫁さんは二十五歳。江の電の車窓から見えた夾竹桃を、「あれは石楠花よ」と、自信満々の口っぷりでいってのける、小さな子供みたいな女の子である。

――（凍、七一年）

小西は三十二歳で結婚、二児を得た。幼少に父を失い、家庭的に恵まれなかった彼の、もっとも基本的な渇望が満たされたのである。「山」といういささか不穏なみちづれが傍らに侍っていたけれど、彼の家はこのうえない温もりに包まれていた。

――こんな高い所が大草原、大平原なんて。なんてすばらしい草原なんだろう。――幸せな気分になった。（精、八三年より孫引きした妻郁子の文）

人一倍家族を愛しむ彼は、カンチェンジュンガ行（八〇年）のときはカトマンズまで、エヴェレスト行（八三年）ではベースキャンプにまで妻子を呼び寄せている。

――都会嫌いのボクとカミさんは、将来田舎に自分たちで丸太小屋を造り、畑を耕し、ニワトリやヤギを飼って自然の中で暮らすのが夢だった。（ボ、八七年）

実際、八ヶ岳山麓に土地を購入してもいる。〈同志会は、山岳会というより一つの血の通いあったすばらしい大家族である〉（グ、七一年）とし、遠征ではことさら頑丈、快適なベースキャンプ作りに執心する彼は、家族的なもの、温かな帰るべき所を、誰よりも欲した。

反骨・順社会性・父権——承前

私は高校、大学へ行っていたらおそらく山をやっていない。中卒のコンプレックスが——尖鋭的登山に私を向かわせたように思います——男が何かをやるにはハングリーじゃなきゃ駄目ですよ。（栄、八〇年）

阿部恒夫氏の書評にはちとカチンときた。「この著者が中学卒にしてはよく書けている……」（山、六八年）

（日本山岳会やＲＣＣⅡ隊などの財政豊かな遠征隊に対して）冗談ではない、やつらに独占させてたまるか、と負けん気が出て、猛然と闘志がわいてきた。（北、七八年）

いかに高名であり、有名であっても人間は誰しも、対等であっていいはずである。肩書に頭を下げる必要はけっしてないと思う。（凍、七一年）

同志会を鍛え上げ強くし、いつの日か実践面において第一に当時の第二次ＲＣＣの天狗の鼻をへし折ってやりたかったし、第二に日本山岳会や京大の総合力と肩を並べたい目標があった。（北、六〇年代中葉）

本田靖春の説くように、小西の登攀の原動力には社会的なコンプレクスもあったであろう。だが、〈しかし、私は劣等感といった類のものはこれっぽっちもなかった。それというのは、私には、もっとスケールの大きい夢があったからである〉（凍、六〇年代中葉）と記すのをみれば、ごく早い時期にその種の煩悶を超えてしまったようだ。地位や金、俗世における諸々よりもはるかな高みに、彼はおのれの全存在を賭して悔いぬ対象を見いだしたのだから。純粋な山への憧れや、自己実現への強烈な希求はさておき、彼の反骨、対抗・競争意識は一般社会の強者を無視して、自分と価値観を共有するライヴァルに向けられた。具体的には、日本山岳会や京大などのエリートよりも、よほど近親のＲＣＣⅡに対して……。

日本山岳会系の人々に、彼は案外寛容である。技術的稚拙をやんわり嘲笑《わら》いはするが、ＲＣＣⅡに対するような歯に衣着せぬ毒舌は弄さない。むしろ自分の方からすり寄ってゆく気配すら窺える。

佐藤老は生まれながらにして手先の器用な人だった――背広の型紙おこし、縫うなんてことは朝飯前で、登山靴、ザックと何でも自分で作る。（ボ、六七年頃、傍点遠藤）

――――――

印刷会社時代、小西は植字工、写植のオペレーター（技能者）であったし、生涯大工仕事をこよなく愛した。何らかの技能《メティエ》をもち、自分の手先で物を作り上げる人間、つまり「職人」に格別な親近感を抱いていた。クライマーもそうだけれど、職人とは脳よりも、まず自分の手先、肉体を延長して外界と接触するきわめて身体性の強い人々の謂《いい》である。槇有恒の直系、慶応出身、典型的なエリート階級に属する佐藤久一朗への傾倒も、初めは佐藤のメティエへの共感であった。

　父は、九段の偕行社でYシャツの裁断師をしており、毎晩大酒を飲んで母を困らせていたことをかすかに覚えている。（凍、四四年以前、傍点遠藤）

小学一年のとき、深酒のため胃潰瘍で死んだ父も洋服の製造に携わる職人であったが、小西は佐藤久一朗に、失われた父、せつない現実を知りつつもあえて美化した父の姿を、重ねたのではあるまいか。

ジョラス登攀の山場、絶体絶命の窮地に追い込まれたとき、この理想の父は直喩を伴って彼を激励しに顕現する。〈父親のように慕う佐藤久一朗氏の顔が「政！　体当りだ、それいけ！」と叫んでいる〉（グ、七三年）

前節でもテーマのひとつとなったが、パトグラフィ（偉大な個性に関する精神病理学的研究）の専門家ならば、その非在ゆえに巨大化した父親へのコンプレックス、あるいは意識化に潜むアニマの抱くファーザーコンプレックスを、小西の深部に見いだすかもしれない。幻想の父、「かくあらまほしき父」への限りない憧憬、郷愁を……。そして彼は、同志会の会長、遠征隊隊長といった自分に、強くて優しい父権の理想像、「あらまほしき父」のイメージを映し、その自己実現に向けて邁進したのではなかったか。

ともあれ、彼の学歴コンプレクスは、イデオロギーへの傾斜や反社会性を助長しなかった。印刷工の使い走りをして培った下積みの労苦は、「下位の者の心がわかる」リーダーとなるのに役立ったし、山岳界のエリート、功成り名遂げた老人たちは、彼の生い立ちとプライドの高さとのアンビヴァランスに、ある種の魅力を覚えたかもしれない。

登山などというものは、どんなに気取ったところで、本来個人的な自由な趣味であり、遊びである——ネパールの山奥で現地人の医療奉仕に励み、農業指導している方々のほうが貢献度が高く、はるかに価値あるものだと思う。(ジ、八七年)

上田哲農の「アルピニズム発狂論」を体現するような先鋭的登攀を実践しながら、右のごとく健全な常識を真面目に表明できるところに、彼の順社会性、体制、世間とも折り合いよくやってゆける体質がある。小西は本質的にアウトサイダーではない。山岳界の老紳士たちはおおむね彼を「可愛いやつ」とみなし、安心して、終生親愛と援助を惜しまなかった。

分析力・計算・リアリスト・近代思想？

登山の成功不成功は――計算能力でほぼ決まる。山の難しさを徹底的に分析し、次に個人や隊の力がその難しさに見合う力があるかないかの計算なのである――僕は、勝算のない遠征は絶対やらない主義である。（北、八一年）

（カンチェンジュンガ八四〇〇メートル地点で若い隊員たちについてゆけず、ひとり自分だけ撤退を決意したとき）的確な判断を下せた自分の強い意志に、僕は感謝した――登山はかけ事ではない。計算ずくで安全をはじき出さねばやってはならぬことでもある。（北、八〇年）

（右と同様の情況で、エヴェレスト八七三〇メートル強の地点で撤退を決意したとき）一歩一歩前進する過程で、どう計算してもやっぱりダメだ。下山しようと決心する。（ボ、八三年）

例えば僕が仮に八五〇〇付近で倒れた場合、助ける必要は全くありません。なぜなら、これは僕の力と山の力を読み込む計算を間違えた僕の失敗だからです。（喬、八二年）

以上解説を要しないが、彼は相当な現状認識力、分析力をもつ人間、つまり徹底したリアリストである。九六年春のエヴェレストにおける遭難(難波康子らとインド隊)を評しても、〈「その人の力量不足だった」と断じないことが、日本の社会では慣例となっている。(だが、結局は初歩的な遭難に過ぎぬと喝破して)勝ち負けを判断する能力に欠けていたということである〉(溪、九六年七月号)と切り捨てる。近代合理主義者の典型のようであり、本田靖春は次の言を引いて小西を欧米型(ヨコ社会)近代思想の持ち主とみる。

信(小川信之)はほんとに人間がよくて、だれにもやさしかった。だから同志会を任せられないと思っていた。やさしさは、リーダーとしては最大の欠点です。

——(栄、八〇年)

しかし、これは少しく微妙なところである。本田の説くように小西が近代思想の所有者であるのはまちがいないが、筆者には「境界領域的な」、いわば日本型近代思想にみえる。個の尊重を唱ったとしても、たとえば小西レヴェルの個性がもう一人同志会に出現したならば、おそらく会は分裂する。父権主義者小西に「ヨコ社会」は似合わない。

反宿命論・宿命論

あなたの山への激しい意志の何分の一かは僕が必ずはたしてみせます――アルプスやヒマラヤに何年後、いや何十年後にでも、もし僕が行ける時が来たら、必ず一番最初にあなたに報告に行きます！（マ、五九年）

会に入って一年半後、小西は敬愛する先輩公文康博を氷雪の後立山、不帰《かえらず》に失う。公文は海外の登山情勢に詳しく、彼に夢を吹き込んだ逸材。これを最初に、その後幾重にも小西の別離の苦悩は積み重なってゆくのだが（同志会は平均すると毎年一人が遭難死している）、彼はそのつど仲間の死をスプリングボードにして、自らを鼓舞するのが常だった。

胸の底からたとえようもない悲しみが湧いてきた。涙は氷雪を濡らした。僕の生涯でこれ以上の苦しみを味わうことはもう二度とあるまいと思った――この遭難以後、僕の悲しみの涙はかれ果ててしまったように思う。遭難の残酷さに神経が麻痺したのでもなければ、人間としての感情を失ったわけでもなかった。山の非情さと厳しさを身体で学びとったからである。またこれが、僕の登山の真のスタートでもあった。（グ、六五年）

六四年十二月、海外遠征を誓い合った中核会員三人を小西は甲斐駒ヶ岳赤石沢で失った。この遭難については繰り返し情のこもった記述があり、小西山岳文学の一つの極をなす。また、この事件を契機に、彼は隠忍自重を説く古手会員たちに叛旗をひるがえし、いわばクーデターを起こして若手会員を掌握、事実上同志会の独裁者となる。以降、より挑戦的な先鋭集団としての規律を定めて、着々と「鉄の集団」を築き上げてゆくのである。そう、右のように、小西の反骨は運命に対しても敢然と胸を張る。強固な意志を武器に、自らの未来を切り開いてゆく。

――「手が欲しいなら、指を差し出そう。足が欲しいのなら、くれてやろう。しかし、呪わしいお前は必ずたたきつぶしてやる!」――勇気と力、肉体と精神のすべてをふりしぼり、北壁と力ある限り敢然と闘うのだ。(グ、七一年)

けれども、この稀代の挑戦者は同時に、人知を超えた自然の偉大さを「骨身に徹して」了承していた。ごく早いうちから〈ぼくはやはり山で死ぬということは、自分の人生の中の運命なんだということで、ずばっと割り切っています〉(岩一一号、六八年)と、いささかの躊躇もないし、〈僕は登山において「征服」という言葉は絶対に使わないことにしている。なぜならば山は――偉大な父であり、母であるからである〉(マ、六八年)と謙虚な姿勢をくずさない。

――私は運命論者だと自認するつもりは毛頭ないが、いまはこの予期せぬ危険で生命を奪われても、これが自分の運命だとあきらめられる心境になっている。この運命的なあきらめは幾多の垂直の岩壁を登る間に、肌で感じとったものだ。（凍、七一年）

アルピニストの死は運命的なものが多分にあり、敗北と一概に言いきれない面もあることは事実である――僕が不幸にして山で死に、墓を作ってもらうとしたら――誰の訪れもない岩と氷と雪の峰の麓がいいと思う。（マ、六八年）

一九九六年十月一日、マナスルの雪稜で、小西は消息を絶つ。享年五十七。若き日々から、常に小西の傍らに、あたかも無二の伴侶のように従《つ》いてきた死が、ついに訪れたのだ。挑戦者の面影が去って十数年、忘れかけていた朋友が、ふいにやってきたようなものである。彼はその宿命を、甘受しただろうか。

＊

いかにもとりとめのない小西語録となってしまった。だが人間は本来整合性とはほど遠いものであるし、とりわけ彼のごとく多面的な人物の心理を総括することなど、不遜不可能な所業だ。しかし、二度三度自分の作ったカードをめくっていると、ぼんやり見えてくるものもある。

叛逆、革命、先鋭といったイメージが強烈だけれど、ある意味で小西は、大学山岳部系（旧の構図における日本山岳界の主流）に最も接近したポジションにいた。少なくとも創立当時の反体制RCCⅡと、目的は同一でありながら、その思想や行動様式は倒立している。ドン・キホーテRCCⅡに比べて、彼ははるかに現実的であり、堅実であった。

小西イズム・山学同志会とは、旧日本登山界の主流を受け継ぎ、近代化し、最も進化させた体制そのものではなかったか？　登攀のレヴェルは格段に違うが、大学山岳部の好む包囲法、固定ザイルを容易に手放そうとしなかった。これは精神的な意味においてもである。

小西イズムに通底すると思われる語彙を、今一度並べてみようか。

集団主義、家族主義、父権尊重、タテ系列、セクト主義、規律重視、義理人情、意気に感ずる、平等思想（異端・突出は許さない）、適者生存、緻密、分析、計算力、カリキュラム、先端知識・技術・用具の輸入（輸出はまずない）、協調、精神主義……。以上、善くも悪しくも（おおよそは善だが）典型的な体制派、優秀な会社人間のモデルをみるようではあるまいか、戦後民主主義のもたらした日本近代社会の縮図を。小西が青春期を過ごした時代、ブルーカラーが自意識を育み、テクノクラートが擡頭、個の尊重より会社大事が優先した社会……。まあ今の時代も似たようなものだが。

他の何よりも組織のリーダー、父親であった彼は、中小企業にすぎぬ同志会を日本最高の企業に押し上げた。外へ、外へ。職人小西の手先は自己の外側へ延び、世界と接触し、把握した。ともすると内側にしか眼が向かず、実践よりも理念の先行しがちなインテリクライマーたちを粉砕し、日本の登山界を一気に世界レヴェルに引き上げるのに成功した——日本経済が、とりあえずの成果を世界に示したように。

けれども、私の思い入れを挿《はさ》むならば、登山の本質は個人の内側にこそ隠れている。きわめて閉鎖的な、自己の内部へ向かっての旅である。なべて登山は、しまいには個に還元されざるを得ない。

晩年の小西もそうだったかもしれない。十年のブランクを経てヒマラヤに再起した彼は、「道楽」(アルピニズムは所詮道楽)なる言辞を頻発する。組織を離れたかつての偉大なリーダーは肩の荷をおろし、ようやく彼の、彼だけの山に還ったのである。

草原と青空を見つめながら長い登山生活をあれこれ振り返ってみると、僕は幸福な男だなあとつくづく思う。自分の思うがままに青春の情熱のすべてを山に注ぎこむことができたからであり、また寛容と忍耐、強い精神と勇気、そして謙虚という、人間としてアルピニストとして身につけねばならない最も大切なものを山

――から学ぶことができたからである。（グ、七一年）

〈一九九七年一月筆〉

長谷川恒男とその時代

登山史上、すこしく異常な時期がある。一九六〇年代末から七〇年代中葉にかけてのこと。統計をとったわけではないけれど、岩登りをする人がやたらと増え、記録も豊かに生まれたが、遭難事故もたっぷり起きて、若い者がバタバタ死んだ。うまく生き延びても、その頃のムードを引き擦った者は後になってやはり、遭難死を遂げた例が多い。じっさい、ヘンな季節であった。

故佐瀬稔氏に長谷川恒男のことでインタビューを受けたとき、私も喋った事柄であるが、佐瀬さんは著作『長谷川恒男 虚空の登攀者』（一九九四年、山と溪谷社）で、その時代の主役をつとめたのが団塊の世代であったことを強調している。すなわち、昭和二十二―二十四年前後の生まれのクライマーだと。

ちょうど七〇年安保の季節。労組以外の社会人には顕著でないが、反体制運動に参与しない若者（学生）なんぞ異端視される世相であった。セクトには革マル中核赤軍いろいろあったが、生を精一杯燃焼させねばおさまらないくせに、イデオロギーに与《くみ》し得ぬ若者たちは、自己の内部に渦巻く闘争エネルギーをどこかに射精せざるを得なかった。その格好な選択肢のひとつが、冒険的なクライミングではなかったか。

その頃日本は、高度成長の季節でもある。ブルーカラーやアルバイト学生だって、山へ行くくらいの金は充分つくれる。とりわけ、みずからの未来が明るくみえない者にとって、クライミングは幻惑的な世界だった。度胸と登攀能力に恵まれていさえすれば、出自がどうあれ学業劣等であれ、甘美な果実を味わうチャンスがある。マイナーな登山界、仲間うちだけのこととはいえ、一躍ヒーローに成り上がる可能性もあったのだ。

そして当時、国内にパイオニアワークの余地が、あたらしく見いだされた。劔や穂高、谷川でこそ未登のルートは払底していたが、奥鐘山や明星山、海谷山塊などの未開の岩場の存在が、ようやく知られてきたのである。ハングリーな若いクライマーも、運がよければあっさりと、初登攀者の名声栄誉にありつけるのだった。

長谷川恒男は一九四七（昭和二十二）年、私は四八年生まれ。ともに一九七〇年頃登山界にデビューした。ヘンな季節の空気をたらふく吸ったくちである。ぼくらは平気で「死」を話題にした。

「あのルートは六・四だからな、ちょっとヤバイよ」

根拠なんぞないのだが、生還率六割、死亡率四割という意味。私の場合七・三くらいに感じたら、突っ込んでいたような覚えがある。「にんげん二度とは死にゃしない」などと意気がっているやつが幾人もいた。

そんな空気であったから、周囲は死屍累々。私の点鬼簿にはじきに二十、三十の名が刻まれた。いまでは四十をはるかに超えている。大戦のとき南方にでも送られ、生きて還った軍人にならあり得るだろうが、四十人もの若い友人を病気でもなく失っているというのは、やっぱり奇妙なことである。たとえば一九七九年八月、初めてカラコルム・ラトックI峰の天辺に立った人間は六人であったが、そのうちの三人はそれからいくらもたたぬ間にいなくなった。死んだのは、松見新衛、奥淳一、渡辺優。残っているのは重広恒夫、武藤英生、遠藤甲太（二〇〇二年一月現在）。つまり死亡率五〇パーセント。

もう少し客観的にやってみようか。同じ年頃の、当時もっとも強く、実績のあったと思われるクライマーを十人『岳人事典』（一九八三年、東京新聞出版局）の人名録から無作為、適当に拾い出す。いまのところ無事なのは近藤国彦、重広恒夫、坂下直枝の三人。無事でないのが古川正博、高見和成、寺西洋治、鴫《しぎ》満則、今野和義、吉野寛、そして長谷川恒男の七人。彼らはすべて山に召されている。おお、なんと、死亡率七〇パーセント。

長谷川恒男の最初の記録は六九年十月、明星山P6南壁右フェースの初登。南壁の頭まで到達した初めてのラインである。

二番目の記録は七〇年三月、一ノ倉沢滝沢ルンゼ状スラブの積雪期初登。氷雪の滝沢スラブは過去二回登られていたが、雪崩の恐怖に支配され、往時は神秘なルートであった。ときに二十二歳三カ月、このあたりで自意識のきわめて豊富な彼は早くも確信したに違いない。自分が日本最高のクライマーであることを。

滝沢スラブにおける彼のパートナーは私であったが、正直言って彼我の力倆の差に愕然とした。長谷川恒男、こいつは天才だ……。

以来、向かうところ敵なし。幾多の記録を積み上げるが、どれひとつハンパなものはない。いずれも終始リードして、計算通り、正確無比に登っている。度胸と好運が頼りのぼくらとは、どうやらレヴェルが違っていた。彼にとって賭博的な登攀は、もともと忌むべきものであった。墜落が決定的な事態を惹き起こす単独登攀については、これを自らに禁じていた。

ところが、初めての遠征、七三年秋のエヴェレスト行で、彼の心境は一変する。大組織による登山の限界を如実に見てしまい、完膚無きまでの幻滅を味わうのだ。残ったのは、限りない人間不信。

もともと唯我独尊のクライマーだった。W・ボナッティがK2での挫折をきっかけに単独登攀を志したように、彼もまた、かつての信条を覆してソロクライマーへの途を歩き出す。そしてまた、国内もヨーロッパも、通常のパーティによる登攀記録は、ほぼ頭打ちになっていた。登山史上に輝かしい名をとどめようとしたら、「冬季単独登攀」以外に、求め得べき指標が見当たらぬ時代となっていたのだ。

七四年三月、初めてのソロで滝沢第二スラブを冬季初登。主なモティーフは右に挙げたことがらだが、もうひとつの動機に、私の存在があったかもしれぬ。前年同じ一ノ倉のαルンゼを冬季単独初登、その年二月滝沢第三スラブの冬季二登を、私が果たしてしまったから。さっさとケンカ別れをした私に対して、彼は常ならぬ敵意を抱いていたようだった。ライヴァル視してくれたのなら光栄の至り、嬉しいくらいのものだけれど。ともあれ、愛憎いずれにしても、強烈なる個性であった。

七五年一月、屛風―奥又白―滝谷―槍ヶ岳北鎌尾根を二十二日間かけてソロで継続登攀。ここまでは、彼の単独登攀試運転と言ってもよい。目指すのは知れたこと、本場アルプスでの栄光。

七七年二月、マッターホルン北壁冬季単独第二登。六五年に英雄ボナッティだけがなし遂げていた偉業である。つづいて七八年三月にアイガー北壁、七九年三月にグランドジョラス北壁ウォーカー稜の、それぞれ冬季単独初登攀。まさしく檜舞台。世界中の強者が狙うアルプス三大北壁の、冬季単独三連発だ。

長谷川恒男以前の日本人に、インターナショナルな記録を樹《た》てた個人はそう多くはない。過去のアルプスにおけるレコードホールダーを、ちょっと整理しておこうか。

戦前は槇有恒、各務《かがみ》良幸、高木正孝、田口二郎くらいか。しかし彼らには優秀なガイドがついていた。

戦後は六〇年代末まで見当たらない。

冬季登攀は、山学同志会が六七年から七一年にかけて三大北壁の二登ないし三登を成し、先鞭をつけた。

単独登攀の分野では、六九年七月、斎藤正巳がウォーカー稜を、福島博憲がマッターホルン北壁のノーマルルートを、それぞれ単独第二登し、七二年七月には古川正博がマッターホルン北壁を、山崎金一がモンブランのマジョールルートを登る。また、鴫満則が七六年二月と三月、マジョールおよびポアールルートを冬季単独初登して、冬季のソロの先駆となった。

ほかにもいくつか新ルートを開拓した日本人はいて、これらも注目すべきであるが、なんといっても長谷川の三連発は決定打であった。彼がアイガーを完登した七八年冬、イヴァン・ギラルディーニも四日遅れでアイガーを登り、ひと冬で三大北壁を単独登攀しているが（ジョラスは中央岩稜の冬季単独初登）、長谷川の功績は色褪せない。彼の試みが起爆剤となって、ギラルディーニや、後のクリストフ・プロフィの記録（八五年七月、三大北壁のソロを一日で継続）が生まれたのだ。

現地のひとびとは素直にヒーローの誕生を祝し、名誉公認ガイドのライセンスや登山鉄道の永久無料パスを贈った。日本でも、なにせ文句のつけようもない業績、彼は押しも押されもせぬ登山界の名士となった。

けれども、私は、長谷川恒男の真髄は、この時点で死んだと思う。

八一年八月のアコンカグア南壁冬季単独初登はあるが、それはオマケみたいなもの。最高の名誉栄光を手にした彼は、それが唯一の（少なくとも最大の）目的だったがゆえに、充足してしまったのだ。あとは、社会事業（?）、社会的カタガキの行列。かつてのハングリーな孤高の男は、ファンクラブのお祭りさわぎを、平気で容認するようになる。

十年ぶりくらいか、八〇年ごろ街角でバッタリ彼と再会した。短い間だけれどともに夢を語り合った相棒は、もうそこにいなかった。大言は相変わらずだが、あの黒豹のような肢体、眼光、めくるめく精気はすでに失せていた。まあ向こうも、おんなじように、私を観《み》たかもしれないが。

八三年から九〇年、七度にわたってヒマラヤに赴くが、ことごとく敗退。むろんその矜持のゆえに並のルート、並の登山スタイルを採らなかったためだが、本質的には、彼の登攀が、とっくに死んでいたからだと私は思う。

それでも彼は、極限的なヒマラヤ行を目指した。冒険行為のデモンにとりつかれたままだったし、彼にはそれしか、自己の存在理由を見いだせなかった。社会事業(?)ではけして求められぬ、それは甘美な苦行である。

一九九一年十月十日、再度のウルタルⅡ峰行。雪崩が襲い、彼のもっとも信頼していた相棒、星野清隆とともに没。

〈二〇〇一年一月筆〉

ラインホルト・メスナーの孤独

ひとつの個性、一葉の肖像をキャンヴァスに、あるいは原稿用紙に刻もうと試みたとき、作家（画家・批評家）にはその対象への「執着」が何らかのかたちで内在している。それは畏敬、愛情、憐憫であってもよいし、嫉妬ないしは憎悪、敵意に基づく場合もあろう。愛・憎、いずれのヴェクトルを示そうとも、対象に触発された情念のエネルギーが強大なほど、作品化への求心力は昂揚する。もしも、非常な関心を保ちつつ、なお執着から放れて描ききったならば、リアリスティックなポートレート、理想的な新聞記事にはなるであろうが、本稿はそれを欲していない。そして、作者にとってもっとも幸せなのは、嫉妬や憎悪ではなく、胸奥深くにこだまする共振を惹起させる対象に邂逅したときである。

だから、私は嬉々として筆を執った。ラインホルト・メスナーは、渾身込めて書くに価する対象。その半生の軌跡を、理性、感性の両面からよく認識しているという思い入れが、私にはある……。

ところが、彼の著書をあらためて再読し、いざ筆先を染めてみると、仕事の意外な困難さに気づく。メスナーの提出した課題はかなり大きく、錯綜していた。その肖像を描く作業は、私にとって登山の本質を追求するのと同義。さらに表現行為のもつ意味、はては人間の実存にかかわる根源的な問いに答える用意がなければおさまりそうになかった。共振れが激しいのだ。

けれども、今の私には本格的なメスナー論を展開する時間があたえられていない。かといって強い執着のある以上、客観的な記述にとどめるのも不可能。したがって本稿は、将来書かれるべき「ラインホルト・メスナー私論」のための準備、覚え書きの範囲を超えぬであろう。

生得的なもの

彼の軌跡を、ざっとおさらいする。

一九四四年、北イタリア・南チロルのフィルネスで生まれ、育つ（現在も南チロル・ポルツァーノ近郊ジュヴァルに住んでいる）。メスナーのこよなく愛し、常にそこに帰ってゆく故郷は、岩登りの王国ドロミテ山塊に囲まれた小さな村。母親も教師だが、父は小学校の校長。ラインホルトは九人兄弟の次男である。父は山登りへの関心、造詣が深く、じっさいクライマーでもあったから、彼は三男ギュンターとともに父に連れられ、幼少のころから近辺の岩場に親しんでいた。山々の差し出してくれる美しさ、神秘、驚異を原体験として所有していたといえる。

ところで、南チロルは第一次大戦後オーストリアからイタリアに接収された地域であって、言語もドイツ語、ほぼオーストリア文化圏に属する。後年、著作や実践でメスナーがゲルマン的思弁性、あるいはドイツ・ロマン派、神秘主義に通ずる情念を発露するのも、この風土と無縁ではなかろう。同じイタリア人ではあっても、カシンやボナッティ、ましてフランスやイギリスのアルピニストとは異質な性格が顕著である。民族性といってもよい。彼はむしろ、オーストリアの鬼才ヘルマン・ブールの衣鉢を継ぐ登山家である。

父の手をはなれた早熟なクライマーは、ギュンターや、他の幾分年長のパートナーと、もしくは単独で、ドロミテの岩壁を駆け巡る。一九六六年、二度目の西部アルプス行でグランドジョラス北壁を陥し、夥しい初登攀、単独登攀で名を挙げた彼は、一九六九年にはオーストリア山岳会の招待で初の海外遠征、ペルーアンデス・イェルパハー・チコ（六一二一メートル）南西壁を初登。

当時はパドゥヴァ大学に籍があり、機械工学を学ぶかたわら、遠征費用を捻出するため、中学の数学・体育の教師を務めていた。学科ではとりわけ数学に長じていたようだが、経験に拠らぬ真偽を扱う記号論理学への志向性が、その対極にある経験則を第一義とする登山行為と諧和したとき、メスナー固有のクライミング・メソードが成立したのではあるまいか。登山は本来感性的な遊戯であり、生理的には右脳に多く依拠する。しかし優れた論理性、左脳の活発な関与によって、メスナーの実践、トレーニングは高度の合理性を獲得した。彼自身の言を信ずれば、三十五年にわたる登攀活動を通じて、（リードしているときは）一度も墜落経験がないという。凍傷以外の大きな負傷も聞かない。よほど自己を客観視する能力に秀で、状況判断、論理性に卓越した個性なのであろう。

新たな地平を観る眼

現今の、いわゆるフリークライマーは、メスナーを自分と無関係のヒマラヤニストと断じてはならぬ。彼はフリークライミングの先駆者でもあるのだ。

今、われわれはX級、XI級、5・14、5・15、あるいは8c、9aなどと口にするが、一九六〇年代、ヨーロッパの岩場空間にはVI級を超えた等級概念は皆無であった。

なぜならVI級とは「極限の困難」にほかならず、「極限」以上の形容詞を見いだし得なかったためだ。ゆえに、より以上に難しいピッチが拓かれたときは、それがVI級とランクされ、以前のVI級以下はそれぞれスライドして下位に置かれた。いわば閉ざされたグレード体系である。

すでに数多くVI級以上の登攀を体験しつつあったメスナーは、こうした体系に不満を覚え、VII級概念の導入を提唱する（"*Der 7Grad*, 1973"『第七級』横川文雄訳、山と溪谷社）。つまり、上に開かれたグレード体系の妥当性を説いたのだ。コロンブスの卵のごとく、これは容易なようでなまなかな解ではない。なにしろヴェルツェンバッハ以来、かくも永く固着した概念をくつがえしたのだから。換言すれば、メスナーの解は、アナログ型思考からデジタル型思考への発想転換の所産である。独自性に富み、きわめて柔軟な思考をもつフリークライマーの眼は、やがてヒマラヤを舞台に、次々と新たな地平を望むことになる。

一九七〇年、ヘルリッヒコッファー率いるナンガ・パルバート遠征隊に参加。だが、この遠征はあまりにも衝撃的なヒマラヤ初体験となった。弟ギュンターとともにルパル壁よりサミッターとなるが、後続パーティ、および隊長との意志の疎通を欠き、ロープが届かぬために往路を戻れなくなる。常人ならばあくまで後続を待つか、強引に危険な既知の登路を下降するところだが、ここでもメスナーの「デジタル感覚」が未曾有の脱出手段を採用させる。留まるのも、往路を辿るのも衰弱したギュンターには難しいと判断した彼は、未知のディアミール壁下降を決意するのだ。

周知のごとくギュンターは雪崩に没し、自身は足指を失いつつも生還。結果として八千メートル峰のトラヴァースを成し遂げた数少ない人間となった。隊長以下多くの批評家はメスナーを非人道的な英雄主義者と看做《みな》して非難したが、彼は世評に反駁し、自己を主張するのに充分な「ことば」を持っていた（"*Die rote Rakete am Nanga Parbat*, 1971"なお、この本『赤いのろし』はヘルリッヒコッファーとの出版権をめぐる法廷闘争に破れたため、絶版を余儀なくされた。したがって公的な邦訳もない）。

この不幸な事件が契機となったかもしれぬ。以降、瞠目すべき一連のヒマラヤ行と、三十冊近い著作を産んだ表現行為が、始動されるのである。

多くの敗退・多くの成功——承前

メスナーの軌跡は、一九七二年、マナスル（八一六三メートル）南壁（頂上アタックは単独。このときも僚友二人を失う）、一九七四年、アコンカグア南壁、同年、アイガー北壁（十時間で登攀）と連なり、一九七五年のヒドゥンピーク（八〇六八メートル）北西壁に新しい展開を見せる。

ペーター・ハーベラーとのペアによるヒドゥンピークの登頂によって、メスナーは世界初の八千メートル峰三座登頂者になったが、これはさして重要なファクターではない。注視すべきは、彼の言う「フェア」なルールを守ってヒマラヤの巨峰のヴァリエーションルートを掌中にしたところにある。八千メートル峰におけるアルパインスタイルの可能性を、完璧に立証したのだ（"*Die Herausforderung,* 1976"『挑戦』横川文雄訳、山と溪谷社）。

クライミングを純粋なゲームとして捉え、それぞれのジャンルにおけるルールの必要性を明快に説いたのは、リト・テハダ＝フローレス（アメリカ人）が嚆矢《こうし》とされる。フローレスは一九六七年、非常にすっきりした登攀ゲームの分類図を提示したが、論稿の背後には、以下のホイジンハの考察が秘められていたかもしれない。

遊戯とはあるはっきり定められた時間、空間の範囲内で行なわれる自発的な行為、もしくは活動である。それは自発的に受け入れた規則に従っている。その規則は一旦受け入れられた以上は絶対的拘束力を持っている。遊戯の目的は行為そのものの中にある。それは緊張と歓びの感情を伴い、またこれは〈日常生活〉とは〈別のものだ〉という意識に裏づけられている。（"*Homo Ludens*,1938"『ホモ・ルーデンス――人類文化と遊戯』高橋英夫訳、中央公論社。傍点省略）

メスナーがホイジンハやフローレスを識っていたかどうかさだかでない。しかし彼が、ヒマラヤ登山をも、ホイジンハの定義するのと同義の「遊戯」と考えているのは確かである。しかも、アルプスにおけるものと同一のルールを自らに課し、実践した。それはボナッティらの遵守した古典的なルール、すなわち埋込ボルト、フィックストロープの否定、さらには酸素補給器の否定である。

理論が先にあったか否かは問題とするに足りぬ。おそらくは理論と実践途上感受したものとの相補的な帰結であろう。いずれにせよ、長い試行錯誤の果てにゆきついたルールである。輝かしい成功の陰に、幾多の敗退、挫折があったことを忘れてはならない。ヒドゥンピークにしても、その直前のローツェ南壁における蹉跌が、大きなスプリングボードになっていたはずだ。リカルド・カシンを隊長とするローツェ行は、典型的な（国家的）大遠征であり、同朋へのいたわりからオブラートにくるまれてはいても、メスナーの筆致に懐疑と苦渋の跡がみえる（前掲書『挑戦』参照）。とまれヒドゥンピークはヒマラヤ登山史上に新たな地平を拓く快挙となった。メスナー以前のこれに近い形態の八千メートル峰登頂例を数えれば、わずかに一九五四年のヘルベルト・ティヒー隊によるチョー・オユー（八二〇一メートル）、一九五七年のヘルマン・ブール隊によるブロードピーク（八〇四七メートル）に指を折れるが、メスナーのルールの方がいっそう厳しく、はるかに意識的である。

無酸素という彼のルールが最も明るい光芒を放つのは、もちろん、同じくハーベラーと成し遂げた一九七八年のエヴェレスト登頂。ヴォルフガング・ナイルツ以下オーストリア山岳会隊の別動パーティという点で、またはシェルパの力を借りた点で、完璧主義者のメスナーにとって、まだ心残りのある成功ではあったけれども（*"Everest-Expedition zum Endpunkt,* 1978"『エヴェレスト』横川文雄訳、山と溪谷社）。

自己表現への途——内面への旅

アルプスのVI級概念に天窓を穿ち、ヒマラヤ八千メートル峰のラッシュアタック、最高峰の無酸素登頂さえ体現した。シジフォスのごとく、アルピニストが永遠の不充足者であるとしたら、次に彼は何を求めたらよいのか。いくつかのアイディアが浮かぶ。八千メートル峰における「より厳しいヴァリエーションルート」「冬季登攀」「トラヴァース」そして「ソロクライム」……。

メスナーはためらわずにソロクライムを選ぶ。そのとき、彼はひとりになる必要があった。愛する妻が彼の許を去ったのである。未練と懊悩、耐え難い孤独を乗り越えるために、メスナーはもうひとつの孤独との対決を欲する。いささか短絡的なヒロイズムがほのみえるけれども、シジフォスの業に魅入られたアルピニストの、これは素直な心理であろう。そもそも彼は、アルプスにおける輝かしい単独登攀者ではなかったか。エヴェレストで世界的なセンセーションを巻き起したわずか三カ月後、メスナーは因縁の山ナンガ・パルバートのディアミールフランケに単身挑む。

やがて引用するが、この単独行の記録（"*Alleingang Nanga Parbat*, 1979"『ナンガ・パルバート単独行』横川文雄訳、山と溪谷社）において、彼の文章行為は絶頂に達する。一九六八年に早くも山の文学賞「プレミ・モンティ」を、七五年には「トレント・アルト・アディジェ保険協会文学賞」、七六年には「ドイツ山岳会文学賞」と多くの栄誉を受けたほどで、もともと筆力には定評があったのだが、本書はあきらかに「山の」なるカッコ抜きの優れた文学と言わねばならぬ。

それは、愛妻ウシーとの離別という日常レヴェルの苦悩〈黒い孤独〉が、はた目にはほとんど自殺的とも思われるディアミール壁単独登攀〈白い孤独〉の背後に影をおとし、高度の普遍性を獲得するに足るモティーフを蔵しているからだ。彼にとってウシーとの別れは、かつて同じ山にギュンターを喪って以来の危機である。往々にして芸術家は、人生のピンチを踏台にして大きな作品を残すものだが、メスナーもまた、苦悩を糧にはるかな飛翔を遂げた。肉体の極限状況に加えて、二重の孤独は彼の感性をさらに鋭く研ぎ澄まさせ、もはや表裏一如となった登攀行為と文章行為が読者を内面への旅に誘う。

疲労困憊し、思考力も失って、ただ横になっていたとき、突然ひとりの少女が自分の隣に腰を下ろしているような感じがした。——

「ぼく達はもうずいぶん高いところにいるんだよ」と話しかける。

「あした、あなたは頂上に登るのね」と彼女は言う。

「天気さえもてばね」

「大丈夫、もつわよ」

ぼくはテントの前に出て、西に眼をやる。どちらを眺めても、見えるのは積雲だけだった。まぶしい雪面の光、まだ暖かい空気、ときどき空に星が見えた。それを言うと、少女はただ笑った。眼の右端に、彼女が立ち上がって去ってゆく姿が見えたと思った。——

ぼくは彼女の声が好きだった。それはいつまでもぼくの思い出に残っている。他愛ないことばかりにしろ、ぼく達は話をしあった。二人でただ言葉を交しただけである。彼女は自分から何も話してくれない。——

「独りでいると、ほっとするよ」——

「ほっとするですって」——

「そうなんだ。いい気持なんだ。以前の遠征よりも、ずっとよい感じがするんだ——誰の神経もいらだたせないですむし、誰もぼくの邪魔をしない。——こんな高いところでも、独りだと本当に自由が味わえるのだ」

——少女がすぐそばにいて、体がほとんど触れるくらいだったことが幾度もあった。だが、彼女のほうへ眼を向けても姿は映らない。

メスナーは少女が幻覚であることをはっきり認識している。しかもなお、彼女は彼にとって、テントやコンロ、ピトン以上に貴重な実在なのだ。極限の登攀のさなかにあって、この幻影の描写はこよなくうつくしく、かなしい。

以下はピークに立ったときの感慨。

感じていることを口にしようとしても、おそらく言葉にはならなかっただろう。ぼくは究極的に、考えるのをやめることのできる地点に到達したのだ。薄ぼんやりとかすむ地平線、空に走る薄い線、こういったものすべてが言葉の彼方にあった。ぼくの知性では、このときの感情をうまく表わすことができなかった。ただそこに腰を下ろして、感情に自分を溶け込ませるだけだった。なんの疑いもなく、何もかもすぐにわかった。ぼくは地平線上に漂うあの薄明りの中に、永遠に姿を消してしまいたかったのだ。（両引用とも前掲書より抜粋抄録）

メスナーの表現は、ルートヴィヒ・ヴィトゲンシュタインの難解な哲学命題を体現したかのごとくである。

　答えが言葉に表わせなければ、それを求める問いも、同じく言葉に表わせない。――ともあれ言い表わせないものが存在する。それはおのずから現われる。それが神秘である。（黒谷亘訳『論理哲学論考』より）

アンドレ・ブルトンなら、Point suprême（至高点）と呼ぶ地点かもしれない。このシュルレアリスムの巨匠は、ヘーゲル、マルクスによる弁証法哲学をふまえ、フロイト、ユングの深層心理学を援用しつつ、理性や言語の彼方にある世界を開示させた。至高点とは十九世紀以来の科学的合理主義への強烈なアンティ・テーゼ、時間や因果律の法則を超えた広大な無意識の世界が顕現する地点である。

むろん、「言語の限界」という表現ですら言語表現の枠から逃れ得ないが、そうしたパラドクスと乖離した高みに、メスナーがいっとき在った現実を、読者は了解可能であろう。極限をゆくアルピニストはことばで語れない世界を体感するが、彼はかなりの程度、その世界を言語レヴェルに還元させた。もとより作品は読者との関係においてしか意味を持たぬ。彼のことばになんら共振れしないひとも多いだろう。だが、登山行為を媒介にした文学で、この地点まで到達した作品は、あまりない。

自然の高揚《ナチュラル・ハイ》を求めて――承前

キリマンジャロ・ブリーチ壁、無酸素によるエヴェレスト、ナンガのソロ――一九七八年にメスナーは以上三つの遠征を成功させたが、同じ年、二冊の著作を上梓している。畏るべきヴァイタリティで、超人と称せられる由縁だろう。刊行したのは『エヴェレスト』と *“Grenzbereich Todeszone”*（『死の地帯』尾崎鋻治訳、山と溪谷社）である（『ナンガ・パルバート単独行』刊行は翌年）。

その厖大な著作中、異色なのが、三つの遠征の途次、あるいは帰途書き継がれた『死の地帯』。これはめずらしく山行記録ではない。遭難生還者たち（死へ最も接近した人々）の体験、事例集といった体裁ではあるけれど、生と死、人間の実存に係わる根源的な問いかけも、存分に刻み込まれてある。メスナー自身の極限状況下における幻視体験、意識の異常な昂揚（薬物やアルコールによる陶酔と区別して、彼はこの状態を「ナチュラル・ハイ」と呼ぶ）を手がかりにした形而上学的論稿と言ってもよい。

『ナンガ・パルバート単独行』が情念、感性の自己表出を主眼に書かれたのに対して、本書は同じテーゼを分析的、論理的視座から捉えようとする。前者を詩的と形容すれば、後者は散文的著作である。メスナーの一面デジタル式思考、ゲルマン的思弁性が如何なく発揮されていて興味深い。

本書では登山体験が三つのカテゴリーに分類される。すなわち、業績体験（周囲の眼を意識する記録主義）、ロマンティック体験（五感を通して喚起される気分）、幻視体験（極限状況下に顕現する五感を超越した体験）であるが、彼は幻視体験をもっとも重視する。

これは、極限状況において拡大された見者的能力の奥から汲みとられ、生と死の狭間で、短時間であるが、真の自分を認識する境地へ自分を投げ込むものである。（前掲書より、傍点遠藤）

「見者的能力」とメスナーの語るとき、すぐに連想されるのはカルロス・カスタネダの記述する「見者」たち（"*A separate reality*, 1969"『呪術の体験』真崎義博訳、二見書房）や、Visionなる語彙が頻発するコリン・ウイルソンの著作群（"*The Outsider*, 1956"『アウトサイダー』福田恆存・中村保男訳、紀伊國屋書店、その他を参照）である。たしかに、彼らは自己認識を目的とし、反理性的な、開かれた感性を求める方向においてメスナーと重なる。ウイルソンは『アウトサイダー』で天才バレリーナ・ニジンスキーの言〈わたしは肉体をとおして感じる、けっして智能をとおさずに〉を引き、〈ヴィジョン（幻）を見る人は決まって「アウトサイダー」である〉と語るが、メスナーを対象としても充分あてはまる指標である（じっさい、ウイルソンは登山行為に興味があるらしく、観念的なスパイ小説『黒い部屋』の登場人物に、アイガー北壁登攀のキャリアを持つクライマーを配している）。

だが、メスナーにはカスタネダやウイルソンのような「見ること」への偏執は感じられない。彼が「ニルヴァーナ」(涅槃)と称し、「ナチュラル・ハイ」と呼ぶ状態は、極限状況下に自動的に訪れる。前節で引用した「少女の幻影」の現れる前後の情況は『死の地帯』にも記されるが、少女のほかにも多数の幻の同行者があったようで、メスナーは彼らと(三カ国語しかしゃべれないのに)、たしかに四カ国語で会話を交したという。しかし、そうした幻は自然に向こうからやって来たのであり、ことさらウイルソン流のヴィジョンを求めた結果ではない。

酸素の稀薄、比類ない緊張によるアドレナリンの急増など、生理的な要因も無視し得ぬだろうが、メスナーの「ヴィジョン」は多分に心因性の〈精神的オルガスムス〉である。そのとき私の理性は完全にシャットアウトされていた〉(前掲書)、あるいは(『死の地帯』より)である。〈それは時間と空間のない全有意識における感情的な振動〈存在の意味をたずねることは、合理的には解決できない課題である〉(同)と語らしめる彼の体験は、むしろジョルジュ・バタイユの言う l'expérience intérieure(内的体験)に近いものである。

内的体験はなんらかの教義の中にも(倫理的姿勢)、学問の中にも(知識はこの体験にとって目的でもなければ根源でもない)、さまざまな人智の養分となるような諸状態の探求の中にも（審美的姿勢、実験的姿勢）、原理をすえるわけにはゆかず、自分自身以外のどのような気がかりをも、目的をも持つことができない。――「自己自身」というのは、世界から隔離される主体などではない、そうではなくてひとつの交感の場、主体と客体との融合の場なのだ。（*"L'Expérience intérieure, édition revue et corrigée, suivie de Méthode de Méditation et de Post-scriptum 1953, 1954"*『内的体験』出口裕弘訳、現代思潮社、傍点は遠藤）

〈ぼくは地平線上に漂うあの薄明りの中に、永遠に姿を消してしまいたかったのだ〉（『ナンガ・パルバート単独行』）あるいは〈頂上には私ひとりだった。しかしみじめなひとりぼっちという感じはなかった。どうしてかはわからないが、もっと長くいられるものならいたい、永久にだってそこにいたいと私は思った〉（『死の地帯』）と記すとき、メスナーはまさに「主体と客体との融合」を感じつつあったのではなかろうか。

そして、ここらが「表現者メスナー」の面目躍如たるところだけれども、彼はその内的体験を言語レヴェルにできるかぎりに引き戻し記録するために、マイクロカセットレコーダーを、エヴェレストの頂上まで運び上げるのである。ザックを置き、食糧や登攀具のすべてを残しても、彼はカメラとレコーダーはポケットに入れて最後のアタックに臨むのだ。

尽きせぬクライミングへの希求、尽きせぬ自己表現への希求、二重の業を負ってさまようオルフェウス——ラインホルト・メスナー像はかくのごとく重層的に把握されねばなるまい。

偉大なる退潮

急ぎ足でナンガ・パルバート以降の彼の足どりを追う。

一九七九年に七人パーティでK２（八六一一メートル）を目指す。「より厳しいヴァリエーションルート」をねらった登攀である。しかし、彼の想定した南々西稜（マジック・ライン）は先の見通しがたたずに断念、古典的な南東稜にルートを変更して登頂した。臨機応変な転進の鮮かさを見れば、ゲルマン民族固有の剛直、目的達成動機の強烈さと、明晰な情勢判断、柔軟性が彼の裡に併存しているのがよくわかる（"K2 *Berg der Berge*, 1980"『K２——七人の闘い』アレッサンドロ・ゴーニャとの共著。尾崎鋻治訳、山と溪谷社）。

なお、メスナーは隊員のひとりレナート・カーザロットについて、登山家として失望したと記し（前掲書）、後にはマジック・ラインを単独で目指すカーザロットに言及して〈彼は一〇年やっても成功しないだろう。チャンスはないよ、彼には〉と手厳しく評する（雑誌“*Vertical*”の主催で一九八五年に開かれた座談会中の発言。『岩と雪』一一七—一一八号、『岩と雪』編集部訳）。そして不幸にもメスナーの予言は当たり、一九八六年、カーザロットがK２に逝ったのは記憶に新しい。

さて、一九八〇年には、おそらくメスナーの登攀歴中の極北を指すであろう記録が残る。チョモランマ（エヴェレスト）の単独行である。一九七八年、無酸素登頂を果たしたものの、他隊との合同、シェルパの雇用などから心残りがあったのだが、この単独行で彼はそれを完璧に払拭した。クールすぎるほどの潔癖性、完全主義……。また、“*Der Gläserne Horizont*, 1982”（『チョモランマ単独行』横川文雄訳、山と溪谷社）は、文学的に『ナンガ・パルバート単独行』と肩を並べる名作である。やはりソロクライムは、内面への旅を触発するのに最もふさわしい登山形態なのだろう。

この時点で彼の登った八千メートル峰は五座七回、一九八六年十月十六日、ローツェ（八五一六メートル）を陥し、八千メートル峰十四座全山登頂（計十八回）を成し遂げるまでにはまだだいぶ距離がある。しかし、あえて言うなら、チョモランマのソロ以降、メスナーの冒険は退潮の一途を辿る。「冬季登攀」はすべて途中で断念しているし、「より厳しいヴァリエーションルート」「トラヴァース」にも新たな展開は見られない。ただ八千メートル峰登頂リストを埋めるのに憑かれていたかのごとくである。もとより前人未踏、無人の野を行く壮挙に相違なく、偉大な成果ではあるが、いまひとつ胸にせまって来ない。

とりわけわれわれ工業社会人の病的通弊である業績体験は、それ自体すでに複合的なものであって、その人を取り巻く教育、文化および仲間によって左右される。たえず他人や自分自身に何かを証明しないではいられないのがこの型である。すなわち、どれくらい強いか、勇気があるか、耐久力があるか。つまり点数主義である。(『死の地帯』より。傍点遠藤)

自ら否定的な「業績体験」の罠に陥ってしまったのだろうか? 答は「然り」である。そして、賢明な彼がそれに気づかぬはずもない。前出、全山登頂にあと二座とせまった一九八五年の座談会で、メスナーは出席者を当惑させる。

メスナー——いまヒマラヤ・クライミングに対する興味を失いつつあるから。どうしてかわからないが、本当に興味ないんだよ。

一同　ええーっ、なんでまた……。
メスナー　もう、うんざりしているんだ。
スコット　年とったな！（註＝ダグ・スコットの発言）
メスナー　ほかのことに興味を感じ始めたんだ。ぼくのクライミングは、大いなる理念に支えられてきたわけだが、いまは、それがどこかへ行ってしまった。他人の後をついていくのはぼくのやり方じゃない。

メスナーの発言は驚愕すべきものではない。チョモランマ以来の夥しい八千メートル峰蒐集、その内実を辿れば、「うんざりする」のが当然の帰結である。

だが、彼は翌年、残る二座をかたづけてしまう。たぶん、かつてのような奔る情熱とてなく、「八千メートル峰全山登頂」という呪縛から逃れるため、ただそれだけのために……。そもそも「八〇〇〇」という数字にこだわるのは不条理だけれど、それが魔力ある「ことば」であるのも否定し得ない。

すべて成し終えた今、彼の脳裡に去来するものは何だろう？　登山史上最大の男、ラインホルト・メスナーは、これからどこに行けばよいのだろう？

〈一九八七年一月筆〉

登山、その限りなき退潮

生命の本体論もどき

恐怖の、死の危険ぬきでは、一体どこに好運の魅惑があるというのだろう。
（ジョルジュ・バタイユ『無神学大全——有罪者』出口裕弘訳）

その異常な種的繁栄の反作用かもしれないが、人類は、生命維持・種保存の本能に倒立した概念を自らの裡に抱く動物である。すなわち、安穏や快適さ、幸福への願望と同時に、不安定、不健全、恐怖、危険を冒すことへの希求を併せ持っているのだ。ひとはなぜホラー映画を好むか、過度の飲酒や麻薬に耽溺するのか。子供はなんで木登りをしたがるか、コロンブスはカディスの港から大洋へ乗り出したか。なぜにひとは、ロシアン・ルーレットなどというぶっそうな遊びを発明したのか……。じっさいロシアの詩人・賭博師マヤコフスキーはこの遊びを三回やって三回目に死んだ。ただ彼は遺書に「人にはこれはすすめられない」と書いている。

たぶんそれは、人間が無類の遊び好き、ヨハン・ホイジンハ流に言えば「ホモ・ルーデンス」だからであろう。そして遊戯と賭博とはほとんど同義語《シノニム》である。たとえばフランス語における両者は、ともに"jeu"という一語に統括される。賭博者の資質が、すべての人間に備わっているらしい。

必須の営み"jeu"について考えてゆくのだが、まずは社会学的な視座をはずし、より根源的なレヴェルから問いを進めよう。社会性のわりあい稀釈なjeu、子供たちの「賭け」について。

ごく年少の子供の遊びにも、あきらかに賭けの要素が含まれている。むしろ、何かを賭けねば遊びは成立しない。ひとり遊びにおいてすらそうだ。われわれは少年のころ、こんな想いを反芻しなかったか。

「眼をつぶったまま十歩歩くんだ。もし歩けなかったら、ぼくは死んじゃうかもしれない。さあ、がんばれよ。一歩、二歩……。眼ぇあけちゃいけない。あけたら、もう、ぜったいさいごだぞ」

われわれは少女のころ、こんな想念を反芻しなかったか。

「このほおずき、きれいに中身がとれないとたいへんよ。もし失敗して裂けちゃったら、おじいちゃんきっと死んじゃうんだわ。だからどうしても、どうしても慎重に、しんちょうに」

ロシアン・ルーレットのごときあからさまな例を引くまでもなく、賭場に張る最大至高の質《カタ》が「死」であるのは容易に了解できる。だが、「どれだけ勇気があるか」の試金石としてでなく、いっさいの社会的価値が付加されぬ子供のひとり遊びにすら「死を賭す」イメージの露呈するのは、遊戯の核《コア》に「死」が否応なく居坐るのを、如実に示しているのではあるまいか。

そうした「純粋遊戯」が方向性をあたえられ、なんらかの社会性（反社会性）をまとって顕現したときに、人々はそれを供犠と呼び、犯罪、狂気、芸術と呼ぶ。「死を賭した純粋遊戯」はまた、あるときは崇高な自己犠牲を促し、壮大な宗教、哲学を生み、バベルの塔を築くかもしれない。種々のイデオロギーを醸成しつつ、ついには世界戦争を惹起するかもしれない。

だいぶ話が拡大した。しかし、ついでだ、もう少し遠くまで往《い》ってしまおう。「生」が必ずや滅ぶものであるかぎり、およそ生命体は大いなる二律背反《アンビヴァランス》としてしか存在し得ない。「生」（être）にはつねに「死」（néant）が内在している。

あるいはこうも言える。「生」とは絶対的な空無と空無との間に宙吊られたつかの間の猶予期間であって、「死」とは空無との境界、一方通行路に設けられた出口専用、不可逆のドアだ、と。

いずれにせよ巨きな時間軸にそって眺めれば、誕生と死、親と子、空無と生命……これらはほとんど同義語《シノニム》であって反意語《アントニム》ではない。ふだんは意識の下層に潜んでいようと、自己破壊、自死――「死への本能」が、「生への本能」と不即不離にからみあっているのは、存在論的に自明のごとくにみえる（これは個体についてのみならず、種としても、おそらく汎生命体にとっても類推可能である）。

さもなければ生命体、とりわけ人類などはなんらかのかたちで不死性を獲得し、宇宙空間は有機物でぎっしり詰まってしまうだろう。ほろびゆくもの、はかないものの喪失は、時間そのものを消滅させてしまうだろう。

あまり美しい景色ではないね。われわれに属性として生と死との二律背反をあたえた宇宙意志、神さまの御業を、すべからく首肯せざるを得ません。

さてと、にわか哲学者、ドン・キホーテの本体論はいいかげんにして、本題に入らねばなるまい。

いわゆる「冒険」は「死を賭した遊戯」のひとつだろう。国語辞典のおおよそは冒険の謂《いい》に「危険を冒すこと」「成否定かならぬことを冒すこと」の二項を掲げているが、筆者は副詞句「死を賭して」をそれぞれに付したい。冒険をもっとも原初の遊戯、個々の核に巣《イド》くう生命エネルギーの発露と信ずるゆえに。むろん「死」を背後に持たぬ生命エネルギーなど真昼に点《とも》る街灯みたいなものだ。闇の、空無の光暈をまとってはじめて、生命は爍々《あかあか》と燃える。

冒険とは生への本能と死への本能、人間の抱く二律背反を同時に満足させる端的な遊戯である。冒険が生の根源に立ち入ろうとする試みであるなら、生のこよなき燃焼であるとするなら、まさしく〈死の危険ぬきでは、一体どこに好運の魅惑があるというのだろう〉。

登山の位置・その始原

冒険を始動させる引鉄《ひきがね》をひくのは、先の本体論もどきによれば意識のもっとも深奥、ほぼ生理的な希求であって、イデーや社会的な欲望ではない。「意味」や価値観、目的に捉われぬ純粋な衝動である。

けれども「冒険者たち」は現実に社会に属しているわけで、大なり小なり、自己へも他者へも行為の理由づけをせずにはいられない。かつて行われた冒険を俯瞰すると、われわれは必ずやそれになんらかの「意味」を見いだしてしまう。じっさい、冒険者たちはその意味を先どりし、他人の視線を意識しつつ行為に赴くものだ。だいいち「純粋遊戯」の冒険はまず記録されないから、われわれの眼にとまりにくい。冒険の歴史とは、だから「純粋冒険」を除いた、多分に社会性（反社会性）を滞びた冒険の歴史である。

記憶にとどまる冒険行為をいささか振り返ってみたいのだが、じつは生命がけの冒険にもいろんな種類のゲームがあって、たとえば死を賭した恋愛や死を賭した宗教改革、死を賭した芸術、学説、丁半ばくち、高飛び込み、綱わたり、F1レース……、きりなく思いうかんでしまうから、ここではぐっと限定する。すなわち、肉体をおおいに使い、瞬間的な眩暈でなく、長時間の「旅」が主体となるような冒険に……。

西欧の大航海時代以前にも世界の海を股にかけて疾駆した冒険者たちは多々あったが、いずれも地理上の空白部を埋め、おのが好奇心を満たすとともに、ナショナリズムを鼓舞して、あるいはたんなる金儲け、布教、権力拡大のためにその地を侵略、征服するところに比重があった。純粋冒険動機を具現するのに、しごく都合のよい「意味」づけだからだ。

地理的空白部を埋める試みは「探検」と呼ばれるが、海のほかには極地、沙漠、ジャングル、洞穴、高峻山岳などが対象となる。ここ一世紀では大気圏、半世紀では大気圏の外も、そのエリアに加わった。

登山も、こうした地理的征服欲を純粋冒険動機に冠したところから始まった。これからはさらに、登山、なかんずく生命を賭した登山行為に的をしぼる。

やれやれ、やっと登山口に辿りついたよ。

まず、忘れてはならぬもうひとつの、古くからの登山形態に言及しておこう。地理的征服欲というより、個々の内面への探検、すぐれて精神的な冒険行為——信仰（仏教、ラマ教）登山についてである。

かつて東アジアには、「自然対人間」といった観念的二元論はなかった。山そのものが人格をもち、神であった。山は自然と闘う場でなく、畏敬すべき対象にほかならず、そこに登拝、巡礼することに「意味」を見いだす登山行為が生まれたのだ。

チベットでは巨大な御神体カイラス山を周回する巡礼がいまも行われ、日本でもかつて、主として密教修験者による登山（行）が盛んであった。周知のごとく、槍ヶ岳や剱岳の初登頂は仏教の行者たちのものだし、人工登攀ぬきには考えられぬような岩峰の頂にさえ、彼らの足跡をみとめることができる。

信仰登山は、日本では明治以降「神仏分離」があって衰退し、また、西欧近代登山の喧伝されるやにわかに黙殺されてしまったけれど、登山の本体論からすれば重要な動機を秘めた登山形態だ。密教マンダラ・胎蔵界、金剛界の現世モデルのひとつとはいえ、山が至高の自己実現への対象、捨身の場であったのはたしかである。「純粋冒険」との距離は、探検・征服登山に比べてさらに近い。

現在わずかに存続している講中登山を修験登山と並べると、ちょうどアルピニズムに対するハイキング、あるいはツアー登山の位置にあるのに気づく。東アジア的登山観の、日本におけるかすかなる残滓だ。

一方西欧では、ルネサンス以降、近代的自我の出現によって、この種の登山は忘れられてゆく。主体と客体との別を鮮明にした彼らは、山を人間の対立物として捉えた。十八世紀中葉、アルプスの高峰に挑む者が現れる。「悪魔の棲むところ」に、尽きざる好奇心、合理主義、パイオニア・スピリッツをもって立ち向かっていったのだ。

もっとも、アルプス登山には遠洋航海やアフリカ、新大陸発見とはやや異質な動機も認められる。いずれも、フランス大革命あたりを期に展開されるロマン主義の源流となろうが、「探検」の多くが現世利益の獲得（資源開発、交易、侵略）と結んでいたのに比べ、登山はより以上にメタフィジカルな領域を包含していたと思われる。

高峻山岳はゴシックの建築理念を体現しているかのごとく天を突き、父なる神への接近を志す者にとってまたとない尖塔《ミナレット》・象徴であっただろうし、科学者にとっては未知の事象を探る身近な観測の場であり、遠近法（根源的な二元法）を学ぶ画家にとっては理想的な被写体だった。

実際、牧師リチャード・ポーコックはモンタンヴェールに初めて歩を印し（一七四一年）、医師ミッシェル・ガブリエル・パッカールはモンブランの初登時、懸命に気圧を測り（一七八六年）、マッターホルン初登頂（一八六五年）のエドワード・ウィンパーはすぐれた画家であった。また、アルプス登山の父とも称されるオーラス・ベネディクト・ド・ソシュールも哲学・自然科学の教授である。ちなみに柏瀬祐之の教示によれば近代言語学の大宗フェルディナン・ド・ソシュールは、「アルプス登山の父」のひ孫だそうな。このサンスクリットの達人が、登山家だったかどうかは知らないけれど。

ともあれ西欧登山の起源に、あからさまな現世利益やナショナリズムの色濃くないのは救われる。やはり「純粋遊戯」に近い方がきれいだからね。

十九世紀に入って産業革命の成果が徐々にヨーロッパ各地に浸透し、余裕のできた人々が増えた。もとより飢えた者にとって冒険なんぞは意識の外、日常即冒険にほかならぬ。しかし飢える恐れのないホモ・ルーデンスは、登山などという硬派の遊びにも眼を向け、次第にアルピニズムは市民権を得るようになった。

ここまで来れば近代スポーツ登山までいま一歩。高嶺に空白部が乏しくなっても、冒険への衝動のやまぬかぎりアルピニストは容易に登山を捨てられない。やがてアルバート・フレデリック・ママリーの登場。

ことさらに厳しい岩稜や氷雪のルートを選び、ひたすらな山との闘争を好む彼には、「何かのためにする」意識があらわでない。社会性に乏しく、自己の内面へ向かう姿勢が優先する。したがってママリズムは黎明期の探検登山よりも「純粋遊戯」に近い志向性をもつと言える。

だが、西欧人が中央アジア、ヒマラヤの山々を射程に捉えると、にわかに対他意識、ナショナリズムが頭をもたげてくる。

登山の昂揚・その退潮

ハロルド・ウィリアム・ティルマンやエリック・シプトンらのヒマラヤ登山・探検はすっきりしている。一九三〇―四〇年代、彼らはかなうかぎりに簡素な冒険を試み、政治はもちろん、科学にもあまりかかわらず、純然たる遊戯のための登山を楽しんだ。ところが八千メートル峰の初登頂時代になると、ナショナリズム、セクショナリズムが登山に介入してくる。探検登山の極地エヴェレストの登頂（一九五三年）は、軍人の指揮によるイギリス国の、きわめて組織的、社会的な冒険であった。白人登頂者と隊長は女王から「サー」の称号を授けられ、貴族の仲間入りを果たす。当時国旗を頂上に立てなかった隊は、おそらく皆無であったろう。

けれども、彼らの本質は強烈な求心指向をもった賭博師である。こうした国家行事的登山は、時代の要請がとだえるとすみやかに衰退してゆく。共産圏や、東アジアのはじっこにある島国などでは、この種の「お祭り登山」がいまだに尾をひいているが……。

数少ない八千メートル峰がすべて攻略されても、かつてアルプスでそうだったように高度は劣るが困難な峰へ、ヴァリエーションルートへと、飽くことのないゲームは続く。これらママリズムの信奉者たちの心域には、ニーチェの超人思想が影をおとしていたかもしれない。ツアラトゥストラの語る超人は徹底した個人主義者であり、なによりも「生」の偉大と強烈とを愛する者だ。

なんじらはいまだ海を越えてゆく帆をみたことはないのか？　強烈なる風を孕んで、膨れ、はためき、顫動しつつ、輾《まろが》りゆく帆を見たことはないのか？（「高名なる賢者たち」の章より）

冒険——、危険——、また死をめぐる賭博——。之ぞ、もっとも大なる者の捨身である。（「自己克服」の章より。ともに『ツァラトストラかく語りき』竹山道雄訳）

かく語るツアラトゥストラの声に、アルピニストの魂は激しくゆさぶられたのではなかったか。

観客の側も、地理上の達成より中身、心的な領域に心惹かれるようになる。隊長ジョン・ハントの幸福な『エベレスト登頂』よりも、登頂を逸したウィルフリッド・ノイスの『エヴェレスト——その人間的記録』に、あるいは『非情の山K２』（チャールズ・ハウストン／ロバート・ベーツ）に、つまるところカタストロフィ（死）に飾られた登山記に……。

そして現代。未知なる空間はいよいよ乏しくなってゆく。冒険の場を失ったやみがたい遊戯者たちは、さまざまな限定《ルール》を課して逼塞《ひっそく》した舞台の再生を試みる。地理上の場がないのなら、みずから観念による未知の場を設け、冒険の質の低下（死亡率の減少）を阻止せんとする苦しまぎれの術策だ。

つまり、冬季登攀、単独登攀、スピード登攀、用具の制限（埋込ボルト、酸素補給器の否定、積極的な人工登攀用具の否定＝フリークライム）等々カッコ付きの登山である。

エヴェレストの初登頂を期に、本多勝一は「パイオニア・ワークは終わった」と慨嘆したが、「地理上の空白部を埋める」という魅力ある社会的動機の喪失は、登山行為の本質さえも変容させつつある。「冒険でない登山」「冒険ごっこ」が、ともすると登山の主流であるかのごとき様相を呈してきた。

「フリークライム」のにわかな擡頭をみるがよい。彼らはしばしば墜落するが、ほとんど死を予感していない。ジェットコースターによる恐怖とひとしく、瞬時ニセの死の眩暈がかすめるだけだ。フリーソロは別として、死を内包せぬフリークライムを冒険とは呼べない。ロジェ・カイヨワの遊びの分類には四つの種類があって、それぞれ「アゴーン（競争）」「アレア（偶然）」「ミミクリー（模擬）」「イリンクス（めまい）」と呼ばれるが、フリークライマーの求める遊戯は、さしずめアゴーンとイリンクスに照応するであろう。カイヨワはイリンクスを痙攣、麻痺の快感であるとし、身近なところでは舞踏の旋回運動のときに訪れる恍惚を挙げている。

しかしながら、「冒険ごっこ」も悪くはない。子供の木登りと同じように、フリークライムは「純粋遊戯」に接近している（はるかにロマンティックなジャンルだし、さらに期待がもてそうだが、このところ復権しつつある沢溯りも「純粋遊戯」にきわめて近い）。輪廻かもしれないね。そこから始まり、数々の冒険形態の試行の果てに、再びそこにかえってきたんだ。

最も原初的な登山フリークライミングは、最も規制の厳しいゆえに、その呼称と反して最も「不自由」なクライムでもある。人間の術策・智恵のつくりだした相当に観念的、相当に巧妙なジャンルだ。門口が広く、適度に軽薄、刺激的で、乾いていて、やさしい。高度なテクニックを要するテレヴィゲームのように、現代の世相のように……。

アウトサイダーの不在

フロイトやユング、あるいはひ孫の方のソシュール、ないしはシュルレアリストたちの仕事がようやく実を結び、いま西欧において「ポスト二元論」の世界観が普遍しつつある。岡倉天心あたりがとっくに予言しているけれど、現代フランスの日本学者・地理学者オギュスタン・ベルクによれば、非二元論的な東洋思想の影響がとみに大きいという（『日本の風景・西欧の景観』篠田勝英訳を参照）。

極限をゆく冒険は科学的合理主義の彼方にあり、二元論とはあいいれぬ幻想的な体験をともなう。ラインホルト・メスナーは登山体験を分類して「業績体験（記録の蒐集・点数主義）」「ロマンティック体験（五感を通して喚起される気分）」「幻視体験（極限状況下に顕現する超常意識・認識）」の三つを挙げ、このうち幻視体験をもっとも重視する（『死の地帯』尾崎鋻治訳を参照）。

ヘルマン・ブールやワルテル・ボナッティなどの文章にも窺えるが、メスナーに至ってようやく明晰な思考が展開された。それは「死を賭した純粋遊戯」の眩暈、一歩踏み惑うと宗教的な情操、境地に往《い》ってしまう地点である。日本の修験道に近いような気もするが、メスナーの登山は社会的な目的意識の欠如によって、ニーチェの超人指向とはへだたっている。もちろん、彼は頂上に国旗なぞ持ってゆかない。主体と客体との合一のときを、できるかぎりに「客体化」するため、カメラとテープレコーダーをポケットにしのばせるだけだ。メタ・メタフィジカル登山とでも言おうか。

メスナーの「幻視体験」と同じカテゴリーに属する地点として、われわれは次のごときものを想起できる。お仕事中のシャーマン（マギ）の恍惚、麻薬喫飲者の見るイリュージョン、性愛のクライマックス、処刑（自殺）寸前に眺める風景、レム睡眠時と失墜……。

それは限りなく「死」と隣接したときに訪れる。ラ・ロシュフコーは「死と太陽は直視できない」と語るが、そのとき彼らは死の反照を幻視したのだ。

地理的空白部を探る登山、自然と対立する二元論的登山はもはや終焉した。けれども冒険の本質、遊戯の根源的魅惑をわが手にする術は、登山行為の裡にもまだまだあるのではないか？　少なくとも個々のレヴェルにおいて「幻視体験」に到達するのは可能なはずだ。社会的価値をはなれ、全存在を賭した「純粋遊戯」に還りさえすれば。

だが、それも創造力がなければどうにもならない。想像力を欠き、賭けること、遊ぶことを日常に埋没させてしまった現代人は冒険の質を低下させ、登山はレジャー以上のものではなくなった。

文明の「進化」爛熟につれ、生命維持の容易になるにつれて、人は次第に怠惰になってゆく。刺激をあたえつづけなければひとは退化するのだ。

いまこそ新たな冒険の必要なとき。なのに冒険の魅惑は忘れられてゆく。周囲をみわたしてみるがよい。ジャヌーの北壁、ローツェ南壁を単身攀じたとされるトミスラフ・チェセンのように、古くて新しい冒険を継続している登山家は何人いるか？　真剣に、死ぬほど真剣に遊んでいるホモ・ルーデンスはどこにいるか？

多様性の時代と言われる。登山に限らない。西洋料理も中華も日本料理も、われわれはひとしなみに食べ散らす。かつて登山家はせいぜい岩登り、沢溯り、雪山くらいをやっていれば「オールラウンド・クライマー」と称されたものだが、いまはやたらとジャンルが増え、フリークライミングはもちろん、スキーやカヌー、果てはパラパントまで知らないと話が通じない。

自然に境界があるじゃなし、まあひっくるめて「俺はアウトドアマン」だと宣《のたま》っていればよいのだが、これはなにも冒険の容量や質が高まったせいではない。モノと情報があふれ、選択肢が増えたにすぎぬ。エンゲル係数の低下とともにいろんな物が喰えるようになっただけのこと。むしろ指向の拡散によって、うすっぺらな「冒険ごっこ」ばかりが蔓延し、いっそう陶酔も幻視もわれわれには訪れなくなった。

一方、生命がけの冒険にあくまで固執するクライマーは、いまや稀少。貴重なアヴァンギャルドはかなりの確率で山に逝った。功成り名を遂げた上で、うまく転進したボナッティやメスナーは稀な例。幾人のすぐれた登山家が、自らの死を予感しつつも登りつづけ、冒険に殉じたことだろう。

けれども、彼らをおろか者とは言い難い。彼らはただ、あまりに純粋で、不器用なだけだった。

いまはちょうど、お盆の季節で、家々の門口には花が供えられている。死者を迎える、このいじらしい風習を、わたくしは愛する。

盆があければ、ひとびとは灯をともした玩具の舟を川や海にうかべ、死者たちを送るのだろう。このはかない風景を、わたくしは愛する。

吉凶にかかわらず花をかざり、灯をともすのは、日本の、ふるくからの、しきたり。小論でも、わたくしは鎮魂に、まずしい花を飾り、ちいさな灯をともしたつもりだったが、失われた者たちは、つむがれた文字の織り目に、いっときでも還ってきてくれただろうか。

〈一九九〇年八月筆〉

最後のマタギ、工藤光治氏に聴く

訛《なま》りのきつい津軽の奥山に住み、いにしえからのマタギを継ぐ人である。少し危惧を覚えていたのだけれど、工藤光治《みつはる》さんの語り口はきれいな標準語で、聴きとるのにいささかも難はなかった。ただ、「ニシミヤの方では……」「昔のニシミヤは……」などと彼の口にするたび、はてニシミヤとはどこであったか？　話の腰を折るのを恐れて訊くのをためらい、頭の中の地図をむなしく捜さねばならなかった。しかし、ニシミヤはとっくに知っているはずの懐かしいような地名にも思われた。幼いころ夢みた遠い異邦の地、はるかな桃源郷《ユートピア》……？

しばらくしてやっと気づいた。なあんだ、ニシミヤとはここ、すなわち青森県中津軽郡西目屋村にほかならなかった。ああ、訊かないでよかったよ。けれども漢字の訓《よ》みに従ってニシメヤと発音するより、光治さんの「ニシミヤ」の方がよほど雅《みや》びに聴こえる。白神岳の頂から観《み》るブナの森のつらなりのように、その名はやさしく、やわらかな韻をはらんでいる。

昨日は朝露の退《ひ》かぬうちに歩き出し、あでやかな秋の色に染まりながら白神岳に登った。ひだまりの山巓《さんてん》から望むと、山々はゆったりと、まるで海のようにたゆたってみえた。白神山地は厖大な質量と時間《とき》とを湛《たた》えた、まるごとひとつの「森」であった。えんえん四時間、弘西林道で白神をつんざき、貯水池の畔に達する。西目屋村砂子瀬の集落は、子供らの声も聴こえず、菊の花びらに冷気が降りて、ときおり犬の吠えるばかり。宿で借りた木製のサンダル底が、閑散とした午後の家並みに鳴りひびく。

昔の砂子瀬八十六戸は目屋ダムによって湖底に没し、今住まう地もダムのかさ上げで四、五年後には再び移らねばならぬという。弘前市の発展に伴い、エネルギーや貯水の必要量が増えているのだ。人口七〇〇、ただでさえ過疎に悩む砂子瀬の人々にとって、あまりにも過酷な行政である。「補償金もらっても、結局なんもならんかった。もう移るのはたくさんです」。民宿「みかみ」の三上やゑさんは淋し気に顔を歪める。

六時半、夕闇に鎖《とざ》された宿に工藤氏来訪。長身、肩幅広く、姿勢が正しい。眼のうるんだ彫りの深いハンサムで、昭和十七年生まれというが、五十路を越えているとは信じ難い。ひかえめに杯をかたむけ、ゆっくりと語る。はじめは畏怖を混じえた緊張に堅くなっていた私だが、やゑさんの心づくし、マイタケのたっぷり入った鍋を囲み、砂子瀬マタギの穏やかな語り口に温もると、しだいに心ゆるして、やがてはすっかりうちとけて、彼の話に聴き入るのだった。

クマの生態

クマの主要な餌はブナの実である。小指の先ほどもない三角錐の可愛いものだが、試みに噛じってみると、カシューナッツに似た味がして、なかなか滋養がありそうだ。しかし、あれほどの図体の生き物が、ブナの実くらいで足りるのだろうか?

ブナは三年に一度しか実をつけません。それも地域によって交互に成る。白神全体が豊作ということはないんです。だから広い範囲の山がないと、クマは食べ物がなくなる。いま源流域が保護地域になったでしょう。じつはあれでは足りません。源流域のブナが成る年でなかったら、クマは当然移動し、里へも出てきます。トウモロコシでもリンゴでも食べなきゃならない。昭和六十年か六十一年頃でしたか、大変な冷害でクマが畑に出てきました。秋田側で四五〇頭、青森では一五〇頭も撃たれてしまった。たった二、三カ月の間にだよ。写真で見ましたが、クマの頭蓋骨がワーッと並べてあって……(絶句)。それでほとんどいなくなってしまった。それからは、私らも獲らんようになりました。もう少しふえてからでないととても。

クマをね、黙って双眼鏡で覗いていますと、まずブナの枯葉を爪で寄せる。すると実だけが点々と地面に残ります。それを舌で嘗《な》める。朝から晩まで食べてます。クマは非常に消化が早いらしい。食べながら排泄しているようなありさまです。ちょうど今頃は、実の集まる凹地がホウキで掃いたように葉が寄せられている。そうしたところはクマが餌とった跡なんです。

けれども母仔連れ（通常三頭）分はなかなかとれないので、彼らはしょっちゅう移動している。同じ山には三、四日しかいません。仔グマははしゃぎまわってうるさいのでよく怒られている。そういうのを観《み》ていると少しも飽きません。鉄砲撃つの忘れてしまうよ。

母グマは二年に一回、二頭の仔を産みます。正月に生まれ、五月頃連れだって歩く母仔をワカゴ、二年目の母仔をオモ（ゴ）イヅキと言ってます。ワカゴは人目につかぬように、緑の茂るまで広い活動を控えていますが、オモイヅキのほうは動きが盛んなので見つけやすい。その間、雄は母仔の周囲を徘徊しているので、いっそう目立つ。イザというとき囮の役目を果たすのです。

ブナの実以外には、夏場は自然薯《じねんじょ》を食べていますね。カエルやヘビ、地バチ、スズメバチも食べます。クマの去った後の蜂の巣は、それこそなんもなくなってしまう。それにカモシカも獲って食べる。解体したとき食べているのが判りました。そういえば、クマの獲ったカモシカを、私たちが横から奪《と》ってしまったケースもありました（笑）。

私たちはだいたい、四月二十日から五月連休までの間、冬眠あけのクマだけを獲ります。なぜ春先がいいかと言うと、商品価値が最も高いからです。四、五カ月も食べていないクマの胆《い》（熊胆《ゆうたん》といって胆嚢《たんのう》ですね）には胆汁がよく溜まっているし、毛皮の状態もよい。夏場はよく活動するので傷だらけ、秋は盛んに食べて脂肪がつくからやわらかい冬毛がないのです。それに肉も脂肪がない方がいい。三分の一くらいに締まった脂肪はコリコリしておいしい。筋《すじ》肉も冬眠中は使いませんから、やわらかくなっている。五月になると気温も上がり、すぐに夏毛になってしまいます。それに、このころは雪崩が落ちて、雪面も堅く歩きやすくなるので、私たちも楽に山へ入れます。

逆にカモシカは残雪期にはおいしくない。クマの旬とちがってカモシカは真冬だけ。ああ、昭和四十年代頃までの西目屋は駐在所もなく、まるで独立した世界でしたから、天然記念物になってからも結構カモシカを獲ってたんです。もちろん今は撃ちません。

砂子瀬マタギの伝承・文化

いにしえからの狩人マタギ、彼らは主として東北の各地に散在する集団で、共通項も多いがそれぞれ固有の信仰、しきたり（禁忌・儀式）、生活様式、さらに言語をもち、現在もその一端を継いでいる。マタギ文化の起源・系譜はさだかでなく、アイヌ、修験道、鎌倉期以降の狩りの作法、民間信仰などの混交したものとされているが、さらに古い縄文期の「森の文化」に、その始祖を求めるべきかもしれない。いずれにせよ、文化史的にも歴史的にもよくワカランのが実情。だいたいマタギ（発音上はマダギ）という言葉の語源すら、菅江真澄の「マダ（シナノキ）の樹皮をはぐマタハギ（狩人を意味する語）の転訛」説以来、柳田国男はじめ民俗学者たちの諸説紛々、結局よくワカランのだ。この神秘な集団のシカリ（頭領）には、それぞれ『山立《やまだち》由来』あるいは『山達《やまだち》根本之巻』と称される奥義書（巻物）が伝えられていて、みだりに眼にしてはならない。うっかり見ようものなら眼がつぶれると諸本にはある。

巻物はね、今は長苗常正さんという人の家にあって、わたし何回も見たよ。今のところ眼は大丈夫だけど（笑）。だんだんしきたりが崩れてきまして、親父（作太郎氏、明治二十―昭和四十三年）の前の代あたりから、シカリの交代するごとの巻物の伝授はなくなりました。なお、ここのシカリは世襲ではありません。山に入って一番的確に情況を判断し、予想できる人が自然とリーダーになります。

私の家に伝わっている物といえばタテ（槍）ですね。これは津軽の殿様からいただいたそうです（クマの毛皮、胆はまず藩主に献上した。タテはその御褒美か？）。親父も後年は村田銃を使いましたが、西目屋では火縄銃の時代がなく、それ以前はこのタテでクマを獲りました。むろん猟法もちがって、冬眠中のクマを煙でいぶし出して獲った。だからクマの穴を捜して歩くのが主な仕事だったのです。親父の話では、下から追い上げられたクマを、斜面の上方から独力《ひとり》で刺シトメルそうです。犬がワンワンやってクマを釘づけにしている間に刺すのですが、仲間が来るまでもちこたえるのが大変。これのできるマタギは、なかなかいなかったらしい。

当時は、五、六人のグループが米を三斗食べるくらいの期間山に入って、クマ一頭獲れれば上々だったといいます（明治末―大正初葉の話）。マタギは大喰らいですが、それにしても相当の日数だったでしょうね。

私は村田銃を昭和四十年代末まで使いましたが、クマの胸を突っつくくらいに近づけ、と言われました。今のライフルの射程は一五〇メートルほどですかね。私は父や兄からマタギの業《わざ》をあまり習えなかった。貧乏なので家に銃が一丁しかなく、一緒に山へ行けなかったんです。だから他の先輩たちに、いろいろ教えてもらいました。今の猟は十日から二週間。ひと七日といって、一週間ピッタリで降りるのを嫌います。山入りの前には各人めいめい大山祇《おおやまつみ》（イザナキ、イザナミ二尊の子、山を司る神）神社にお参りする。山へ入れば自然が相手ですのでね、私たちは山の神様に全部おまかせする。どうか無事に帰して下さいとお願いするのです。山入りの支度は女房の手を借りず、いっさい自分でやる。ジョードゴ様みたいになっては困るから。フッフッ。

ジョードゴ様にまつわる伝承は西津軽郡鰺ヶ沢町にもあり、そちらは宮沢賢治の「なめとこ山の熊」に似た興味深い逸話だが（鰺ヶ沢ではジョーゾク様）、西目屋の伝承はよりプリミティヴで、血穢を伴う女性を忌む観念が露わである。

ある日マタギのジョードゴが二頭の犬を連れて狩に行ったが、いつものように獲物がない。どうしたわけかと振り返ると、妻が隠れて様子を窺っていた。出猟に際して身だしなみをよくして出かけるので、女に会っているのではないかと邪推した妻が後をつけてきたのだ。これでは山神様の怒りを招き、獲物のとれぬわけである。憤慨したジョードゴは、犬を両脇にかかえたまま飛び神となって尾根を越え、向こう側の沢まで飛翔したという。

山神様は嫉妬深い女性なので、その年出産や結婚のあった家の者は猟に行けません。

今年は私も行けません。娘が結婚しましたから（笑）。また家に残った家族は、私たちが山へ入っている間囲炉裏の横（主の席＝横座）に注連縄《しめなわ》を張り、そこをまたがぬようにしますし、他家の火を使って作ったものを食べてはならぬとされています。万一出産・結婚のあった女性の作った食べ物であると、山神様が怒りますので……。

山へ入ったら小屋をベースにするんですが、まずは御神酒《おみき》を奉《あ》げます。クマの肉もまず神様に奉げてからでなくてはいただかない。

肉を焼くときもですね、イワイジシといって、サワグルミの木を削って作った七〇センチくらいの三本の串に、心臓と肝臓を交互に刺し、一番上に首の肉を刺します。一本は五つの肉塊、二本目は七つ、三本目は十二の肉塊……。これは神聖な肉なので地ベタに差して焼いてはいけません。焼き上がって食べ終わるまで手に持っている。繊毛虫がありますから生焼けは許されないし、結構熱いものですよ。食べ終えた串は二つに折って焚火にくべ、灰にします。ああ、マタギはクマが死んだとは言いません。かならず、クマが授かったと言います。

——ひとたび入山すると、マタギは固有の言葉をつかう。名詞のみならず動詞、形容詞も里の言語とはまるで異質な単語に転換される。いわゆる隠語にほかならないが、宗教的な意味合いも強いと思われ、その語源もアイヌ語説からサンスクリット語説（例のアブラウンケンソワカ云々のごとく真言密教の呪を唱えることから）まで諸説紛々、よくワカランのが実情。しかし、日常から異世界への参入を確認するイニシエーション（入団儀式）の一種には違いあるまい。異言《いげん》にも似て、それは心身の緊張度を高めるのに役立ったはずである。また、マタギ言葉はそれぞれの集団によってかなりの異同がある。以下光治さんに挙げてもらったのはあくまで目屋マタギの例。なお、傍点はアクセント記号のつもり。

山に入ると今でもこんな言葉をつかうんですよ。狐のことをオッパナガとか。おっぽが長いからね、ウッフフフ……。米はクサナミ（草の実）、水はワッカ（アイヌ語も同じ）、味噌はジゴベー、塩はカラセ（辛いから？）。動物ではクマがシシ、兎はサグ（ゴ）マ、猿はマシ、穴熊はマミ、狸はムジナ、栗鼠《リス》はサンペーと言います。羚羊《カモシカ》はマッカですが、この辺で二股の股のことをマッカと言いまして、カモシカの蹄が二つに割れているからそう言うのでしょう。まあ、こうした言葉をつかわないと、クマが授からないとされています。

クマ猟

――マタギ小屋は三角テントの形をした原始的なもので、ヤシ（サワグルミ）の樹皮で葺いたものが多い。昭和四十三年頃光治さんが最後に掛けた追良瀬《おいらせ》川二ノ沢出合付近の小屋は、五十九年頃放火に遭って焼失。以降は生態系を考慮して建造を控えているという。今はシュラフを使うが、往時は毛布やクゴ（苗の伸びた葉）を編んだ厚さ三センチほどの布団が小屋に常備されていた。五、六人のマタギがこれらの小屋を基点に日帰りで猟に出る。

クマのよくいる所をクマのツキ場と言います。人間を発見しやすく、逃げやすい所ですね。私たちはそこを知ってますから、まずツキ場を目指す。そこから逃げても、次にどこへ移動するか判っている。ツキ場からツキ場へと追ってゆくのです。

クマに動きがないと発見できません。午前十時から正午、午後二時から四時に最も活動するので、ツキ場の対岸に待機し、双眼鏡で捜します。寝ることを「フスベとる」と言いますが、ツキ場でクマがフスベとって（昼寝して）いる間に、ずっと迂回して上の方から包囲するのです。初心者を真ん中、ベテランは端の方に。配置を終えたら、対岸に一人で待機している勢子《せこ》に口笛や空薬莢を吹いて合図を送る。勢子はボイコまたはシシオコシと呼ばれますが、これ難しいんですよ。地理をよく知っている、シカリの次の位置にいる人がその任にあたります。

勢子は初めはオゥオゥと小声で寝ているクマを起こし、ああ下から敵が来たなと思わせる。次第に声を大きくし、オオオォォォと叫びながら撃ち手の待つ地点へと追い上げてゆきます。急斜面を何百メートルも、それも下へ来ぬようにジグザグに追ってゆくのだから、勢子は体力抜群でなくてはならない。力を温存させるために、シシオコシのときは荷物を他の人が持ってあげたりもします。兄が勢子を務めたとき、クマが向きを変えてむかってきて、頭上を飛び越されたこともあった。なかなか危険な役でもあります。

その間撃つ方はじっと待っている。雪のブロックの下に何時間も待たされたこともありましたが、あれはやだね。もう逃げてしまおうかと何度も思った。その場で銃を撃つわけだし、衝撃でナデ（ブロック雪崩）が起きたらひとたまりもありませんから……。

――光治さんの語りのそちこちにはクマへの愛、シンパシーが溢れている。そのクマを撃つ。訊き難いがその内心の葛藤について話を向けると、微笑みの絶えぬ穏やかな風貌がにわかに変じた。キッと宙をにらむようにして……。

あのー、鉄砲撃つときはね、凄い顔してると思うよ。自分でも……。だから、そういう情をかけるな、生き物を殺すんだから情は絶対ダメだ、モノを殺せない、って言うんですね。親父や兄の言葉ですが、「動物を殺すたんびに鬼の心にならなければダメだ。また鬼になる、又鬼にならねば獲れない、それでマタギって言うんだ」と教わったですね。

クマを撃たせてもらうまでには結構長い年月がいるんです。目屋マタギ特有の猟法だと思うけれど、まず「ウサギの忍び撃ち」というのができなくちゃならない。ウサギは夜行性ですが、真冬の日中は倒木の下なんかに雪に埋まって顔だけ出している。ウサ眼も黒いが、耳の先五ミリくらいが黒くて、ときどき耳をパタパタやるので見分けがつく。それを三、四〇メートルくらいまで近づいて撃つんです。これ技術がいる。できるまでに三年くらいかかります。これを卒《お》えるとグループのカモシカ撃ちに連れてってもらえる。山での共同生活ができるかどうか様子をみられる。二、三年やっているとラッセルする力もつくし、山とはなんであるかが判ってくる。そこで初めて、クマ撃ちに連れていってもらったものです。でも初めの二、三年は怖くて撃てません。クマを眼前にすると膝がふるえてしまう。

獲物は全部均等割。シカリがたくさん取ることもないし、獲れなかったグループにも平等に分配します。マタギ同士競い合うといったことはありません。だからこそ余計に獲れるんですよ。おたがいの役割をしっかり守るから……。西目屋では昔からずっとそうしてきました。クマの胆《い》だけは現金で分けますが、毛皮は必要な人に仲間うちの値段でゆずる。競《せ》りや入札なんて馬鹿なことはしない。一度山に入ったらみんなに私の命を預ける。仲間を信頼してなくちゃ猟はできません。

――その昔、滝川オチブ沢の出合で、十二人のマタギが一人を除いて全員死亡する惨事があったという。光治さんたちもずいぶん危険な目に遭ったのではないか。

たまたまクマに目ん玉とられたり、お尻をかじられたりした人はいますが、クマに食べられた人なんていないし、ここのマタギは山で事故を起こして死んだ者はありません。例の十二人の遭難のほかはね。

あれはいつのことだか（マタギは文字のない文化なのですべて言い伝え、年代はよく判らないのです）、たぶん雪崩で川が堰《と》められてダム湖ができてたんですね。薄く氷が張り新雪がかむっていて、下に水があるのが判らなかったらしい。一人ずつ斜面を滑っていって、次々と落ち込んでしまった。ワカンを履いてるので脱出できない。やっと最後の一人が対岸に誰も上らないのに気づいて、生き延びたそうです。十二というのは神様の数と同じ、それで神様がお怒りになったのだろうと、それからは十二人では山へ入らんようになった。万一、十二人になったときは、木を削って焚火の炭で顔を描き、人形（サンスケ様と言います）にして、小屋の後ろの柱（オオマッカ）に祀ります。

きのうは弘前大学の学生たちとゴミ掃除に山へ入ったんですが、たまたま十二人になってしまった。そこで、私の杖に顔を描いてサンスケ様になってもらい、ずっと持って歩きました。

山の遭難でめずらしいのは、二十年ほど前、茸採りの人がクマの罠に掛かって死んだことかな。そう、昔は罠も掛けたんです。ブナの実の落ちる所へ、テーブル二つ合わせたほどの材木を吊り天井にして、針金を引っ張るとドサンと落ちる仕掛。年に二、三頭は獲れてたんですが、この事故以来罠は全くやめました。そういえば、罠に掛かったクマを別のクマが食べているのを見たことがある。共喰いもするんですね。

マタギの装具

いまは（冬は）ゴム長を履きますが、戦前は藁沓《わらぐつ》、それにガマの穂で編んだハバキ（脚絆）をつけました。また真冬のカモシカ猟のときはカモシカの脛《すね》のところで作ったカワタビ（革靴）も履いた。その上にワカン（有爪）やカンジキを牛の革の皮紐で締め付けるのですが、濡れると弛《ゆる》み、乾くと硬くなって足が痛い。あれにはまいりました。カンジキは幅一・五センチほどの平たい鋼で造った十文字形の四本爪で、先端の爪だけ二センチ、あとは四センチくらいの長さ。鍛冶屋でこしらえてもらいます。

ゴム長の底にはカンジキがずれぬように切込みを入れる。代々使っていると擦り減ってしまいますが、私は爪の短くなった親父のカンジキを、ゼンマイ採るときの草付用に使ってます。

ピッケルみたいな役割をするのはコナギ。イタヤカエデで作った一・二メートルくらいの、まあシャモジの長いやつ。雪庇を突き崩したり、雪面に差してワシ（表層雪崩）に耐える支点にする。上端には銃身を嵌《は》めるための溝が切ってあり、銃を構える台座にもします。

着るものは、ラクダなんかは高級品だったし、下着は綿のシャツでした。汗をかくほど息を切らすなと言われて（獲物が現れたときハアハアいっていると狙いが定まりませんから）、あまり濡らさないので綿でもよかった。

雨具は、今はあの、ゴアテックスですけどね（笑）、昔はクマの着皮（毛皮）。襟に切込みを入れ、貫頭衣のようにして被る。頭は手拭いで鉢巻する程度で、雨降られたらもう大変なもんです。着皮は体格に合った、わりと小さなクマの皮で作る。大きなクマのは敷皮になります。クマの毛皮は温かで、水を全然通しません。私たち小さいときオネショするでしょう、そこでクマの毛皮を敷布にされたもんです。オネショしても布団は濡れない。お尻をピッとひっぱたかれるだけ。

現代マタギの四季

西目屋の砂子瀬における米作は一五〇年ほどしか歴史がない。津軽藩勘定奉行の乳井貢が何らかの罪でこの地に幽閉されたとき、山の民に伝えたという。もとより狭隘な谷間、光治さんの子供の頃も自家用にすら足りなかった。したがってマタギの業に頼るほかなく、獲物は換金よりも専ら米と交換されていた。工藤一家は昭和二十九年頃、目屋ダムによる移転を余儀なくされたが、その補償金で早速岩木町の田を買い、自家用に足るほどの収穫は得られるようになった。しかし、それだけではむろん足りぬ。クマが激減し、猟をひかえざるを得ぬ現在、光治さんはいかにして一家（妻と二人の娘、二頭の犬）を支えているのか。

田植は五月末ですが、春先は山菜採りにいそがしいです。主力はゼンマイ。あとはウド、ワラビ、フキ、アザミ、ボンナ（ヨブスマソウのことです）、ヒメタケノコなど。ほぼ保存用だけれど、タラの芽とミズは売る場合は生のまま。ワサビは根は掘らず茎と葉だけ、それも一株のうち二本くらいだけ採ります。そうすれば毎年生えてくれますから……。これは醬油、砂糖、酢のタマリ漬けにし、ビン詰めにして売ってます。そうそうミズのムカゴって知ってますか？　あの珠になってるやつ。この辺ではミズ

ますから……。

タケノコ採りではよくクマに遭遇します。彼らの好物ですからね。今年の六月にも二、三歳の仔グマとぶつかって、犬が噛まれてしまいました。私の犬は元気がよくてね、すぐ突っかかってゆく。カモシカとはいつもケンカして年に二、三度病院に行ってます。あのー、犬にもいろいろあって、一匹でクマにむかってくのもいれば、クマの臭いがすると尻尾を垂れて、もう脚を上げてオシッコできないのもいる。雄なのにしゃがんでやってる。ええ、子供のときから家に犬がいなかったときはありません。山へはいつも一緒に行く。雪の中で抱いて寝ると温かで……。

——この日、弘西林道の赤石川出合で、車にクーラーを積んだ釣人を見た。むろんとっくに漁期は終わっているのだが……。

旧の六月十二日（昭和四十年代半ばまで私どもはすべて旧暦でした）はお祭り。シシマイをやります。昔は出稼ぎにゆく人は、神社の土を持って行って、無事に帰るとお返ししたものです。

この頃になると、かつてはイワナ獲りに行きました。五、六〇センチの魚がザラにいましたよ。徒渉していると足にぶつかってくる。列をつくって泳いでいて、人のことなんか気にしない。三枚におろせるくらいの魚しか獲りませんでした。塩漬けにして保存食にもなったんです。でも今はねえ……(絶句)。もう獲っていいような魚がいないので、ほとんどやってません。

釣人が多すぎるんです。最近白神のことを書いた本がたくさん出たでしょう。自然保護を謳い白神の山を護る立場の人が、道順書いて、地図付けて、ここでこんなに釣れたと書く。書きたい気持ちはわかるけど、ああした本がなければこれほど釣人は来ないでしょうし、ゴミもなかったんじゃありませんか? 釣人のマナーはよくないです。ゴミもそうだが、糸が根掛かりしたのを放っておく。私ども川の中を足袋で歩くので、あれは怖いんです。引っ掛かるとケガしてしまう。まあ四月一日から九月いっぱいムチャクチャ獲ったら、イワナもいなくなる。まして今頃まで狙ってる人がいるようじゃ……。

八月は、昔はアユとサクラマスを獲りに行きましたが、今はなんもないです。今は、田圃の草とり、営林署の手伝い……杉を伐ったり、ブナを伐ったり(傍点は遠藤の強調)、下刈りをやります。営林署も人手不足で、日雇の仕事はいつでもあるんです。ときには頼まれて山の案内もします。好きな山を歩いて仕事になるのはありがたいですからね。

田の取り入れが終わって、九月二十九日（旧暦）に仕事納め。六月に出したシシを納め、村じゅうが休みになります。山も色づいてきますが、ミズナラやハンノキはブナより後に落葉します。なぜかというと、ハンノキの葉は虫に喰われやすく、いったん枯れてからもう一度出るので遅くなるのだし、ミズナラはブナより十日ほど後に芽吹くので、やはり黄葉が遅れるのです。

この頃からはキノコの季節。一番早いのはマイタケ、これは値も高い。次に出るのが（西目屋には少ないですが）サクラシメジ。雨が続いて川の水量が増えると具合がいいんです。人が入りにくくなりますから（笑）。十月はナメコにナラタケ（この辺ではサモダシと言います）。今年はキロ三千円になりました。ナメコは十一月に入って、雪が降ってからも採れる。雪の下のナメコはおいしいんですよ。

十一月から解禁なのでぼつぼつクマが気になりますが、今はね……。この辺にも何本か「クマに注意」の看板が立ってて、殺人鬼みたいに怖いクマの顔が描いてあるけれど、ほんとはクマはね、すんごく可愛い顔してるんですよ。以前はよく下《しも》の人が、クマが出たから退治してくれと言ってきたものですが、ここの人は近くにクマが出ても騒ぎませんね。人を襲うなんてことはまずないのをよく知っていますから。

十二月には神様の年越しがあります。十二人の神様が一人ひとり年越ししてゆく。最の年越し。いろんなしきたりがあって、ダイコク様には豆を供えろとか、ススキの茅《かや》で作った箸を添えろとか、オフクロの生きてたころ女房に、よく聴いて覚えとけって言ったんですが……。

正月はむろん休み。映画を観にいったりします。冬の間は、昔は炭焼きでしたが、今はもうやっていないし、やはり営林署の仕事。杉の間伐や枝打ちに行きます。積雪を利用して上の方を伐るんです。山に入ると、ときどき変な恰好をしたオジサンが、鉄砲かついで立派な犬を連れてきてたりします。里に降りたクマは撃てるでしょうが、山じゃ無理。まあ、こうしたハンターは、私どものジャマにもなりません。

四月に入ると苗代の支度。でもその頃になるとどうもソワソワしちゃって……。獲れても獲れなくても、ただ山に行きたくなってね。ひと回りしてこないと落着かないんです。昔のように、どこまでもどこまでも追っていって撃つということはないのだけれど、近頃はひとりで、犬だけ連れて、山を歩いているんです。あれは大きなヤツだったなあ、あんときはえらい苦労したなあ、などと憶い出にひたりながら……。

昔は生活のためにマタギをしていたわけだけど今は、ただ、伝統を継ぐため……。いずれにせよ、もうマタギは絶えますね。茂樹（光治さんの甥、昭和二十六年生まれ）

でもう最後でしょう。仲間の子供たちは誰もマタギをやっていないし、私のとこはふたりとも娘なので伝えようもない。だからですねえ、こうしてみなさんに本に書いてもらったり、テレビに映してもらったりして記録しておくより仕方ないと思うんです。時間《とき》の流れですねえ……。

マタギとコア問題・自然保護

一九九〇年、白神山地の中枢部一万六九七一ヘクタールが林野庁によって森林生態系保護地域になり、その内側の核心部一万一三九ヘクタールが国の自然環境保存地域（コアゾーン＝立入り禁止）、残りの部分が保全地域（バッファーゾーン＝緩衝域。教育の場などとして入ってよい）に指定された。森を生活の場とするマタギの末裔はこの措置をどう受けとめているのだろうか。

ほんとは何も大騒ぎしなくて、昔のまんまそっとしておいてくれるのが一番よかったんですけれど……。青秋林道問題以来、ここは有名になりすぎた。私たちにしてみれば、毎日暮らしてきたどこにでもある山で、そんなに貴重なものだと思ったこともなかったし、まあごく普通に、植物でも動物でもその種類のものがなくならないように、山が再生産可能なかぎりのものをもらって暮らしてきたんです。それもまた技術

しかし、そうしたものをひっくるめても、何かよほど強烈な法律の網でも被せないと、この先大変なことになると判っていましたから、保全地域の指定は非常にいいことだと思っています。

私どもも入っちゃいけないというのは、それは不満もありました。そこで弘前大学の牧田肇先生やマスコミの方に私どもの心情を訴えまして、それがだんだんと県や営林局の上の方に伝わって、私どもの最小限入れるよう、昔からの慣習を認めてくれるような方向になったのです。今年の九月から、私は県の委託で白神の自然保護指導員という立場になれまして、山を巡視できますので、ひとまずホッとしています。

ただ、入れるのはここの五、六人と研究調査員だけ。昨日ゴミ拾いをやってくれた弘大のボランティアたちも公には認められていませんでした。弘大の探検部は二十年もずっと、ちゃんと山のルールを守って、白神に入っていたのにねえ。

けれども、まだナメ流し（毒を使って魚を根こそぎ獲る）をやろうという人がいるくらいで、ムチャな人や釣人が平気で入る。こうして指定したんであったら、きちんと罰則や監視制度を設けないと、有名になった分だけ人が集まって、かえって悪くなるかもしれない。何の対応も準備もなく指定だけしても、ザル法みたいになってしまう。保全法では植物だけが対象で、動物は入っていません。いっそ釣りも地域を拡げていっさい禁止にするぐらいでないと……。

今、赤石川でも追良瀬川でもダムのために川は海から離れ、孤立していますよね。保全地域にしたんであったら、お金をかけて、ダムの上に魚を放流するくらいのことをしてほしい。山の景色だけじゃなく、景色の中身、イワナやなんかも昔のまんま甦るように考えるのが、指定した側の責務なんじゃないですか。

この九月、保全地域内の天狗岳に、新しく巡視路という名目で道が造られました。もう缶カラが落ちてたそうです。環境庁の方では小岳へも巡視路をつけるんだそうです。そんな道いらないですよ。私たち道なくたってパトロールできますから。保護するためなら道はいらない、と県の方にも言ったんですが……。とにかく、少しでも観光の売り物にしようとしたら、山のためには絶対ダメですね。

弘西林道をご覧になったでしょう。あれで今残っている保全地域の何倍もの樹が伐採されたんです。林道造ってブナ伐っても、当時は安くて採算とれなかった。結局山を無残に荒らしただけで、後にはなんも残らないと思うよ！　あとから植えた杉はね、ここ五、六年は雪寡《すく》なくてよかったけど、昔みたいに本格的に積もったら、ほとんどつぶれてしまうんじゃないですか。この辺はもともと杉がなかった。ブナとヒバ、ナラ、うまく育っていたんですよ。だからどこでもなんでもブナ伐って杉を植えればいいというのは、大変な発想ですよね。間伐するお金もあまりないのに西風強い所にも植えている。そしてせっかく太くなったブナを「除伐」といって、杉を守るために伐ってるんです……。

雨の降る森に入ると、ブナの枝から幹を伝って、水が滝のように流れます。それがすっかり吸い込まれてしまう。ブナ林の下の湧水は、ブナが伐られたあと十四、五年も、水量ほとんど変わらないんです。その分どこかに貯えられていたんだと思いますね。そしていったん涸れはじめると、もう簡単には元に戻りません……。

ああ、今度はぜひ真冬の白神、それに新緑の白神をみにきて下さいね。

十時半、明日は晴れたら稲こき、雨なら山ブドウ採りだと言って、光治さんは夜道をひとり帰っていった。街灯はなく、西目屋の闇は深い。今夜は星も出ていない。明日は雨になるのやもしれぬ。

インタビューを終えて、私はいいしれぬ思いに胸ふたがれた。見知らぬ人と会って、これほど感銘を覚えたためしはあまりない。彼は、たとえば地元なら誰しもサモダシとしか呼ばぬ茸を、何気なくナラタケと翻訳して語るといったふうに、よそ者への心配りを絶やさなかった。上質なユーモアを混じえつつ、深く広い森の知見、森の思想を語ってくれた。これほどのインテリジェンスに出会ったためしは、あまりない。

だが、彼の内面に抱える葛藤は深刻である。クマを獲り、ブナを伐る——愛するものの殺戮——逃れようのない二律背反《アンビヴァランス》、業《ごう》と呼ぶしかない現実。あるいは、ひっそりとした暮らしを希んでいるのに、背に負ったマタギの伝統を録す必要上、テレヴィや私たちと関わらざるを得ぬ現実。さらに、ダムの増設による近い将来の移転、再度の故郷喪失への危惧……。

しかし、それでもなお、光治さんは爽やかで、毅然としていた。いにしえからの「森の文化」の継承者マタギの誇りが、彼を支えている。

もはやマタギは、かたちの上では失われてゆくであろう。だがその精神は、むしろこれからの世になくてはならぬ思想、哲学、感性を孕んでいる。機械文明に埋没したわれわれ都会人にとって、彼ら森の師父たちに学ぶことは数知れずあり、今日最も須要なことだと、私は考える。

なお、小文中工藤光治氏の語る部分は、極力採録したテープに忠実たらんと努めた。もとより話の順序や、若干の語彙に手を加えたが、筆者の創作はすべからく排した。残念なのは紙幅が限られ、幾つかの逸話を割愛せざるを得なかったことだ。擱筆《かくひつ》にあたって工藤氏へ尽きぬ感謝の念を記すとともに、白神の山々、その山神様たちへ、この小文を奉《たてまつ》る。

〈一九九二年十月十九日採録〉

ソロクライマーの謳う歌

ひとりで野原をさまよい、山に登るのを好むひとは結構多い。

だれかと一緒だと、どうしても人間とばかりおしゃべりするが、ひとりだと、おのずと山の声を聴くようになる。山と交感する機会が増える。ほんとに山が好きなひとなら、ひとりの山の、したわしいすがたを知っているから、さびしくても、かくべつ人間嫌いでなくても、ひとりの登山をするのである。

けれども、ひとりの気ままな山旅と、ヘマをすれば、確実に死んでしまう単独登攀との間には、ずいぶん大きなギャップがある。ひとはどうやって、その空隙を跳び越え、ソロクライマーへの途を歩き始めるのか。

健全で明るい山登りの、向こう岸にあるのが単独登攀。ノーマルな社会人は、ソロクライマーの体臭に、なにがしか不穏な英雄主義、自己陶酔を嗅ぎあて、わずかな羨望は混じるとしても、彼を異人種《アウトサイダー》とみなす。あるいは、孤絶せざるを得なかった理由をさまざまに忖度《そんたく》して、さげすみか、あわれみを覚える。いずれにせよ、彼が親しい者でないのなら、そっとわが身を遠ざける。

そして、少しは単独登攀を知っているぼくも、そう思う。もしも山仲間にソロクライムへの傾斜がみえたなら、ためらわず「やめとけよ」と言う。麻薬に手を出そうとするひとや自殺志願者をあわてて押しとどめるように。実際、幾人ものすてきな友だちが、単独登攀に赴き、ふたたび帰ってこなかった。

それでも、ゲオルク・ヴィンクラーの昔から、単独登攀者《アウトサイダー》の系譜は絶えることがない。数々のソロを成したのち、ヴィンクラーが十九歳の孤独な魂をワイスホルン西壁の空に放つのは、一八八八年。医学者にしてプロガイド、稀代の単独登攀者ニコラ・ジャジエールが、ローツェ南壁にひとり消えたのは、一九八〇年……。

単独登攀者列伝をはじめてしまうと、ゆうに一巻の書物になる。だからここでは、登攀史には触れない。それよりも、彼がなぜソロの世界に往《い》ったか、そのモティーフ、こころのゆらめきに的を絞って、語ることにする。

だが、心理とはつねに複合的《コンプレックス》なものである。個々のソロにはそれぞれ異《ちが》う動機があるし、ひとによっても千差万別。他人のこころは探りにくいので、とりあえずぼくの、貧しい体験を下敷にしよう。ぼくはとても生粋の単独登攀者などとは言えないけれど、その昔ソロを試みたときに、胸をよぎった閃光、いまも鮮やかなこころの軌跡を、いまいちどなぞってみる。

*

登山道のないコースで、初めてやった単独行は奥多摩の沢溯り。山日記に一九六三年六月とあるから、十四歳の初夏である。ちっぽけな川苔谷も、中学生にとっては大渓谷。大人になってから見たときの黒部の谷より、さらに重みがあった。徒渉中ひっくり返ってずぶ濡れになると、だれもいないので、声あげて泣いた。

懲りない質《たち》で、相棒のみつからぬまま、その後も奥多摩、奥秩父の谷を溯り、技術書片手に岩這いを覚えた。冬山にも登った。しかしこれらの山行に、ことさらな「単独行」の意図などない。ひとみしりをして、山岳部、山岳会に入れなかっただけの話。いわば自意識以前の単独行。

しかし子供のときのぼくのように、ひとりぼっちのまま山行きの程度を高めていっても、大きな岩壁には、ちょっと手が出ない。そういうひとは冬の単独縦走や、険しい谷の単独溯行に向かうようである。前者の代表選手は加藤文太郎であり、後者の例は溝江朝臣。

南アルプス南部の谷を、くまなくひとりで踏破した溝江さんは、登山界とまったく無縁のひとだった。技術もすべて独学。二十年ほど前にお会いし、山行をともにしたが、すでに絶大なキャリアがありながら、ザイルのふつうの結び方をご存じなかった。彼のザイルは、懸垂下降にしか使われることがなかったから。

岩登りと比べれば、冬の縦走や谷の溯行は、致命的な墜落をする確率がいくらか低く、心理的には独習しやすいジャンルなのだろう。心情的にもかよい合う分野であり、両者に堪能な、生まれながらの単独行者もわずかにいる。

岩登りをもこなす単独行者は、一度は山岳会の門をたたいている。彼らの多くは、ふだんは仲間とのクライミングを楽しみ、ときおり「虫がうずいて」単独登攀に挑む。ソロクライマーと称《よ》ばれるひとでも、ほとんどがこのタイプ。まったくの独学で、単独登攀のスペシャリストになったひとを、山口清秀以外ぼくは知らない。

高校二年になると、同級生の山好きをクライミングに引きずり込み、ぼくにも二、三のザイル仲間ができた。

つたないザイルさばきであっても、友の繰り出す綱の先に結ばれてあるのは、なんとこころやすらぐ気分だろう。ひとりのときの、あの、言いようのない暗鬱、後ろめたさは微塵もない。なにせ墜ちても、死なないですむのだ。たぶん。

気の合った仲間とのクライミングは、このうえなく楽しい。ぼくの高ぶった冒険心をも、ぞんぶんに満たしてくれる。ところが、それでソロをすっかりやめたかというと、そうでもない。そのときはじめて、気づいたのだ。単独登攀の裡に、隠微に、しかもたっぷりと蔵されている、あまい、危険な香気《かおり》に。

「知恵ある動物」「遊べる動物」などと同じ類の定義をすれば、ヒトは「自殺できる動物」と言えぬでもない。個体維持や種保存の本能に反して、ヒトは自分に不利益な行為、破滅的な行為をさえ、あえて選び得る動物らしい。それがあんがい、稀有な現象を産むこともある。心理学者《フロイディアン》岸田秀のことばを借りれば、文化は「ヒトの本能が壊れている」ゆえに生まれたのだが、あらゆる芸術活動、そして山登りにも、こうしたヒトの、生存にとってのマイナス因子が、大いにはたらいているのではあるまいか。

登山のなかでも岩登り、なかんずく単独登攀は、もっとも死の翳《かげり》が深い。だからこそ、思春期まっさかりのぼくは、ソロクライムの甘美な香気《かおり》に、魅せられたのだ。青春と死とが、とても仲良しなのは、誰でも知っている。

一浪の身をかこつ晩秋、ぼくは滝谷を出合から溯り、大キレットを経て新雪の槍ヶ岳に立ったが、むろん、そんなしちめんどくさい思案はなかった。わかっていたのは、じぶんが初恋にやぶれたこと。だから、ひとりで滝谷を溯らねばならなかったこと。

ぜんぜん論理になっていないが、ただひたすら。

しかし五十歳のぼくには年若いぼくの、もうひとつの動機《モティーフ》もちゃんとみえる。滝谷のソロをもくろんだのは、彼が井上靖の『氷壁』を読んだからだ。この本の、失恋した主人公も、あらたな恋に向かうため、過去と訣別するために滝谷を単独溯行し、落石に撃たれて死ぬのである。

青年期初葉の、嗤《わら》うか微笑《ほほえ》むしかない物真似感傷旅行だけれども、この滝谷行はそれまでの「なりゆき単独」ではなく、明らかな意図を持った単独登攀であった。あほらしいが、なかにはこんなきっかけで、ソロに目覚めてしまうひともあるのではないか。

ならべて語るのは畏れ多いけれど、ラインホルト・メスナーによる一九七八年のナンガ・パルバート単独行も、よく似たケースである。妻ウシーへの失恋、別離。この単独登攀は、愛するひとを失った男の孤独、懊悩からの脱出が、シンボライズされたものである。そしてナンガの成功によって、アルプスのソロクライマーは、ヒマラヤでもソロの通用することを知った。

＊

生まれながらの単独行者は、むしろ「単独」をさほど自覚せず、記録《レコード》への関心もうすい。まわりにおだてられ、しだいに色気が出て、「単独」を意識する場合もあるが、最後まで記録など眼中にないひともいる。

反対に、「単独」初登攀なるタイトルが欲しくて、ソロをめざす者もある。

登山史を、少し遠くから観《み》ると、業績主義としての単独登攀は、興るべくして流行した。未踏の岩壁がとぼしくなると、記録《レコード》の欲しいクライマーは、既登のルートにカッコをつけて、無理をしてでもタイトルを創り出す。「冬季」初登攀や「単独」初登攀もそうだし、ルールの厳密なフリー化、フリークライミングも、同じ発想。ほかにもいろんなカッコ付きの初登があるが、ようするに地球の岩場が有限だから、人間の側で工夫をしたのだ。登攀がもっと難しくなるように、もっと危険に、できるかぎり死に接近するように……。ヒトとはそんな奇態な観念遊戯もできる、なかなか奇怪《きっかい》な動物である。

一九七〇年十二月、二十二歳のぼくは一ノ倉沢の衝立岩正面壁を狙った。動機ははっきりしている。当時、冬の衝立正面を単独で登ったひとがいなかったから。カンペキな業績主義である。

同じ年の三月、ぼくは長谷川恒男と組んで、生まれて初めて初登攀をやっていた。

天才的な長谷川の膂力《りょりょく》に依ったとはいえ、いっぺんに自信がついてしまう。はかない自負にささえられ、その夏はめったやたらに登りまくったが、相方のつごうのつかぬときは、ためらわずにひとりで攀じた。気がはやるので、やっかいな確保もせず、怖いので、早く壁を抜け出そうとする。おのずとスピードは上がり、ふつう三、四時間かかるルートなら、二、三十分で登ってしまう。どんどん自信過剰となり、色気が燃え上がって、衝立岩正面壁「冬季・単独」初登攀に向かってまっしぐら。こうした欲望の炎は、恋愛とおんなじで、自身のなかから燃えるべきものがなくなるまで、消えることがない。

もうひとつ動機がある。そのころの長谷川は、ソロクライマーではなかった。

「おれは単独だけはできないんだ。ハデに墜ちたことが二度もあるんでね。あのとき、もし独りだったらと思うと……」

長谷川は強力なライヴァルだった。登攀のキャリアは同じようなものだが、どうみても力量の差は歴然としている。彼と張り合うとしたら、あやつのやらぬ分野、単独登攀で勝負をしよう……。カンペキな競争意識である。

純情可憐なプライドを高く掲げていたから、長谷川へのコンプレクス、ジェラシイを意識に上らせたとは思えない。だが、今のぼくには、年若いぼくの、こころの深みに澱むものが、ありありと見える。

「冬季・単独」初登攀をめざし、いろんな準備をした。自転車のタイヤチューブを活用して「衝撃吸収型自動確保器」を作り、夜を徹して古今未曾有の名文に相違ない遺書を認《したた》め、さて、一ノ倉沢の出合に立つと、幸運にも、いっこうに吹雪が降りやまない。

執念深い質《たち》で、その後も未練たらたらだったが、翌年三月、古川正博が衝立正面の二つのルートをたてつづけに単独で登り、ぼくの野望はこっぱみじん。仲間うちにはくやしがってみせたが、ほんとのところはほっとして、古川さんに感謝した。これでやめる理由がたった。とりあえず、死なずにすんだ。

古川正博は、当時最強といわれたソロクライマーだった。一九七二年七月、マッターホルンの北壁をひとりで攀じ、同年八月、僚友とともにアイガー北壁で死んだ。

＊

名のあるクライマーが、ある日とつぜん、単独登攀者として再デビューすることもある。

一九七三年秋、二十四歳の長谷川恒男は大所帯のエヴェレスト隊に加わるが、組織に馴じめず、だれかれへの不信で胸をいっぱいにして、無念の帰国をした。めんどうだから理由は記さない。知りたいひとは佐瀬稔氏の書いた長谷川伝、『長谷川恒男 虚空の登攀者』(一九九四年、山と溪谷社)を読むとよい。ようするに彼も、一個の歯車になるには、プライドが高すぎた。

翌年三月の長谷川の、一ノ倉沢滝沢第二スラブ「冬季・単独」初登攀は、ヒマラヤにおける挫折が、そのスプリングボードとなっている。

絶対にソロはやらぬと語り、むしろひとと群れたがる淋しがりやが、以降、世界でもゆびおりの単独登攀者になるわけだが、第二スラブ登攀の主たる動機が、みんなに共通の自己確認欲求・アイデンティフィケーションだとしても、次のごとき諸々の混合物も、とうぜん渦巻いていただろう。すなわち、人間不信、怨念、競争心、だれかれを見返してやりたい復讐心、栄誉への渇望……。じつに人間的な、どろどろの溶岩流が滾《たぎ》っていて、せつなくも、すさまじいではないか……。

一九九一年にウルタルII峰で果てているから、長谷川は反論できない。愛憎ともに強烈なひとであった。ぼくの無礼な物言いに激怒したなら、化けて出るとよい。

ともあれ、天与の才と灼熱の欲望・エネルギーがその動機をしっかり支え、アルプス三大北壁の冬季単独初登攀、日本国の個人としては、過去最大最高の業績へと、彼を導いたのだった。

ソロへの転向、その心理的メカニズムはむろんもっと複雑、さらに複合的《コンプレクス》なものであろう。しかし、大遠征隊・組織との軋轢《きしみ》をきっかけに、その反動で偉大な単独登攀者になったクライマーは、長谷川が最初ではない。

一九五四年、イタリアの国家的なK２遠征で受けた屈辱（?）をはらすために、ワルテル・ボナッティは翌年、ドリュの柱状岩稜を単独登攀する。ありていに言えば、登頂隊員に選ばれなかったのがくやしくて、不可能の象徴みたいな岩壁をひとりで拓いてみせた。ハデな失地回復、「われここにあり」、せつなる自己確認。

R・メスナーの場合も、最初のヒマラヤ行、一九七〇年のナンガ・パルバートは、不幸な登山だった。弟を雪崩で失い、登山記の出版権をめぐって、訴訟まで起きている。組織への幻滅。以降、彼はごく少数の仲間、ないしは単独でしか、ヒマラヤへ赴こうとしなかった。思うさまに記録《レコード》を得たのち、業績主義にむなしさを覚えて、ヒマラヤを去った。

＊

業績主義・記録には眼もくれず、ひっそり、ひとしれず、ひとりで岩壁に挑む者もいる。

一九六九年七月、福島博憲というひとは、マッターホルン北壁をひとりで登ったが、彼は記録を公表していない。先行したスイス人パーティの報告がなければ、われわれは、その事実を知らぬままであっただろう。ちなみに、この登攀はノーマルルートの、単独第二登（編注：「関大」第一七〇号（関西大学校友会、一九六九年九月十五日）に福島に関する記事あり）。

一九七〇年二月、ぼくは一ノ倉沢で、ただひとり攀じるひとを見た。くすんだヤッケにオーヴァーシューズ、古びたザックを背負った彼は、隣のルートを登るぼくらと併行し、着実な登攀をつづけていた。尾根に抜け、ルートが合流したあたりで追い抜かれ、彼はそのまま、風雪のはざまに消えた。彼の足跡、旧式の十本爪アイゼンの跡だけが、ただひとすじ、頂へ向かって、堅く凍った雪面に印されていた。これはおそらく一ノ倉沢南稜の、冬季単独初登攀。どこのだれともしれぬこのひとの、文字で印した記録は、たぶんあるまい。

発表する意思がなく、だれもみていなければ、彼らの登攀は埋もれる。こうした当人以外にだれもしらない単独登攀が、過去、どれほどにあっただろう。

北アの山案内人中山彦一や小瀬《こせ》紋次郎は、岩登りの草創期に、ひとりで、槍や穂高の岩を攀じているが、彼らは記録成すすべをしらなかった。自慢話くらいは、しただろうけれど。

京都府医大予科の教授北上四郎も、同じころ、ひとりで、笠ヶ岳や穂高の岩場をいくつも拓く。しかし彼はあえて、記録を残そうとしなかった。ケルンさえ積もうとしなかった。ただし、単独登攀へのこだわりはある。酔っぱらって、お弟子の谷博にこう言った。

「わしは、日本の、ヴィンクラーや」

真の勇者はその勇気を隠す？　それとも、偏狭なる美意識？　ダンディズム？　たんなるテレ屋？　どう考えてもよいが、記録を残さぬ彼らの登攀も、自己確認、そして自己表現ではあっただろう。伝達をひつようとしない表現も、この世にはある。

観客のいない舞台、だれもいない街角や野原で、ふと踊りだしてしまうバレリーナがある。彼女は、ただ、踊らずにはいられないから、踊るのだ。

拍手や、歓声はいらない。ソロクライマーも、登らずにはおれないから、ひとりで登る。

その登攀は語られず、録されない。あの、きらめきの一瞬を、再現するのは不可能だし、無理にことばに託すと、せっかくの純な、美しいものが瀆《けが》され、飛び去ってしまうから。

だが、その、眩暈《めまい》にも似た感覚は、彼の記憶にとどまり、失われることは、けしてない。名誉や栄光、いろんな夾雑物をとっぱらったソロクライムの原点は、このようなものだ。

名誉や栄光、ひとびとの称讃、うっとりするようなヒロイズム、ナルシシズム。ボナッティやメスナー、長谷川やぼくも、たしかに、それを求めた。しかし、彼らも、ぼくも、そればかりを目的に、ソロクライムを追いつづけたわけではない。こころはつねに、うつろい、変わるが、単独登攀の原点、もっとも魅惑的な、あの陶酔がないのなら、すぐにソロなど、やめてしまったことだろう。じっさい、登攀にうちこんでいるさなか、だれが名誉や栄光なんぞに、おもいを馳せるものか。

そのとき、かれのこころには、どんなことばもうつらない。

だれのこともかんがえない。

そのとき、そこにあるのは岩や氷、したわしい山のすがただけ。

だんだんに、じぶんもそこにいなくなり、
いつのまにか、にんげんであることをやめ、
ついには、山のひとつの相《すがた》に、融ける。

ことばにならぬもの、かたちをなさぬ、なんのためにもならぬもの。単独登攀者の得るもののうち、もっとも貴重な収穫とは、そのようなものである。

〈一九九九年十月筆〉

山――陶酔と失墜

私は感性的体験によって生きているのであって、論理的釈明によって生きているのではない。

――ジョルジュ・バタイユ『内的体験』出口裕弘訳より

一、「書くこと」、「登ること」

登山――この魅惑的な自己崩壊の場、あらゆる論理性の彼方にある営みについて、語ることは無益である。それは「書くこと」の彼岸にあるのだ。とらえんとして手を伸すと、風に浮んで空に溶けてしまうゼフィルスにも似て、我々登攀者《クライマー》は自らの山に向かう心を、とらえることができない。詩心《ポエジイ》が詩《ポエム》に具現されたとき、すでにして詩心は去っているのと同様、クライムについて語ることはクライムを変容させてしまう。「書かれたもの」はもとよりクライムではないのだ。しかしながら、私は書かねばならない。クライミングが内的なデモンにつき動かされた結果であるとするならば、「書くこと」もまたそれと同様なのである。私は、クライマーである私を語らねばならない。遠ざかりつつあることを知りながら、決して求められぬ本質を追って、シジフォスの運命《さだめ》を生きねばならない。それは言葉をあたえられた人間の永劫のかなしみ、表現することへの限りない希求である。

二、登山は価値の体系には属さない

分類することは私の嫌うところだが、人間の営みには二つの体系が在ると言える。一つは生産、蓄財、あらゆる吝嗇のための営み、自己保存、種保存の本能に代表される自己の繁栄のための営みである。他方、これに属さず、しかもなお人間の生にとって最も重要な営みの体系がたしかに在る。それは次のごときものである。あらゆる純粋な芸術、生殖のともなわぬセクシアルス、過度の飲酒、有害かつ甘美な薬品の使用、種々の供犠。これら浪費、失墜の体系とでも呼ぶべき悟性をはなれたファクターは、文明の裏面にあって、実に大きな影響力を人の生に対していだいている。そしてあきらかに、登山（アルピニスム）もこの体系につらなるものである。これは自己と他者への利益を全く考慮しない。蛇口からほとばしる水道の水のように、常に一方的な浪費、ときによると生命までも、その犠牲《いけにえ》としてしまう極限的な遊びなのだ。

三、登山とは非社会的な営みである

人間の生がすべての機械とひとしく、ある機構のもとに合目的性の意識をもって営まれているとき、それはかなりに社会的である。社会とはそもそも、その主体、個々の何らかの便法、利益追求のための制度、集団だからである。したがって「二」に分類したごとき非生産的な営為群は社会的ではない。登山も然り。自己弁護の余地もなく、山登り、クライムは何らの貢献を社会に果すものではない。登山とは全く非社会的な営みなのだ。これは反社会《アンテイソシヤリテ》ですらない。なんらかのアンティテーゼを社会にいだいているわけではないのだから。登山営為とは、本質的に社会営為と別の次元に属する。それは全き個に収斂される。つきつめれば、すべての登山は単独登山と同義だとさえ言っても良い。社会学的、あるいは生態学的なアプローチをもって、アルピニスムをとらえんとすることは、なるほど興味ある有意義な仕事かもしれないが、それは少しも「山に登る心」の本質にせまるものでないことはたしかだと思う。

四、アルピニズムとはあまりにも強烈な自己主張である

社会の異端者、全き個人の非目的なる営み、アルピニズムは当然その根拠を、強烈なる自我意識においている。我々は山に行き、生活し、闘い、さらにあくことなく上方を指向する。それらはすべての常識、穏当さ、他への協調とは本質的には無縁である（パートナーとの協力は、「思いやり」「やさしさ」を基としたものであって、功利的な協調であってはなるまい）。かつて上田哲農は、「アルピニズムとは発狂寸前のところにその極はあらねばならない」（『岩と雪』第8号）と語ったが、それは正確な指摘であろう。我々を瞠目させる過去のビッグクライムはすべて、この種の「狂」的人間たちによって成しとげられてきたのだ（ヘルマン・ブール、ルイ・ラシュナルを引合に出すまでもなかろう）。然り、登攀とは狂である。上田哲農が、「アルピニズムは遊びだ!!」（同誌）と三度も絶叫せねばならぬほどの「狂」なのだ。そしてそれをささえるためには、あくまで強靭な自我の意識が必須なのである。おさえきれぬ自己主張は、たとえ意識の下層に沈んでいようとも、やがてははげしく噴火せずにはおれないのだ。その情念の炎は何処へ向かうか。はげしい生への希求と同時に、限りない失墜、死への希求とが、奇蹟的なバランスを保って静止する地点。クライマーにとって冒険的な登攀行為こそが、その地点に他ならない。それがきびしく、危険に過ぎれば過ぎるほど、より大きな自己主張が必

ずより以上の個の表現につながる。

要となり、その登攀はより大なるロマンティシズムを有する。それは、とりもなおさ

五、登攀行為とは個の表現である。しかしそれは他への伝達《コミユニカシオン》をめざすものではない

（承前）

登攀するということは、自らの裡に自らの個性《ペルソナリテ》を確認することでもある。これは一種の自己表現に他ならない。しかし表現するということは、必ずしも他への伝達《コミユニカシオン》を目的としているわけではない（伝達は本来副次的な産物である）。登攀行為が自己表現をその目的とするならば、そしてその対象物をもたないとするならば、それはマスターベーションのごとくむなしいはずである。ところが、無目的、無作為の表現は、それがそうであるほど、道化じみてくる反面、美しい聖の生に近づいてゆく。観客のいない舞台の上で、彼は大見得をきり、歌をうたい、叫び、躍る。そうすると彼は忘れてゆく。自分自身を。表現することをさえ。こうして、あまりにも強烈な自己主張は、はげしい登攀に際して限りない自己喪失へと向かう。陶酔。そのとき彼の自我はどこにも無く、全く開かれた彼はその岩壁（氷壁）の点景にすぎなくなる。彼の自己主張は、同時に高度の受容性をもつに到ったのだ。

六、では「アルピニスム」とは何か

いままで故意に、「登山」「アルピニスム」「クライミング」という言葉を渾然とさせて使ってきたが、それは明確な概念規定などどうでも良いと思ったからだ。しかし、「アルピニスム」なる語は、これほどまでに人口に膾炙され、誰もかれもが口にしているにもかかわらず、あまりに漠然と使われている。そこで他の登山と、アルピニスム旗下の登山とは観念の上で、どこに一線を引くか、私なりの考えを述べてみたい。

前段まで徐々に顕わにしてきたが、登山とは本来、霊的な自己と山との交感《コレスポンダンス》であると言える。あらゆる創造行為がその対象である被造物をもつのと異なり、登山とは一種の創造でありながら何物をも産み出さない（「記録」はもとより登山ではなく、その目的であるはずがない）。しかし詩作が言葉との交感であるより以上に、音楽が音との交感である以上に、登山とは山との交感なのである。無機質の岩や雪、もの言わぬ草樹たちが、これほどまでに我々の心をひくのはそのためである。そして絵や詩、諸々の作品のごとく残るものもある。それは悦び、悲しみ、恐怖、美たち。かたちにならぬ生の軌跡、決して失われ得ぬ種々の山行の追憶である。それらは山と自己の相互的関係として記憶されている。山と自己との交感の記憶だ。もちろん、ハイキング、ワンダリングと呼ばれる登山も対象が山であるかぎり当然その山との交感の生ずる可能性がある。ではアルピニスムはそれらとどこが異なるのか？　その答は実は明白である。あらゆる失墜の極北、死への意識（潜在意識をも含めて）がそこに入り込むか否かである。要約すると以下のごとくなる。――登山の一形態アルピニスムとは、山との霊的交感を基とするが、そこに自己の死を予感するものである――。

七、山における死

山との交感《コレスポンダンス》は自己を全開状態に保たねば得られない。これはきわめて能動的であると同時に、すぐれて受動的であらねばならない。感性豊かなアルピニストは受容性にも富んでいて、ときには死さえも享受してしまう。大島亮吉は好んでオスカア・エーリッヒ・マイエルの「Die Beiden」を引用した。それは、高山での輝しい短き生と、都会における平凡で長き生涯との二者択一の物語なのだが（このテーマの原形はギリシア神話のアキレウスの選択の物語にあることは、三田博雄氏の指摘を待つまでもないが――『山の思想史』より）、いみじくも大島は前者を選び、若くして前穂北尾根に逝ってしまった。ゲオルク・ヴィンクラーの死も、ヘルマン・ブールの死も同様である。さらに最近では、日本のワルテル・ボナッティ、古川正博のアイガーにおける死。――生前古川は、「自らを一個の芸術作品たらしめたい」という意味のことを書いた（清水RCC『会報』より）。いささかの気負いも感じられるが、氏の辿った足跡を追ってみると、飽くことなき自己追求と、崇高なほどの自己開放とが、そこに共存していることがよくわかる。氏が未登の積雪期一ノ倉滝沢第二スラブを計画したおり、そのパートナー候補に告げた苛酷な言葉は、氏自身への確認でもあったに相違ない。「冬の滝沢スラブを登るなら死を覚悟せよ」（同会報）と。「死を覚悟する」とは、自己を全開にして山に委ねる意志のあることだ。この全的な投企こそよなく美しい。いかに暴力的、非道徳的であろうと、アルピニスムの極限とはこのようなものだ。しかしそれは人間としての強さではない。クライマーはむしろ弱い側の人間であるからこそ、この投企を成し得るのだ。クライマーは一種の生活破綻者であって常に欲求不満である。現実的な欲求が満たされたら山をやめるのだと自らは思っているにもかかわらず、彼は何ひとつ肯定することができない。クライマーとは永久に欲求不満者なのだ。そして彼は文字どおり死ぬまで、死への道を歩む。クライマーとは何ひとつ獲得し得ぬ永遠の弱者なのだ。アルテュール・ランボーのごとく、二十才そこそこで芸術を捨て、長い余生をおくるほどの強者ではない。――その詩があまりにも高いしらべをもっているがゆえに、ランボーの強烈な生には驚愕させられる。以下の諧謔と呼ぶにはあまりにも真摯な言辞を見よ。「ぼくは金利生活者になるんだ……」（『太陽は熱く燃えていた』より）。多くのクライマーはランボー的生に憧れはするが、ランボーにはなり得ない。

八、アルピニスムとはひとつの否定的体験である

我々は日常生活においても、ときとしてある理想的観念《イデー》（あるいは実在的）をいだく。徹底的なニヒリストでさえ、少なくとも観念の上に、ある漠然とした理想像を結ばざるを得ないであろう。――たとえば、ユイスマンス『さかしま』の主人公デ・ゼッサントのごとく――。ところでアルピニストの理想像は当然、山頂《ピーク》、岩壁、氷壁、あらゆるきびしく美しい山岳の姿態だが、それらは非常に具現的である。本来理想とは実現し得ぬはずのものであるのに、「山」――アルピニスム――においては、もし目的とするルート、岩壁、頂を登り得たならば、それはまさに理想の具現化である。たとえば我々は、いかに小さな岩壁であろうと、それを登る以前は谷川岳の衝立岩や滝沢スラブを、絶世の美女に憧れるのと同じように、理想化することができる。そして、上野駅から夜行列車に乗れば、さらに運良く登攀に成功したなら、その理想像を自分のものにする（あるいはそう錯覚する）ことが可能なのである。これは人間の生

にとって、めずらしくもすばらしい。しかしながらこの内的体験の絶頂は、おそろしく否定的なものである。あらゆる宗教的な神秘体験とは趣を異にして、登頂者のエクスタシイ――内的体験――は全き否定である。それは明らかに充足ではない。せっかくの理想の成就にもかかわらず、そのときの空虚さは、甚だしいものである。往々にして登頂者は自らに酔い、充足したと錯誤しているが、心の深部ではおそらく、おさえがたい疑念、否定の感覚を禁じ得まい。これは、理想という観念がまさに実現したからであり、このア・プリオリに不条理な「生」において条理が成る、という感覚的不均衡さによるものであろう。登頂者は詠じる。「これですべてが終わったのだ――なのに次に私の登るべき岩壁が待っている」と。アルピニストとは永遠の不充足者なのだ。アルピニストに躁鬱症患者の多いことは予想に難くない。彼は、絶頂と失墜とのせわしく交錯する日常をおくっているのだから。

九、アルピニストは何を志向すべきであるか

少なくとも、アルピニスムは平和主義ではない。あらゆる意味づけ、方法論は無意味だが、従来のあまりにも道徳的な論理の体系に、アルピニスムを概念化することは、アルピニストたらんと欲する者を、決まりきったパターンに収斂させてしまう危険が

ある。柏瀬祐之氏は、従来の登攀方式からの解放を説き、「ネオアルピスム」を唱えたが（同人誌『山岳展望』16号）、登攀方法、観点のネオではあっても、意識変革にまで到っていない。たとえば氏は一ノ倉沢を中間部で一周する「トラヴァースルート」を開拓中だが、私にはこれはナンセンスに思われる。氏の発想の奇抜さ自由さには脱帽するが、それは少しも美しい登攀とは思えない。それはあまりに作為的すぎる。既成ルートの数メートルわきに寄生ルートを拓くこととたいした差異はない。重要なのはどんなところを登ったかということではない。美しい登攀かそうでないかは、その登攀行為に（山に）どれほど自己が接近し得ているかによって決まる。その窮極は、「山」と自己とがほとんど分かちがたく渾然一体となっている様態である。そのときアルピニストは死をも生と同様に意識しない。そのときアルピニストは死なぬがために生きて在るのではない。岩や樹や空やハーケン、ザイルと同様に、他意なく一個のオブジェとなって、いかなる執念《オブセッション》をもつこともなく、山に同化しているのだ。いかに登ろうとも良い。大切なのはいかにして「山」と近づくかにある。その観点からみれば、エベレストの南壁も丹沢の沢登りもひとしく同一線上に並ぶ。しかしアルピニストは必然的に、死を志向せずばなるまい。何故なら死に最も近くまで往ったときこそ、最も「山」に近づいた地点であろうから。そしてそのときは、生が最もはげしく美しく燃え輝くときでもあるのだ。

十、山——陶酔と失墜

私の登山とは生きることと同義である。歌うたうことである。誰もがおのおの歌を、それぞれの言葉でうたうであろう。私も私の言葉で、私のしらべでうたいたい。ピアニストがピアノに向かうときの緊張とひとしく、心躍らせ、白いノートを前にペン持つ詩人とひとしく、私は今岩壁の下に立つ。なべて良いことは、自ら所有し得ないことにのみあるのだ。

死すべき宿命を負っていたクライマーは、それがいかに自己陶酔の極であろうとも、私を哀しくさせる。自ら選びとった彼等の短き生は、やはり私には美しすぎる。燃え尽きた彼等は何処へゆくのか。野天に寝て、夜空を仰ぎ、あのきらびやかにも冷い星辰を見るときに、私の胸はやさしく愛《かな》しい追憶に充たされてふるえる。若くして逝ってしまった友たちよ、きみは今や充ち足りているのだろうか？　やがて人々の記憶から遠ざかり、忘れ去られてゆく彼等。私はこの小文を、山で死んだすべての友たちに捧げます。

おわりに

おさない頃は、時間《とき》を大きな期間《ターム》で捉えることが難しい。こどもは自己《おのれ》の所有する歳月が乏しいから、他人の抱く歳月を思いやれず、ましてや日本人、あるいは人類の「歴史」なんぞに想いを馳せたりはしない。あるていど自己の裡《うち》なる歴史が堆積されないと、ひとには一般の歴史に対する興味も認識も、訪れてこないのではあるまいか。

私の場合、とりわけその方面の進化が遅れた。四十歳くらいまで歴史にまったく無縁、無関心のやからだった。ひたすら「刹那《せつな》」に生きていて、笛を吹き、詩《うた》を謳《うた》い、岩や氷の壁を攀じ、気ままな彷徨《さすらい》をつづけていた。過去も未来も眺望しようとせず、つかのまの陶酔に浸る、つねに現在形のキリギリス。

けれども、さすがに年齢《とし》が経《ふ》り、多くのひとや事物の死を見て、いみじくも裡なる歴史を胸奥に積み上げると、しだいに時間《とき》の遠近法を識《し》るようになった。詩作のほかに思索する術《すべ》もわずかに学び、ようやく世界に、あらゆる現象の背後に、厖大な「歴史」がたたなわっているのに気づいたのだ。

ものを書き始め、登山を始めて四十年。だが、「登山史」なるものに関心をもったのはここ十五年にすぎない。だから、登山史についてはまだ初心者なのだけれど、本書にはその十五年の間に発表した登山史にまつわる文章を収録してある。集めてみると結構な重量で、これ以上本書が重くなると寝ながら読むのに不便であろうから、かなりの稿を削らざるを得なかった。

もとより「登山史」以外の文章は、そうとうに貯まっている。機会をいただけたら、そっちのほうも再びまとめたいと思っている。

本書の成立は、すべからく工藤茂氏の誠意と勤勉に依っている。氏はゴミタメみたいに未整理な原テクストの山を掃除し並べかえ、なんとか一著に仕上げてくれた。

本書第一章の初出のときは、勝峰富雄、山本美穂子の両氏がていねいに原稿を読んで下さり、マチガイをいっぱい見つけてくれた。ガイドブック作りの権威浜川悠氏は、私の地理的な知識の不足を恒常的に補ってくれたうえに、写真を提供して下さった。

また、本書の表紙は敬愛する先達串田孫一氏が、みずからの絵筆で飾って下さった。美麗な装幀は小泉弘氏が……。

そしてなにより、初出時の読者の激励、鞭撻がなければ、本書はとうてい陽の目をみなかった。

二〇〇二年四月

著者

父、遠藤甲太

遠藤賢治

路傍の干からびたミミズを、拾っては茂みにおさめ、その都度合掌するのが、父の散歩中のルーティンだった。つねに、死・死者・魂というテーマが揺曳していた。

『父と子の多摩川探検隊』（平凡社）は、息子と多摩川を河口から源頭へと溯る紀行だが、そこには水辺の死者たち（魚、鳥等々）との出逢いが描かれている。多摩川は〈魂川《タマガワ》〉にほかならず、かの書物は、霊魂漲る水脈を旅する幻想記ともいえる。

父は自ら〈詩人〉と称したが、どうやらそれは、意識の彼方から来訪する幻想や記憶を受信し、言葉との交わりによって死の領野に近づく表現者といった意味らしい。このような〈詩人〉としての方向性は『山と死者たち』（草文社・白山書房）をはじめ、若い頃からぶれずにつづいてきた。その背景には、アルパイン・クライマーとして死の臨界点へと接近したこと、また、数々の知人を山に失ったことがあるだろう。

一方、父には登山史家としての仕事があった。文献を精査し、史実を解明してゆく学術的方向性は、一見すると、感性の世界への跳躍を伴う〈詩人〉の在り方とは一線を画する。しかし、この二項は、死者を志向する点において、じつは通底している。

『登山史の森へ』の「おわりに」には〈多くのひとや事物の死を見て、いみじくも裡なる歴史を胸奥に積み上げるると、しだいに時間《とき》の遠近法を識《し》るようになった〉と記されている。歴史の〈森〉は、死者・魂の声で満ち溢れる深みであり、かかる意味で〈川〉の流れと同一の位相にあるといえよう。登山史の森へと分け入り、忘却の刻印を押された〈記録〉を掘り起こす作業は、死者たち（あるいは魂の痕跡）を、活きた〈記憶〉として恢復させる営為でもあるのだ。

公にする目的のものではないが、父の日記（二〇一〇年四月二日）から引く。

〈（前略）死者の記憶は生きている者に確かにのこる／ゆえに死者はしなない。／生者あるかぎり死者は死なない。／生者は、その死者のイメージを、のちに伝えるだろう／そして、生者がついに死んだときも、その記憶はその生者とともに、るい乗して、つぎの生者に伝わる。／伝わる／それは生きている者のゆいいつのしごと、しるし／そして、その死と生の推移のじゅんかんのぜんたいをきろくするしごとのことを「歴史」といい、「文学」という（後略）〉。

このたび、山と溪谷社の神谷浩之氏のご厚意により、絶版になっていた『登山史の森へ』（平凡社）がヤマケイ文庫として再刊のはこびとなった。この書が死者・遠藤甲太と、彼とともに累積する無限の記憶たちのよすがとならんことを願う。

解説・『登山史の森へ』への道程

布川欣一

一．「日本登山史年表」の遠藤

山と溪谷社創立七五周年記念出版（二〇〇五年一一月刊）――B五判、厚さ五センチ弱の函に、まったく様相異なる二冊を収める。

一方は濃い茶色で厚表紙の『目で見る日本登山史』。一〇〇〇点をこす写真を多用、ビジュアルな二六章三五四ページ。もう一方は淡いクリーム色で厚表紙の『日本登山史年表』。三〇〇〇に及ぶ事項をぎっしり表組にした二七二ページ。前者は、私がその構成・解説などの責任を負った。後者の構成を担い、出典・データを示し、細々と注釈を施す任に当ったのが、わが遠藤甲太であった。

本書『登山史の森へ』の前半を占める「登山史の落としもの」二七篇は、ほとんどがこの作業中に拾いだした副産物だ。年表には簡潔に記される事項の裏側に、あるいは関連しあう事項相互の間に潜む物語を発見する営為。それは、歴史を語り、書き継ぐ者の見識と視点、関心のあり様を露わにする厳しい作業である。

互いに登山史への関心を抱く者同士として、何度か雑談を交わしたが、鮮烈に記憶するひとつは、作家・新田次郎を巡るやりとりだ。私が「登山史には迷惑な小説を書く作家」と言ったのに遠藤は賛意を表したばかりか、本書「文士と山との間から――2」冒頭に記すように、〈二流か三流の小説〉作家だと明快に断じた。

二、〈生意気な奴が出てきた！〉

遠藤甲太は一九四八年東京生まれ。一二、三歳のころから沢登り、岩登りを始める一方、宮澤賢治に傾倒、詩作にも励む。二〇歳の六八年に私家版詩集『青いコスモス』を出版。明治学院大学仏文学科を卒業。

山岳部、山岳会に所属せず、独自に登攀技術を磨き、登攀具の改良・考案をも果たした。七〇年代――谷川岳・海谷山塊・雨飾山・明星山などの開拓に挑み続けて、多くの初登攀記録を重ねる。さらに七九年には、カラコルム・ラトックI峰にも及ぶ。

だが遠藤甲太の真骨頂は、当時のヨーロッパを席巻した、伝統的ヒューマニズムをラジカルに見直す思想・哲学に共鳴した著作活動を併せたところにこそある。一九七九（昭和五四）年刊『山と死者たち　幻想と現実の間に』（草文社、八三年に白山書房から再刊）がそれだ。私が遠藤を識ったのはこれによる。

出版当時、『山と溪谷』編集部に在った畏友・為国保が本書を手渡しながら、「生意気な奴が出てきた。読んでごらん」と言ったのを覚えている。為国にすれば、若くして最先端を担うクライマーでありながら、本格的に詩を詠み、大胆な詩的散文風の紀行・回想・エッセーを書き連ね、ヨーロッパ最新の文芸事情に根ざす評論にまで至る「隅に置けぬ若者」の登場に驚異を覚えたのであろう。私も一読、「多才な若武者」と感じとった。四章一九篇の論稿は、ほとんどが三〇歳以前の執筆である。

三．バタイユのふたつの「死」

遠藤はジョルジュ・バタイユ（一八九七〜一九六二）に並ならぬ関心を寄せる。バタイユは「死」と「エロス」とを生涯のテーマとし、小説をはじめ多くの著作を出版したが、難渋を極める。人間の生理的な「第一の死」に、「第二の死」として「生」と「死」とが交錯する心理的危機の状況を対置する。遠藤は一九七〇年代の旺盛な登攀活動のさなか、小説「死者」（一九六七年刊）の邦訳（伊東守男訳、一九七一年刊）に接し、読みこみ、論じた。内外で難度の高いクライミングが盛況を呈する一方で遭難死も相次ぎ、「山での死」を意識せざるをえなかったのだろう。

一九二四（大正一三）年、慶応ＯＢの大島亮吉（一八九九〜一九二八）が、岳友と論じた「山での死」を「涸沢の岩小屋のある夜のこと」に記している。大島らが行き着いたのは、願ったり、望ましい結果ではないが〈満足して受けいれるべき「宿命」〉だった。バタイユに拠る遠藤流の対峙は単純ではない。遭難報告や追悼記ではなく、「山での死」を本格的に論じた例は稀だ。また山岳書は、明るく開放的な表題が一般的だが、遠藤はあえて書名に「死」をとり入れ、極だってユニークである。

一方で遠藤は、親しみやすい登山技術書も手がけている。経済界リュウブックス『自分だけの山歩き山登り』(一九八一年刊)がそれで、生活・歩行・登攀・雪山の四部門に九五項目を立て、イラスト付きで知識と技術を説く。八〇、九〇年代以降、また『クライミング・ジャーナル』『岩と雪』『岳人』『山と溪谷』など各誌にしばしば登場、『岳人事典』(一九八三年、東京新聞)などにも加わる。さらに、山とともに少年期以来の宮澤賢治への傾倒も絶えず、賢治の岩手山・早池峰山への想いを童話から探る論考を『山と溪谷』(一九八二年一一月号)に寄せてもいる。

四.「落としもの」に注ぐ視線

『登山史の森へ』前半の「登山史の落としもの」――山の雑誌や山岳部・山岳会の会報、山岳書を隅々まで読みながら、歴史を構成する要素となりそうな事項を一件ごとカードにとる。人間の営為なら、だれが・いつ・どこで・なにを・どうした・が基本となる。登山界に影響を与えたインフラやマスコミなどの動向も見逃せない。この作業を何年も重ねて、何千何万と集めたカードを、ある視点から整理する。遠藤が定めた視点は「正統登山史年表」で、それによって取りあげられぬもの、つまり「落としもの」が生じた。その「落としもの」たちに着目し、根掘り葉掘り、尾鰭を加えた物語化は、遠藤の並ならぬ好奇心・詮索好き・凝り性が成せる業に依る。

この作業終盤の二〇〇三年、遠藤は、中学生の息子と多摩川を水源までたどる旅に出た。流れに沿い、源流域では助っ人の協力を得て、本格的な沢登りを展開、笠取山の水干に至る。これは、遠藤にとって自身の息子と同年齢期営為の復原であり、息子への伝授でもあった。『父と子の多摩川探検隊』(二〇〇五年刊)がその報告である。

後半「山と人間」には、マニアックな「アウトサイダーの系譜」もあるが、ウェストン、松濤明、立田實、小西政継、長谷川恒男、メスナーらスーパー・アルピニストの人間像への多様なアプローチを主とする。なかでも「失われた記録――立田實の生涯」は八五年の雑誌発表の翌年、いなほ書房から豆本として刊行、近親者らの想い出を栞とする。他に現代の登山情況を描く「登山、その限りなき退潮」、白神山地の環境破壊が浮かびあがる「最後のマタギ、工藤光治氏に聴く」などを収める。

(登山史研究家)

初出一覧

Ⅰ

『山と溪谷』七六五号（一九九九年四月号）―七八八号（二〇〇一年三月号）連載の「登山史の落としもの」のうち、一編を除いた二十三編に、次の三編を加えて構成した。

登山家が名づけた山　『山と溪谷』七九〇号（二〇〇一年五月号）
文士と山との間がら―2　『山と溪谷』七九八号（二〇〇二年一月号）
知られざる初登攀者　『クライミング・ジャーナル』三五号（一九八八年五月）

Ⅱ

アウトサイダーの系譜　『別冊太陽』一〇三号「人はなぜ山に登るのか」（一九九八年十月）
クライマーとしてのW・ウェストン　『山と溪谷』七五八号（一九九八年九月号）
アルピニスト松濤明再考　『山と溪谷』七六二号（一九九九年一月号）
失われた記録――立田實の生涯　『クライミング・ジャーナル』一七・一八号（一九八五年五・七月）
人間・小西政継　『岳人』五九五号（一九九七年一月号）
長谷川恒男とその時代　『岳人』六四三号（二〇〇一年一月号）
ラインホルト・メスナーの孤独　『クライミング・ジャーナル』二七号（一九八七年一月）
登山、その限りなき退潮　『クライミング・ジャーナル』五〇号（一九九〇年十一月）
最後のマタギ、工藤光治氏に聴く　『山の本』三号（一九九三年四月）
ソロクライマーの謳う歌　『山と溪谷』七七一号（一九九九年十月号）
山――陶酔と失墜　『岩と雪』三三号（一九七三年十月）

●ラ行

●ワ行

●ヤ行

●マ行

●ハ行

●ナ行

●タ行

●サ行

●カ行

人名索引

主要登山・著作歴

年月	ルートなど	同行者
1970年3月	谷川岳一ノ倉沢滝沢ルンゼ状スラブ（冬季初登）～ドーム壁横須賀ルート	長谷川恒男
1971年8月	谷川岳一ノ倉沢烏帽子沢奥壁凹状岩壁～コップ状岩壁雲表ルート～滝沢第3スラブ～ドーム壁横須賀ルート（ワンデイ、スピード登攀）	二瓶宗裕
1972年4月	奥秩父、鶏冠山笛吹川東沢東のナメ～鶏冠尾根第2岩峰西稜（初登）	桑原清、北清康二、藤田信夫
5月	頸城、雨飾山フトンビシ中央岩峰正面壁凹状ルート（初登）～フトンビシ右岩峰左スラブ（初登）	黒沢孝夫、桑原清、岩崎元郎、小泉共司
	頸城、雨飾山フトンビシ左岩峰大ディエードル（初登）	黒沢孝夫、桑原清
6月	海谷山塊、高地岳北壁1ルンゼ（初登）	蟹江健一、小幡善嗣、水上公子
7月	海谷山塊、高地岳北壁カールマルクス大フェース（初登／ピッチグレードVI）	大内尚樹、梶原光春
10月	海谷山塊、駒ヶ岳南壁お駒ノ菱正面ルート（初登／ピッチグレードVI）	黒沢孝夫、小日向孝夫
12月	谷川岳一ノ倉沢烏帽子沢奥壁変形チムニー（冬季第3登、肩ノ小屋までワンデイ）	両角泰夫
1973年3月	谷川岳一ノ倉沢αルンゼ（冬季単独初登、冬季第3登）	
5月	海谷山塊、千丈ヶ岳南西壁右岩壁第2スラブ（初登）	小日向孝夫、大内尚樹、久保田智弥
10月	海谷山塊、鉢山海老嵓、西壁第3フェース・カワノルート（初登／ピッチグレードVI）	与田守孝、藤田信夫、青柳裕樹

1974年2月	谷川岳一ノ倉沢滝沢第3スラブ（冬季第2登）〜ドーム壁横須賀ルート（森田勝らが冬季初登して以来7年ぶりの再登）	両角泰夫、与田守孝
1975年2月	谷川岳幽ノ沢左俣第3ルンゼ（冬季初登）	与田守孝、佐田一郎、鎌田正和
1976年5月	海谷山塊、千丈ヶ岳南西壁正面壁右柱状岩稜（初登）	石関義正、黒沢孝夫、進藤知二
1978年11月	明星山P6南壁・進藤＝奈須川ルート（初登）	岡野正美、新井美紀雄、玉本浩一
1979年6〜7月	カラコルム・ラトックI峰（7145m）南壁（初登頂、初登）	ビアフォ・カラコルム登山隊：高田直樹（L）、重広恒夫、松見新衛、奥淳一、武藤英生、渡辺優、中村達、五藤卓雄、城崎英明
1979年7月	『山と死者たち　幻想と現実の間に』（草文社）刊行	
1981年6月	『自分だけの山歩き山登り　山を愛する人に捧げる95項目』（経済界）刊行	
1982年6月	奥秩父、甲武信ヶ岳笛吹川東沢・一夜（ひとよ）スラブ（初登）	
1986年6月	『失われた記録　立田實の生涯』（いなほ豆本）刊行	
1988年4月	小笠原諸島、母島、乳房山大崩岩壁一ノ壁・返還二十周年記念ルート（初登）	大内尚樹
1997年1月	『目で見る日本登山史／日本登山史年表』編纂に着手。明治以前から平成まで、登山、登攀記録を山域別に整理。数年がかりで1万枚以上の登山記録カードを作成	
2002年4月	『登山史の森へ』（平凡社）刊行	
2005年9月	『父と子の多摩川探検隊』（平凡社）刊行	
10月	『目で見る日本登山史／日本登山史年表』（山と溪谷社、共著）刊行	

（田中幹也＝作成）

＊本書は二〇〇二年に平凡社より刊行された『登山史の森へ』を底本とし、「山——陶酔と失墜」を追加して文庫化したものです。

カバー装画＝門坂 流「早瀬」銅版画
（エングレーヴィング 原版黒一色刷）一九八九年
装幀＝朝倉久美子
DTP＝株式会社千秋社
編集＝神谷浩之（山と溪谷社）

登山史の森へ

二〇二三年十月五日　初版第一刷発行

著　者　遠藤甲太
発行人　川崎深雪
発行所　株式会社　山と溪谷社
郵便番号　一〇一－〇〇五一
東京都千代田区神田神保町一丁目一〇五番地
https://www.yamakei.co.jp/

■乱丁・落丁、及び内容に関するお問合せ先
山と溪谷社自動応答サービス　電話〇三－六七四四－一九〇〇
受付時間／十一時～十六時（土日、祝日を除く）
メールもご利用ください。
【乱丁・落丁】service@yamakei.co.jp　【内容】info@yamakei.co.jp
■書店・取次様からのご注文先
山と溪谷社受注センター　電話〇四八－四五八－三四五五
ファクス〇四八－四二一－〇五一三
■書店・取次様からのご注文以外のお問合せ先　eigyo@yamakei.co.jp

本文フォーマット・デザイン　岡本一宣デザイン事務所
印刷・製本　大日本印刷株式会社

定価はカバーに表示してあります

Printed in Japan ISBN978-4-635-04978-8

ヤマケイ文庫の山の本

新編 単独行
新編 風雪のビヴァーク
ミニヤコンカ奇跡の生還
垂直の記憶
梅里雪山 十七人の友を探して
わが愛する山々
空飛ぶ山岳救助隊
山と溪谷 田部重治選集
タベイさん、頂上だよ
ソロ 単独登攀者・山野井泰史
単独行者《アラインゲンガー》 新・加藤文太郎伝 上／下
山のパンセ
山の眼玉
山からの絵本
穂高に死す
長野県警レスキュー最前線
深田久弥選集 百名山紀行 上／下

穂高の月
ドキュメント 雪崩遭難
ドキュメント 単独行遭難
生と死のミニャ・コンガ
若き日の山
紀行とエッセーで読む 作家の山旅
白神山地マタギ伝
黄色いテント
安曇野のナチュラリスト 田淵行男
名作で楽しむ 上高地
どくとるマンボウ 青春の山
山の朝霧 里の湯煙
新田次郎 続・山の歳時記
植村直己冒険の軌跡
山の独奏曲
原野から見た山
瀟洒なる自然 わが山旅の記

高山の美を語る
山・原野・牧場
山びとの記 木の国 果無山脈
八甲田山 消された真実
ヒマラヤの高峰
深田久弥編 峠
穂高に生きる 五十年の回想記
穂高を愛して二十年
足よ手よ、僕はまた登る
太陽のかけら アルパインクライマー 谷口けいの軌跡
侮るな東京の山 新編奥多摩山岳救助隊日誌
雪原の足あと
北岳山小屋物語

新刊 ヤマケイ文庫クラシックス

冠松次郎 新編 山渓記 紀行集
上田哲農 新編 上田哲農の山
田部重治 新編 峠と高原